俗語言研究

第六號（復刊第一號）

四川大學中國俗文化研究所
日本禪文化研究所 主辦

雷漢卿　衣川賢次　主編

復旦大學出版社

學術委員會

安東平（Christoph Anderl，比利時根特大學）
董志翹（中國南京師範大學）
方一新（中國浙江大學）
馮國棟（中國浙江大學）
龔雋（中國中山大學）
賈晉華（中國香港理工大學）
金程宇（中國南京大學）
盧烈紅（中國武漢大學）
汪維輝（中國浙江大學）
西口芳男（日本禪文化研究所）
邢東風（日本愛媛大學）
徐時儀（中國上海師範大學）
詹緒左（中國安徽師範大學）
張勇（中國四川大學）
張涌泉（中國浙江大學）
周裕鍇（中國四川大學）
朱慶之（中國香港教育大學）

編輯委員會

顧滿林（中國四川大學）
雷漢卿（中國四川大學）
邵杰夫（Jeff Shore，日本花園大學）
鈴木史己（日本南山大學）
釋戒法（中國杭州佛學院）
譚偉（中國四川大學）
土屋太祐（日本新潟大學）
王長林（中國四川大學）
王勇（中國四川師範大學）
衣川賢次（日本花園大學）
伊吹敦（日本東洋大學）
齋藤智寬（日本東北大學）

俗語言研究　第六號
（復刊第一號）

目　錄

復刊詞 ……………………………………………………………（ 1 ）

《趙州錄》注釋（一） ………………………………… 衣川賢次（ 15 ）

石屋清珙的生平及相關人物 ……………………………… 邢東風（ 32 ）

禪宗文獻詞語訓釋相關問題再論 ………………… 雷漢卿　李家傲（ 45 ）

禪籍詞語"趁口""逞口"及其同義詞語的意義和理據 ……… 王　勇（ 58 ）

禪籍"及""去及"考正 …………………………………… 李家傲（ 68 ）

"勤巴子"考 ………………………………………………… 王長林（ 74 ）

"五洩"考 …………………………………………………… 張子開（ 82 ）

日本漢學的"讀原典"傳統（一）
　　——一介老書生的回憶·老書生的治學六十年
　　………………………………………… 三浦國雄述, 廖明飛譯（ 89 ）

日本漢學的"讀原典"傳統（二）
　　——一介老書生的回憶·老書生的治學六十年
　　………………………………………… 三浦國雄述, 廖明飛譯（105）

唐宋禪宗語錄研究論文目錄稿 …………………………… 鈴木史己（124）

編後記 ……………………………………………………………（209）

復 刊 詞

　　俗語言研究不僅源遠流長,而且成就斐然。漢代揚雄《方言》、許慎《説文解字》、服虔《通俗文》開啓俗語言研究之先河,嗣後鄭玄注群經,郭璞注《爾雅》《方言》,以至於歷代經史子集之注釋,常以今語釋古語,或以方言俗語釋雅言。歷代學術筆記有關俗語言的記録吉光片羽,彌足珍貴。明清以後湧現的各類以"考""録""編"爲題的方言俗語研究著作和俗語辭書,打破了傳統訓詁學著作必守九經三傳的做法,把研究視野擴大到唐宋以來的白話作品,稱得上是真正意義上的俗語言"研究"著作。上世紀初開始,黎錦熙《中國近代語研究提議》一文首倡在高校設立近代漢語展開研究,並提出了研究的範圍、材料和具體方法。張相《詩詞曲語詞匯釋》、蔣禮鴻《敦煌變文字義通釋》堪稱俗語言研究的里程碑。後繼者接踵,俗語言研究蔚然成風,令世人矚目。

　　到了上世紀 90 年代初期,中日學者基於通過合作交流繁榮禪學的理念,倡議成立禪籍俗語言研究會,同時創辦了學術刊物《俗語言研究》,以此作爲中日雙方研究者的交流園地。《俗語言研究》以禪籍俗語言爲主要研究對象並兼顧探索唐五代以來白話文獻語言問題,是東亞地區第一本以俗語言爲研究對象的學術刊物。作爲學術交流和爭鳴的平臺,可以稱道的方面我認爲首先是凝聚和培植了俗語言言研究的學術團隊,其次,促進和推動了白話文獻語言尤其是禪宗文獻語言的研究,功不可没,影響深遠。

　　時至 21 世紀的今天,將近三十多年過去了,學術環境日益優化,俗語言研究隊伍不斷壯大,白話文獻語言受到全方位關注,成果不斷湧現,在繼往開來的時代,爲往聖繼絶學的使命倍感迫切。

　　2015 年,我有幸受到衣川賢次教授的邀請,到日本花園大學禪文化研究所進行短期訪問,在參加《祖堂集》《臨濟録》讀書研討會的過程中,突然萌發了重刊《俗語言研究》的想法,但因没有認真考慮過,這一念頭當時只是一閃而過。回國後不久,一次偶然的機會見到了國內創辦人之一的董志翹教授,閑談之間向他説明了我的想法,想聽聽他的看法,董老師深表贊同,並建議由我來牽頭籌劃復刊事宜。

　　2016 年 10 月底,中國俗文化研究所舉辦了東亞文獻與文學中的佛教世界國際學術研討會。會議結束後,衣川教授在中國俗文化研究所做了"談談《祖堂集》的研究"和"談談《臨濟録》的研究"兩場學術報告,期間曾與他談及《俗語言研究》復刊一事,初步達成共識。2016年12月30日元旦前夕,我通過郵件與衣川教授聯繫,明確提出復刊後的《俗語言研究》由四川大學俗文化研究所和日本禪文化研究所聯合出版,經費由中方籌措。2017年1月2日,衣川教授回信説,他也正想着再到四川大學講學時,就提議和本校俗文化研究所聯合復刊《俗語言研究》事宜,他説:當時禪文化研究所負責人決定停刊《俗語言研究》時,有一場激烈的爭論。有人主張停刊,我則極力主張堅持辦下去。現在負責人换了,中國方面的情況也有所變化,可以説復刊《俗語言研究》的條件已經具備了。2017年3月30日衣川教授再次回信説,《俗語言研究》復刊是一件很快樂的事業,我已想好日本方面的編輯人員,與此同時中國方面的編輯隊伍也逐步確定了下來。然而令人惋惜的是作爲編輯主幹之一且年僅39歲的京都大學古勝亮博士,在寫完博士論文後不久,因突然發腦梗塞去世,令人唏嘘不已!

四川大學是俗語言研究的重鎮之一,刊物的復刊得到了教育部人文社科重點研究基地中國俗文化研究所張弘(普慧)所長的鼎力支持。在整個籌劃過程中,衣川教授在各個環節多所謀劃,獻策良多,令人敬佩和感動。他撰寫的復刊詞對於刊物的創辦緣起和初衷以及辦刊宗旨都做了詳盡介紹,我的文字就算是附和與幫襯,難免續貂之嫌,不妥之處還請各位同仁指正。

感謝復旦大學出版社欣然允諾出版刊物。感謝學術委員會和編輯委員會的中日學者,他們對於復刊的聲援和身體力行的幫助,給我們以信心和力量,謹此一併表示衷心感謝!

願復刊後的《俗語言研究》爲振興俗語言研究盡綿薄之力,爲繁榮國際漢學做出應有的貢獻。

雷漢卿
2020年6月於四川大學

復 刊 詞

　　俗語研究は長い歷史を有するだけでなく、その成果もまた輝かしい經歷をもっている。　漢代の揚雄の『方言』、許愼の『說文解字』、服虔の『通俗文』は俗語研究の先驅けであり、その後に續く經書の鄭玄注、『爾雅』、『方言』の郭璞注、さらに歷代の經史子集の注釋は、いずれも當時の言語で古語を解釋し、あるいは方言俗語で共通語を解釋してきた。　各時代の隨筆にみられる俗語に關する記錄は、當時の俗語の有り樣を示す希少な斷片であり、いっそう珍重すべきである。　明清以降、「考」、「錄」、「編」と題する方言俗語の研究書、俗語辭典が大量に出現した。　これらの著作は傳統的な訓詁學が「九經三傳」に限定されていた舊弊を打破し、研究範圍を唐宋以來の白話作品にまで押し擴げ、眞の意味で俗語研究と稱しうる。　20世紀初頭になると、黎錦熙「中國近代語研究提議」が高等教育機關に「近代漢語」を設置して研究を推進すべきことを初めて提起し、あわせて研究の範圍、資料、具體的方法論を提示した。　張相『詩詞曲語辭匯釋』、蔣禮鴻『敦煌變文字義通釋』は俗語研究の劃期であるといえよう。その後を繼ぐ研究者が陸續とあらわれ、俗語研究は興隆し、斯界の注目を集めるようになった。

　　1990年代初めに、中國と日本の研究者が學術交流によって禪學を發展させるという理念のもと、「禪籍俗語言研究會」を組織するとともに、研究誌『俗語言研究』を創刊し、雙方の研究者の交流の場とした。『俗語言研究』は、禪籍の俗語を主要な研究對象としながら、唐五代以來の白話文獻の言語をも考察する、東アジア初の俗語を研究對象とした學術雜誌である。　賞贊に値する點は、まず俗語研究チームを結成・養成したこと、次に白話文獻、とりわけ禪宗文獻の言語研究を促進したことであろう。　その功績は明らかで、及ぼした影響は大きい。

　　21世紀を迎えた今日、それから30年近い月日が流れた。　學術的環境が日増しに改善され、俗語研究の從事者は增加の一途をたどり、白話文獻の言語はあらゆる方面から關心が沸われ、絶えず成果があげられている。　前人を繼ぎ未來を拓く時代にあっては、先賢の傳えた比類ない學問を繼承するという使命がより切實に感ぜられる。

　2015年、わたしは衣川賢次教授の招待で訪問學者として花園大學と禪文化研究所に短期間滯在する機會を得た。『祖堂集』や『臨濟録』の讀書會に參加する中で、ふと『俗語言研究』を復刊してはどうかという考えがよぎったが、その時は突きつめて考えなかったために、單なる思いつきのままになっていた。歸國後まもなくして、ある時たまたま中國側の發起人の一人であった董志翹先生にお目にかかる機會があり、雜談の中でわたしの考えを傳え、意見をうかがったところ、董先生は深く贊同の意を表され、わたしに復刊の指揮を執るよう提案されたのである。

　2016年10月末に、四川大學中國俗文化研究所で「東亞文獻與文學中的佛教世界國際學術研討會」（「東アジアの文獻と文學における佛教世界」國際フォーラム）が開催された。會議終了後に衣川教授が同研究所で「談談『祖堂集』的研究」、「談談『臨濟録』的研究」と題する2回の學術講演をされたのだが、その際に『俗語言研究』復刊について相談し、大筋で合意に達した。2016年12月30日、わたしは電子メールで教授に連絡し、『俗語言研究』の復刊は、中國俗文化研究所と禪文化研究所が協同で編輯出版することとし、經費は中國側が負擔することを明記して提案した。2017年1月2日、教授の返信があり、四川大學で講義をされた時に教授の方でもちょうど中國俗文化研究所と協同での『俗語言研究』復刊を提案しようと考えていたとのことであった。教授によれば、禪文化研究所が『俗語言研究』の停刊を決定した當時、激烈な論爭が起こり、一人は停刊を主張し、教授自身は繼續するよう力を盡くして主張したという。いまは同研究所と中國側の狀況も變化し、『俗語言研究』を復刊する條件が整ったのである。2017年3月30日、教授の再度の返信には「『俗語言研究』の復刊は意義深い事業であり、すでに日本側の編輯委員の人選を考えた」とのことであった。同じころ中國側の編輯委員も徐々に定まってきていた。ただ悼ましいことに、編輯委員の中心人物の一人であった京都大學の古勝亮博士が、博士論文を書き上げてまもなく、突如腦梗塞を發症して39歳の若さで急逝されたことは、誠に殘念でならない。

　四川大學は俗語研究の重點機關の一つで、『俗語言研究』の復刊には中國教育部人文社會科學重點研究機關である中國俗文化研究所の張弘（普慧）所長のひとかたならぬ支援を得た。衣川教授は復刊計劃の過程において多くの提案をされた。教授の手になる「復刊詞」には、『俗語言研究』創刊にまつわる經緯、當初の目的、刊行の趣旨について、詳細な紹介がなされている。わたしの文章はそれに追隨したものにすぎず、「狗尾をもって貂に繼ぐ」嫌いを免れがたい。諸先生方のご批正を乞う次第である。

　出版を快諾してくださった復旦大學出版社に謝意を表したい。また學術委員會及び編輯委員會の中日の研究者の復刊に對する聲援と援助は我々に自信と力を與えてくれた。ここに心よりお禮を申し上げたい。

　復刊後の『俗語言研究』が俗語研究の振興のために微力を盡くし、國際漢學の繁榮のために貢獻することを祈念している。

雷漢卿
2020 年 6 月　四川大學にて記す
（鈴木史己　譯）

復 刊 詞

　　このたび、久しく停刊していた『俗語言研究』を禪文化研究所と四川大學中國俗文化研究所が協同編輯して復刊することとなった。わたしは停刊と復刊にかかわった編輯者として、この間の經緯を讀者に報告し、新たな出發に際して期待するところを敍べたいと思う。

　　禪文化研究所が「禪籍俗語言研究會」を組織したのは1992年であった。目的は禪籍の言語の研究を推進するために、日本と中國の研究者が協力して研究誌『俗語言研究』を出版することであった。當時、花園大學に董志翹氏、禪文化研究所に李建華氏がいて、芳澤勝弘、神野恭行（禪文化研究所）、衣川賢次（花園大學）が協議し合意を見て、『俗語言研究』編輯部を發足させ、この事業に著手することになった。當時は日本と中國大陸の學術交流が始まったばかりのころで、この企劃に對して、研究會の呼びかけに應じた中國の研究者からは熱い期待が寄せられた。最初に手がけたことは、當時の中國大陸の研究者にとって禪籍資料を簡單に利用する環境がなかったことに鑑みて、「禪籍俗語言研究會」會員の中國人研究者に禪文化研究所刊行の「基本典籍叢刊」（『祖堂集』、『祖堂集索引』、『（宋版）景德傳燈錄』、『景德傳燈錄索引』、『碧巖錄（種電鈔）附索引』、『從容菴錄 附索引』、『虛堂和尚語錄 附索引』、『禪林類聚』、『禪語辭書類聚 附索引』（一～三）、無著道忠『虛堂錄犂耕 附索引』、『五家正宗贊助桀 附索引』、『基本典籍叢刊索引』等）を無償で提供したことである。禪文化研究所では「禪籍俗語言研究會」の活動の成果をもとに、入矢義高、古賀英彦編『禪語辭典』（思文閣、1991年）に替わる、大規模な新しい禪籍辭典を將來刊行する期待があった。したがって、編輯部では「禪籍俗語言研究會報」を刊行し會員に發送して、禪籍中の難解な語彙を集めてその解釋を募集し、寄せられた解釋を『俗語言研究』に掲載することにした。

　　『俗語言研究』には禪籍語彙に限定せず、廣く唐宋時代の中古近代漢語口語語彙の研究論文を掲載することとした。『俗語言研究』「投稿須知」には「禪籍及び關係資料に見られることばの問題を中心とし、さらにこれらに關わる文學、思想、書誌、歷史等についての論文や、このほか、これまでの『俗語言研究』に掲載された論文、「禪籍俗語言研究會報」に掲載された「待質事項」に對する意見等を内容とする」と記している。　1994年に創刊號を刊行し、創刊號には入矢義高先生の「禪宗語錄的語言與文體」（李壯鷹譯）、項楚先生の「寒山詩校勘札記」を卷頭に掲載し、その他、『祖堂集』、『五燈會元』、『太平廣記』、敦煌變文等の語彙研究論文、柳田聖山先生の「無著道忠的學術貢獻」（董志翹譯）を掲載し、「問題討論」欄には上揭の語彙札記を、「交流園地」欄には日中研究者23人の研究計劃を紹介し、「資料」として日本西明寺藏寫本『龐居士語錄』を影印し、解題（石川力山）を附した。　この創刊號の内容が「禪籍俗語言研究會」を組織したわれわれの當初の意圖を體現している。　以後一年に一冊出版の年刊誌として、書評（『詩詞曲語辭匯釋』、『敦煌變文字義通釋』、『中國中世語法史研究』、『王梵志詩校注』、『中古虛詞語法例釋』、『敦煌新本六祖壇經』等）と資料紹介（柳田聖山『禪籍解題』）にも力を注いだ。　毎期ごとに語彙索引を附して研究者に提供したことも新しい試みであった。　第四期からは、杭州大學（第四期）、蘇州大學（第五期）の會員と日中協同編輯とし、1998年第五期まで刊行を續けた。

　　第五期まで順調に刊行したが、1998年12月に突然、「禪籍俗語言研究會」代表名義の「廢刊通知」が出されたのは、編輯部内に激烈な論爭が起こったためであった。　それは第五期の收錄論文に6篇もの敦煌文獻研究が占めていることに表われているように、敦煌文獻研究の偏重、禪籍語彙研究の薄弱という現狀に對して、「當初の目的が失われた」という意見をめぐってであった。　第一の理由は、主としてわたしの責任である。　當時、禪文化研究所内の唐代語錄研究會では敦煌本『神會語錄』の校勘、譯注を進めていた時期にあたり、中國でも敦煌研究が最盛期にあり、この分野への關心が異常に高かったことの反映である。　第二の理由は、會員研究者の禪籍語彙研究の水準の低さである。　中國ではなお禪語研究の萌芽期にあったから、これはやむを得ないのであるが、禪籍辭典の編纂という目的の達成には程遠い情況であった。　編輯部員の一人は「この現狀では繼續する意味がない」と發言し、別の一人は「まだ始まったばかりだから、今後百年續けて成果を待つべきだ」と主張した。　のち、中國の會員からたびたび復刊繼續の希望が寄せられたが、問題は研究會運營上の經濟的資金ではなかったから、實現しなかったのである。

　　あれから20年が經過し、2018年に四川大學中國俗文化研究所の雷漢卿教授から、『俗語言研究』を日中協同編輯の形式で復刊繼續したいという提案があり、わたしは禪文化研究所の承諾を得、四川大學中國俗文化研究所との協議を經て、雷教授と編輯體制を構築し、主として編輯委員の論文、提供資料を内容とする復刊號を、復旦大學出版社から刊行するはこびとなったのである。

　『俗語言研究』の再出發に際して、わたしが期待することは以下のことである。　第一、禪籍研究の資料的環境は20年前に比べて飛躍的に改善され、この條件を活かして、禪籍を理解する上での優れた禪籍言語の研究が可能となった。　用例を二三集めて歸納するだけの語彙札記の類はもはや時代遅れである。　禪宗の思想、歴史、禪籍の書誌研究をふまえた著實、有用な言語研究が期待される時代となった。　當初の『俗語言研究』は中國の禪籍言語研究者に論文發表の場を提供することがひとつの目的でもあったが、今や論文發表の刊行物は多くなり、發表の機會は各段に増えた。　したがって、『俗語言研究』には專門性の高い優秀論文を掲載し、日本と中國の禪籍に關心をもつ讀者に届けたいと願っている。　第二に、20世紀の世界的顯學であった敦煌學は、一世紀のうちに敦煌遺書のほぼ全容が知られ、その性格も明らかとなり、一世紀以來の研究史を總括する段階に至っている。　この間に蓄積された發見、紹介、校讀上の俗寫、俗字、俗語研究の成果は、すでに寫本文獻研究者に共有の基礎知識となった。　さらに、中國人にとっては寫本文獻に觸れる貴重な機會を與えた敦煌寫本であったが、その他にも同樣の價値を有する域外資料の存在が注目されるようになったのは、新しい展開である。　今後『俗語言研究』は日本、朝鮮、ヴェトナム等に遺存する未公開禪籍資料を發掘紹介する事業にも力を入れたい。　こうした基礎の上に立って、現在は禪籍研究の面において著實な成果が期待できる地平に到っている。

　『俗語言研究』は日本と中國の讀者を對象とした、日中の協同編輯である。中國語論文には日本語の、日本語論文には中國語の比較的詳しい論文概要を附すことを原則とした。　また過去に發表された經典性の論文を翻譯し、書評、研究動向、新資料の紹介にも力を注ぎたい。　この刊行物が以前にも増して有用性を發揮する禪籍言語の專門的研究誌として繼續されることを心より願っている。

　　　　　　　　　　　　　　　2020年6月9日　衣川賢次記

復 刊 詞

這次,禪文化研究所的刊物——《俗語言研究》,在經歷了長期停刊之後,在四川大學中國俗文化研究所的共同努力下得以復刊。筆者作爲停刊和復刊的參與者,意借此拙文向各位讀者報告其間經過;此外,聊表對復刊之期待於一二。

"禪籍俗語言研究會"隸屬于禪文化研究所,成立於1992年。設立之初衷是推進禪宗典籍的語言研究。以此爲基礎,加上中日學者戮力以赴,纔有了《俗語言研究》的成刊。當時,在花園大學任教的董志翹先生和筆者一起,會同在禪文化研究所工作的李建華先生、芳澤勝弘以及神野恭行共同協商,成立了《俗語言研究》編輯部。此時,日本和中國大陸之間的學術交流方興未艾,中國學者積極回應了研究會的呼籲和號召並對本研究會的活動寄予厚望。《俗語言研究》編輯部也的確做了很多工作,成立後即着手豐富中國學者可用的禪宗資料庫,對於加入了"禪籍俗語言研究會"的中國學者,可免費使用禪文化研究所刊行的諸多文獻,例如:《基本典籍叢刊》包括《祖堂集》、《祖堂集索引》、《(宋版)景德傳燈錄》、《景德傳燈錄索引》、《碧巖錄(種電鈔)附索引》、《從容庵錄 附索引》、《虛堂和尚語錄 附索引》、《禪林類聚》、《禪語辭書類聚 附索引》(一~三)、無著道忠《虛堂錄犁耕 附索引》、《五家正宗贊助桀 附索引》、《基本典籍叢刊索引》,等等。禪文化研究所期待"禪籍俗文化研究會"將來的學術成果能够促成在規模上超過入矢義高先生和古賀英彥先生編纂的《禪語辭典》(思文閣,1991年)的禪籍語言詞典出版。爲了實現此計劃,編輯部發行了"禪籍俗語言研究會報"並將之寄送給了諸位會員。會報整理了禪宗典籍中生僻難解的詞彙,向中國學者征募相關研究成果,悉數發表於《俗語言研究》中並展開討論。

不寧唯是,《俗語言研究》的審稿,對禪宗典籍中詞彙的研究範圍不加限制,只要涉及唐宋時期的中古或近代漢語口語詞彙的研究論文均給予發表。《俗語言研究》的"投稿須知"中表明:以禪宗典籍和相關資料中出現過的語言問題爲中心,以及與此相關的文學、思想、書籍、歷史等方面的討論均爲《俗語言研究》認可的題目。1994年發行了創刊號,首刊的開頭刊登了入矢義高先生的文章《禪宗語錄的語言與文體》(李壯鷹譯)和項楚先生的文章《寒山詩校勘劄記》;此外,還有《祖堂集》《五燈會元》《太平廣記》以及敦煌變文等方向的語言研究論文;也刊登了柳田聖山先生的文章《無著道忠的學術貢獻》(董志翹譯)。"問題討論"欄目中刊登了中國學者對"禪籍俗語言研究會報"所列難解詞彙的解釋;"交流園地"欄目中介紹了中國和日本合計 23 位學者的研究計劃;"資料"欄目中刊登了日本西明寺藏寫本《龐居士語錄》的影印件,後附上了石川力山先生所作的題解。創刊號的內容是我們作爲"禪籍俗語言研究會"組織者初衷的體現。一年以後,將其作爲年刊的內容出版了,除此以外的各種書評(《詩詞曲語辭匯釋》《敦煌變文字義通釋》《中國中世語法史研究》《王梵志詩校注》、《中古虛詞語法例釋》《敦煌新本六祖壇經》等)也陸續發表了。每一期均爲讀者附上了詞彙索引,算是一種新的嘗試。從第四期開始採用與杭州大學(第四期)和蘇州大學(第五期)各位同仁協同編輯的方式,一直持續到 1998 年第五期的出版。

　　到第五期爲止的出版工作都較爲順利,但 1998 年 12 月,"禪籍俗語言研究會"有代表突然發佈了"廢刊通知"。這是因爲當時編輯部內的一次激烈爭論。具體原因正如在第五期所發表的論文,從數量上看,偏重敦煌文獻而輕視禪宗文獻的語言研究:當期發表論文 15 篇,其中有六篇是敦煌文獻方面的研究。所以,有一位編輯認爲已經失去了當初創刊的初心,最終導致了"廢刊通知"一事的發生。

　　首先,造成這一結果的第一責任在筆者。當時,隸屬於禪文化研究所的唐代語錄研究班正在進行敦煌本《神會語錄》的注解工作,這一時期也是中國敦煌學研究的全盛期,這也折射出對此領域研究的熱情異常高漲;其次,當時加入研究會的學者在禪宗文獻語言研究方面的造詣不高。當時正值中國學界在禪宗詞彙和語言方面研究的初期,這雖是不可避免的學習和積累過程,但若以編纂禪宗文獻詞典之目的爲依歸,參與的學者還遠未達到成書的學術要求。因此,編輯部有人認爲以當時的狀況,已經沒有繼續的必要了;同時也有人認爲這僅僅是一個開始,若論成敗當在百年以後,所以主張繼續進行刊物的編輯和刊行工作。此後,中方學者數次提出希望復刊的申請,需要說明的是復刊不成的癥結並不在資金問題上,而是各種問題互相遷礙,致使復刊工作始終未能實現。

　　時光如白駒過隙,轉眼已二十個春秋。2018 年,四川大學中國俗文化研究所雷漢卿教授提議,希望以中日雙方協同編輯的方式復刊《俗語言研究》。筆者在得到禪文化研究所的同意之後與四川大學中國俗文化研究所進行了協商,又與雷漢卿教授談定了編輯部組織架構等具體問題,復刊號以編輯委員撰寫的論文和提供的資料爲內容,由復旦大學出版社出版。

　　在《俗語言研究》復刊之際,筆者有一些期待願與諸君共勉:第一、禪宗文獻研究的相關資料無論品質上還是數量上,相比於二十年前均有大幅改善。以此爲基礎,理應能讓學者更加嫻熟地掌握資料並能進行踏實的研究。像過去那樣僅僅收集兩三個用例即歸納成一個詞義的研究已經不能滿足時代的要求了。竊以爲,當下應立足於禪宗的思想、歷史和文獻,進行有意義的禪宗語言研究。當年,《俗語言研究》爲中國進行禪宗語言研究的學者提供了一個發表論文的機會。而今天可以發表論文的刊物已數倍於當年,發表論文的機會也增加了不少。所以,復刊後的《俗語言研究》應該鼓勵高品質的禪宗語言研究論文的發表,這也是素來關心該領域的中日讀者的心聲;第二,作爲20世紀世界性顯學的"敦煌學",經過學者們一百年的努力,敦煌遺書的大體內容已經明了,遺書的性質也已解明,現在到了總結這一百年研究歷史和成果的階段了。其間積累的各種發現、介紹、校讀上的俗寫和俗字以及俗語的研究成果業已成爲寫本文獻研究人員所認可的基礎知識。之前,敦煌寫本爲中國學者首次提供了接觸寫本文獻的寶貴機會,而現在越來越多的學者將注意力集中到同樣具有寶貴價值的"域外漢籍資料"上,這是一個新的發展趨勢。今後,《俗語言研究》將着力於日本、朝鮮和越南等地區遺存下來但尚未整理出版的禪宗文獻資料的發掘和介紹。在此基礎上,我們希望在禪宗語言研究方面能夠有所收獲。

《俗語言研究》是面對中日讀者的學術刊物,在中日學者的通力合作下編輯出版。原則上,以中文寫作的論文須附上日文摘要,日文論文須附上中文摘要。此外,也有意於翻譯過去發表過的高品質論文以及針對書評、研究動向和新資料的介紹工作。衷心希望《俗語言研究》繼續發揮其在禪宗語言研究方面的作用,繼往開來,切實推進本領域的研究發展。

衣川賢次　2020年6月10日於花園大學
（宋力　譯）

《趙州録》注釋(一)*

衣川賢次

前　言

　　趙州從諗禪師(778—897)是一位最能體現唐代禪宗思想的禪僧。《景德傳燈録》卷一五《趙州觀音院從諗禪師章》末尾編者加以評語説：
　　　　師之玄言布於天下，時謂趙州門風，皆悚然信伏矣。
這是對禪僧的最高贊詞。通過閲讀他對話的記録《趙州録》，我們能接觸到唐代禪宗的對話精神，也能了解到唐代禪宗思想的精華。他一百二十歲去逝後，他的弟子文遠就搜集了各種記録編成了五百多則對話的《趙州禪師語録》；今人又努力搜集了一些材料作補遺，現在就有了收録多達六百多則對話的幾本《趙州録》文本。
　　然而就了解《趙州録》對話的禪宗思想内涵而言，真正解讀文本，對唐代禪宗思想具有説服力的研究成果幾乎没有。我們現在很容易利用電腦檢索搜集到相關材料，有關佛教義理學詞彙也很容易從各種《大藏經》《續藏經》裏檢索得到。目前稱作"校注"出版的有些書都是如此簡易地作成的，而没有進一步探索對話本身包含的問題，即禪僧抱有什麽佛教、禪宗思想，圍繞什麽具體問題提問、回答，然後他們通過此一項對話達到了什麽境界。我想這些問題是校注者在閲讀禪宗語録時需要解決的最緊要的問題，對讀者來説也是最關心的問題。
　　佛教傳到漢代社會，經過八百年，到了唐代，天台宗、華嚴宗等宗派的學者對佛教的唯識、中觀等理論進行精密的研究和發揮，中國佛教義理學到唐代發展到了高峰。佛教義理學本來是成佛的理論，爲了使人們從苦惱解放的理論，而學者們努力

---

* 本次發表的對《趙州録》六則對話的注釋爲2018年11月在四川大學俗文化研究所講座和四川大學師生一起閲讀時本人所作、發給大家的稿子。花園大學國際禪學研究所客員研究員戒法法師幫我翻譯，兹表謝意。

進行了長期的精辟分析、演繹、整合的研究後,結果他們的理論却成了一種煩瑣哲學,人們到達成佛的距離就越來越遥遠了。中唐時期的新興宗教禪宗是正值佛教學變成一種桎梏的局面而興起的。中晚唐禪宗主張"佛不遠人""性在作用""見色即是見心""隨處作主,立處皆真"等簡明直截的理論,居然在戰争頻發、政治腐敗、經濟混亂的社會中對知識分子普遍起了很大的影響。中唐馬祖道一(709—788)開創的新興禪宗洪州宗的宗旨是"即心是佛"(佛性論)、"性在作用"(悟道論)、"無事無爲"(修道論),而到了晚唐五代時期,地方軍閥政權私自造成戒壇度僧,禪宗内部就發生了一種大衆化現象(實際上是禪僧素質的降低),結果禪宗理論上惹起了庸俗化的解釋。因此對馬祖禪宗的重新檢討這一問題成了這一時期禪宗思想的主要課題。

那麽,我們閲讀晚唐時代《趙州録》的時候,應當了解《趙州録》中禪僧對話的思想背景給讀者做個説明:不僅對印度佛教專詞的本意,也對當時的中國佛教義理學的解釋,還對當時的禪宗針對佛教教理的看法和重新解釋,也都有必要説明。這樣做纔能到達《趙州録》對話的圓滿解釋,也纔能明白他們對話的思想内容。這當然是需要我們奮鬥完成的目標,這談何容易啊!

注 釋 凡 例

一、本注釋《趙州録》的底本爲無著道忠校寫《古尊宿語要・趙州語録》三卷(柳田聖山編《禪學叢書 唐代資料編》,日本中文出版社,1973年)

二、校本爲收録趙州語録的下列典籍:

《祖堂集》 孫昌武、衣川賢次、西口芳男點校,《中國佛教典籍叢刊》,中華書局,2010年第二次印刷版

《景德傳燈録》 禪文化研究所《基本典籍叢刊》

《傳燈玉英集》 柳田聖山編《禪學叢書 唐代資料編》

《南泉語要》 無著道忠校寫《古尊宿語要・南泉語要》

《汾陽無德禪師語録》《虛堂和尚語録》《宏智廣録》《禪宗無門關》 《大正藏》本

《宗門統要集》《宗門聯燈會要》《五燈會元》《佛果擊節録》《指月録》《石田法薰禪師語録》《了堂惟一禪師語録》《禪宗頌古聯珠通集》《宗門拈古彙集》《宗鑑法林》《拈八方珠玉集》 《續藏經》本

《禪門拈頌集》 柳田聖山、椎名宏雄編《禪學典籍叢刊》,日本臨川書店,2000年

《趙州録》[一] 在南泉①

【一】

　　師問南泉："如何是道？"泉云："平常心是。"師云："還可趣向不？"泉云："擬即乖。"師云："不擬，爭知是道？"泉云："道不屬知不知。知是妄覺，不知是無記。若真達不疑之道，猶如太虛，廓然蕩豁。豈可强是非也？"師於言下頓悟玄旨，心如朗月。

【注釋】

○ 本則收録於《祖堂集》卷一八、《景德傳燈録》卷一〇、《傳燈玉英集》卷五、《宗門統要集》卷四、《無門關》第十九則等。

○ **南泉**　南泉普願禪師(748—834)，馬祖道一的弟子。南泉山位於長江南岸，唐代時期的宣州，今安徽省貴池市池州地區。關於趙州參訪南泉的時期，《景德傳燈録》記載爲沙彌的時候，如："童稚於本州(曹州)扈通院，從師披剃未納戒，便抵池陽參南泉。"而《祖堂集》記載爲受戒之後，如："少於本州(曹州)龍興寺出家，嵩山琉璃壇受戒。不昧經律，遍參叢林，一造南泉，更無他往。"(《宋高僧傳》卷一一同)

○ **如何是道？**　什麽是道？這是參禪初學者最初階段性的提問。但是，"如何是道？"並非是因不知道而提出的疑問，而是已經知道了關於道的言説，並且還在自己探索的基礎上，再向老師提出："老師是以何爲道？"在這裏也是如此徵求南泉的看法。

○ **泉云：平常心是**　平常心是道。此句是繼承了馬祖的説法。如"江西大寂道一禪師示衆云：'道不用修，但莫污染。何爲污染？但有生死心，造作趣向，皆是污染。若欲直會其道，平常心是道。謂平常心，無造作，無是非，無取捨，無斷常，無凡無聖。經云："非凡夫行，非賢聖行，是菩薩行。"只如今行住坐卧，應機接物，盡是道。道即是法界。乃至河沙妙用，不出法界。'"(《景德傳燈録》卷二八) 也就是説，所謂"平常心"就是我們日常一般的心。不故意做作，也不帶有任何功利目的意識的心。由於像這種日常的心原本是不需要解釋説明的，但馬祖所説的"平常心"是一個高水平的心，不是一般老百姓的心，而他故意叫做"平常心"。在馬祖説，人的"平常心"應該是"無造作，無是非，無取捨，無斷常，無凡無聖"。這是一個要求，但他强調"平常心"不是特别的、很難做到的、高尚的聖人的心。

○ **師云：還可趣向不？** "平常心"作爲是"道"的話，那麼，是否就像通過修行而獲得"道"的那樣，以"平常心"爲目標而進行修行的呢？"趣向"指朝向目標的方向進行。

○ **泉云：擬即乖** "擬"是換了趙州所説的"趣向"一詞説的。如此不做作的，正是由於平常的心。此語是根據僧肇《般若無知論》後所附的《答劉遺民書》"至理虛玄，擬心即差，況乃有言？"《臨濟錄》也根據黃檗《傳心法要》説："擬心即差，動念即乖。"[示衆一三(2)]

○ **師云：不擬，爭知是道？** 假如説不將心朝向"道"的方向作爲修行目標的話，那麼就没有了目標，也不知道什麼是"道"。趙州這麼提問，是因爲他將"道"設定爲既定的存在，所以纔提出這樣的問題。

○ **泉云：道不屬知不知。知是妄覺，不知是無記** 因此南泉不得不作説明。因爲"道"本來是無限定而又不能定言的原故，趙州所説的作爲其方法的"知"是没有用處的。"道不屬知不知"，即"道"本身是無法用"知"知道的。假如將"道"作爲具體的事物，然後用知識、知覺等去認知它的話，那些都是屬於錯覺且是妄想的。另外，如果將它作爲不能知而放置不管的話，那也依然是處於昏暗無知的狀態。這裏所説的"無記"，並非是指傳統佛教學中所説的"十四無記"、"三性"（善、惡、無記）等的那些概念，而是一種派生出來的用法，即"一向趣寂沉空，無所鑒辨"（宗密《圓覺經大疏鈔》卷一二上）的意思（《神會の語錄 壇語》第84頁，禪文化研究所，2006年）。如澄觀《華嚴經行願品疏》卷二："苟若得意，皆成定慧，如其失旨，不成妄想，即墮無記。"敦煌本《六祖壇經》："莫定心坐，即落無記空。"《無異元來禪師廣錄》卷二五："示以無滋味話，令彼早晚穿鑿，不落妄想，便墮無記。"

○ **若真達不疑之道，猶如太虛，廓然蕩豁。豈可强是非也？** "不疑之道"是無趣向，無論議，無放置，只是相信的（不疑之）"道"的狀態。如黃檗希運所説的"此意唯是默契得"（《宛陵錄》）。《祖堂集》作"不擬之道"（無目的意識之"道"）。

○ **師於言下頓悟玄旨，心如朗月** 趙州因南泉的指導而開悟，開啓了悟者的生涯。《祖庭事苑》卷七"趙州"條記載"師既領旨，却往嵩嶽，請戒而歸"，也就是説趙州受戒之後，又再回到南泉身邊，過着悟後的修行生活。趙州和尚在南泉山的機緣問答收錄在《趙州錄》裏的，大概就是這個時候的。大約南泉禪師圓寂（太和八年，834）之後，趙州（當時56歲）開始往諸方行脚（所謂"趙州六十再行脚"）。其足迹遍布了湖北鄂州（《趙州錄》461～3，茱萸）、湖南澧州（209，藥山）、岳州（208，道吾）、江西江州（460，雲居）、洪州（500，百丈）、安徽舒州（465、501，投子）、陝西華州（514，潼關）、浙江杭州（499，大慈/208，鹽官）、台州（491，天台)等,然後,在前往五臺山的途中,住下了趙州,當時也參訪了臨近趙州的鎮州臨濟(490)、寶壽(515)。在此之間,他經歷了會昌廢佛事件(844—846)。直至一百二十歲的漫長歲月裏,趙州的悟境是如何不斷深化的呢?這正是我們研讀《趙州録》的課題。

《趙州録》[二]在南泉②

【二】

　　南泉上堂,師問:"明頭合,暗頭合?"泉便歸方丈,師便下堂云:"這老和尚被我一問,直得無言可對。"首座云:"莫道和尚無語,自是上座不會。"師便打,又云:"這棒合是堂頭老漢喫。"

【注釋】

○ 本則收録於《佛果擊節録》第十九則"南泉示衆"評、《宗門統要集》卷四、《聯燈會要》卷六、《五燈會元》卷四等。

○ **明頭合,暗頭合?**　接續前話尋問"道"。"明"是明白,"暗"是黑暗。"頭"是名詞化的口語接尾辭(詞綴)。"合"是吻合、契合。例如"一句合頭語,萬劫繫驢橛"(船子德誠語)中的"合頭"也是用這個意思。但在這裏是否定性的表達含義。在三祖僧璨《信心銘》開頭所説的"至道無難,唯嫌揀擇。但莫憎愛,洞然明白。毫釐有差,天地懸隔"(《景德傳燈録》卷三〇),這是顛覆了通常認爲"道"是超越語言的那種黑暗的本體觀念,使人驚訝,但後來這也成了禪宗的基本立場。《老子》説"道可道,非常道;名可名,非常名",其"道"即是"玄之又玄";僧肇《肇論》也説:"釋迦掩室於摩竭,净名杜口於毗耶。"對於這些將"道"指向黑暗的一面,馬祖與南泉所説的"平常心是道",則是將其指向明白的一面。馬祖的"即心是佛""性在作用"也是作爲明白的立場,意指佛性(道)即是我們的平常心,表現在我們日常生活的見聞覺知、語言等作用之中。趙州向南泉提問:"老師是將'道'作爲明白的立場,還是作爲黑暗的立場?"這是他懷疑南泉的"平常心是道"。

○ **泉便歸方丈**　南泉對趙州的質問,避而不答,退回了方丈。

○ **師便下堂云:這老和尚被我一問,直得無言可對**　趙州走出法堂,回到了僧堂。他看到南泉避開不答,泄憤向大家大聲放言:"這老和尚!儘管平日喋喋不休地説個不停,而被我一問,却啞口無言,一句話也説不出來。""直~得",通常是表達招來不好的結果。"這~"是痛罵時的口調。

○ **首座云：莫道和尚無語，自是上座不會**　首座擁護南泉和尚，説"和尚用沉默的辦法早已回答了，只是你自己(趙州)對此不能領會罷了"。首座所理解的南泉是"暗頭合"的立場。

○ **師便打，又云：這棒合是堂頭老漢喫**　趙州用棒打首座，説："這棒合是堂頭老漢喫。"指本應是用來棒打南泉和尚。將南泉和尚稱作"堂頭老漢"，指堂頭和尚解答大衆的疑問本來就是理所當然的事，但南泉却沉默不答。"合是"表示當爲的副詞，"是"是副詞雙音節化的口語成分。"合"大概是比"應""當"更口語化了的副詞。

南泉不作答，這是因爲圍繞"道"的議論終究只不過是戲論罷了，所以纔避開應答。在前一段被問時，南泉只是以方便説"平常心是道"，但他在别處也説"(道)不是心，不是佛，不是物"。如《景德傳燈録》卷八《南泉章》云：

> 師有時云："江西馬祖説'即心即佛'。王老師不恁麽道。不是心，不是佛，不是物。恁麽道，還有過麽？"趙州禮拜而出。時有一僧，隨問趙州云："上座禮拜了便出，意作麽生？"趙州云："汝却問取和尚。"僧上問曰："適來論上座，意作麽生？"師云："他却領得老僧意旨。"

南泉問"還有過麽？"這是他自己也承認這種説法有過失的同時，向趙州進行確認。果然趙州禮拜而出。"您自己能明白就好"，即使説"道就是這個"，或者説"道不是這個"，結果也只不過是沒完没了的戲論罷了。即使説作"明白"或"黑暗"，都與"道"本身無關，反而離開"道"的獲得越來越遠。所以南泉避開了趙州的提問而不答。首座將南泉的應對理解爲"沉默"的立場並持以擁護的態度，也只是偏於一方，並沒有領會南泉的用意。趙州對南泉的不作答的態度認爲應該喫棒，其實也不能説他真正理解了南泉。後來趙州自己引用《信心銘》説"至道無難，唯嫌揀擇。纔有言語，是揀擇，老僧却不在明白裏"(103)，當時有僧便提起對"不在明白裏"的疑問，趙州回答"問事即得，禮拜退"。這完全是和南泉的立場一樣。

另外，本則與第九則的"離四句，絶百非外，請師道"的提問，南泉無作答便退回了方丈，也有異曲同工之處，從中反映了年輕時趙州和尚的魯莽行爲。

《趙州録》[三]在南泉③

【三】

師問南泉："知有底人向什麽處去？"泉云："山前檀越家作一頭水牯牛去。"師云："謝和尚指示！"泉云："昨夜三更月到窗。"

【注釋】

○ 本則收録於《南泉語録》。《祖堂集》卷一六《南泉章》中將趙州的提問作"知有底人向什摩處休歇去?"而且没有南泉的"昨夜三更月到窗"一句。《聯燈會要》卷四《南泉章》將趙州的提問作"和尚百年後,向甚麼處去?"又《祖堂集》卷一六《南泉章》、《景德傳燈録》卷八《南泉章》南泉臨終時與首座之間的問答中,南泉説死後轉生作一頭水牯牛去。

> 師欲順世時,向第一座云:"百年後,第一不得向王老師頭上污。"第一座對云:"終不敢造次。"師云:"或有人問:'王老師什摩處去也?'作摩生向他道?"對云:"歸本處去。"師云:"早是向我頭上污了也。"却問:"和尚百年後向什摩處去?"師云:"向山下檀越家作一頭水牯牛去。"第一座云:"某甲隨和尚去,還許也無?"師云:"你若隨我,銜一莖草來。"(《祖堂集》卷一六)

此後,"南泉水牯牛"的典故傳開,在禪林中倍受喜愛並成爲有名的話題,常常提起。溈山靈祐(771—853)也仿效南泉説:

> 師上堂示衆云:"老僧百年後,向山下作一頭水牯牛。左脅書五字云'溈山僧某甲'。此時喚作溈山僧,又是水牯牛。喚作水牯牛,又云溈山僧。喚作什麽即得?"(《景德傳燈録》卷九)

○ **師問南泉:知有底人,向什麽處去?** 提問死後的事情。"知有底人"這種故意隱藏着賓語的説法,是南泉普願開始使用而具有特徵的用語。所謂"有",到底"有"什麽? 因爲他在日常説法中經常使用,南泉山的僧衆應該是知道的。

> 師每上堂云:"近日禪師太多生! 覓一個癡鈍底不可得。阿你諸人,莫錯用心。欲體此事,直須向佛未出世已前,都無一切名字,密用潛通,無人覺知,與摩時體得,方有小分相應。所以道'祖佛不知有,狸奴白牯却知有',何以如此? 他却無如許多般情量,所以喚作如如,早是變也,直須向異類中行。又如五祖大師下,有五百九十九人盡會佛法,唯有盧行者一人不會佛法,他只會道。直至諸佛出世來,只教人會道,不爲别事。……阿你今時盡説'我修行作佛',且作摩生修行? 但識取無量劫來不變異性,是真修行。"有人拈問:"三世諸佛爲什摩不知有?"師云:"争肯你喃喃!"進曰:"狸奴白牯爲什摩却知有?"師云:"似他即會。"師又時謂衆曰:"會即便會去,不會即王老師罪過。"(《祖堂集》卷一六)

在這裏南泉將那個"有"的所指説作"道"、"無量劫來不變異性"(無始以來不會變異的本性)。曹山本寂(840—901)在示衆中,對南泉水牯牛作了如下解説:

> 狸奴白牯,修行却快。不是有禪有道,如汝種種馳求覓佛覓祖,乃至菩提涅槃。幾時休歇成辦乎? 皆是生滅心。所以不如狸奴白牯兀兀無知,不

知佛，不知祖，乃至菩提涅槃及以善惡因果。但饑來喫草，渴來飲水。若能恁麼，不愁不成辦。(《曹山錄》)

又曰："祖佛不知有，貍奴白牯却知有。爲什麼貍奴白牯却知有？"曰："祇是佰無所解。""祇如祖佛，爲什麼不知有？"曰："祖爲執印，佛爲相似。""祇如貍奴白牯，知有個甚麼？"曰："祇知有貍奴白牯。""如何是貍奴白牯知有底事？"曰："不從西東來，不從三十二相得。"(同上)

曹山認爲所謂"祖佛不知有"的"祖佛"，只不過是人們心中懷有的一種觀念而已。"貍奴白牯却知有"的"貍奴白牯"是針對這種"祖佛"而提出來的，它們"貍奴白牯"沒有煩惱，也沒有想要成祖師、佛陀的意願，反而是明白了"道"(自己)。因此，無需待言，南泉決不是説無條件的將貓牛作爲理想的對象而要成爲貓牛的意願。

○ **泉云：山前檀越家作一頭水牯牛去**　"水牯牛"是人們用來役使耕作的牡水牛。"牛牡者曰牯，曰特。牝者曰牸。去勢者曰犍"(《本草綱目》卷五〇獸部牛釋名)。轉生作牛，是由於人在生前借了錢而未還債的原故，死後成爲債主家的牛而被驅使，即所謂的"畜類償債"。例如：

永徽中，汾州孝義縣人路伯達，負同縣人錢一千文，後共錢主佛前爲誓曰："我若未還公，吾死後與公家作牛畜。"話訖，逾年而卒。錢主家牸牛生一犢子，額上生白毛成"路伯達"三字。其子侄恥之，將錢五千文求贖，主不肯與，乃施與隰城縣啓福寺僧真如助造十五級浮圖。人有見者發心止惡，競投錢物，以布施焉。出法苑珠林(卷五七)。(《太平廣記》卷四三四牛償債)

"畜類償債"原本見於漢譯佛經，在中國受其影響而反映在許多各種民間故事、俗文學中(具體的例子見項楚《王梵志詩校注》第547頁，上海古籍出版社，1991年)。南泉、潙山所說的轉生作水牯牛這種情形中，所謂"欠債"是指他們雖然出家接受了信施的供養，但不能回報施主而說的。這種告白透露了他們的誠實又坦率的慚愧心。

○ **師云：謝和尚指示**　趙州領受了南泉的坦率告白，銘記於心。
○ **泉云：昨夜三更月到窗**　南泉想象中他已經成了水牯牛臥在牛舍中，靜靜地瞭望着窗外的月亮。滿月是真如的譬喻。

《趙州錄》[四]在南泉④

【四】

師在南泉作爐頭。大衆普請擇菜。師在堂內叫："救火！救火！"大衆一時到僧堂前,師乃關却僧堂門。大衆無對。泉乃抛鑰匙從窻內入堂中,師便開門。

【注釋】

○ 本則收録於《景德傳燈録》卷一〇、《聯燈會要》卷六。

> 師作火頭。一日閉却門,燒滿屋烟。叫云:"救火!救火!"時大衆俱到。師云:"道得即開門。"衆皆無對。南泉將鎖匙於窗間過與師,師便開門。(《景德傳燈録》卷一〇《趙州章》)

> 師在南泉作爐頭。一日閉却僧堂門,燒滿屋烟。叫云:"救火!救火!"大衆俱來。師云:"道得即開門。"衆無對。泉將鎖匙牕間度與師,師便開門。(《聯燈會要》卷六《趙州章》)

兩書在"大衆無對"前都有趙州提問"道得即開門"一句,《趙州録》應據兩書補進去。又,"窻內"疑當作"窻間"。

○ **師在南泉作爐頭** "爐頭"是負責看管僧堂內火爐的職務。《禪苑清規》卷四"爐頭":

> 爐頭雖維那所請,亦係炭頭和會選舉。十月一開爐,二月一閉爐。放參前裝爐,粥前添炭,相度寒暖,臨時添減。如天暖炭多,則枉用信施。如天寒炭少,則大衆冷落。掃箒拂拭,常令嚴净。兄弟圍爐,遞相迴避。不得劃灰撥火,敲火筯作聲,聚頭閒話,擅便取火熨焙等用。

這雖然是北宋時代的規定,但唐代大概基本相同。

○ **大衆普請擇菜** "普請擇菜"是全山僧衆集體出坡從事收穫蔬菜等作務。

○ **師在堂內叫:救火!救火!** 趙州和尚不參加普請,却在僧堂內大喊"火災!火災!"

○ **大衆一時到僧堂前,師乃關却僧堂門。大衆無對。泉乃抛鑰匙從窻內入堂中,師便開門** 參加普請的大衆聽到禪堂着火了的大喊聲,便跑回僧堂前面來。趙州從堂內把門鎖上不讓大衆進來,説"道得即開門",但誰也不能應答。南泉於是將鑰匙從窗户扔進去,趙州便開了門。這究竟是什麽樣的情况?此時趙州擔任擁有五百衆的南泉山的爐頭一職,不遵從寺田的普請,在僧堂內設置的本應自己負責的火爐,故意作失火的狂言騙局。此種行爲很明顯是要打破應該遵守的叢林體制。針對這種對制度的破壞行爲,同樣在年輕時的臨濟義玄(?—866)的經歷也能看到:

> 師因普請次,見黄檗來。挂钁而立。檗云:"者漢困也那?"師云:"钁也未舉,困個什麽?"檗便打。師接棒,一送送倒。檗喚維那:"維那!扶我起!"維那近前,云:"和尚,争容得者風顛漢無禮!"檗起,便打維那。師钁地,云:"諸方火葬,我者裏一時活埋。"(《臨濟録》[三·1])

師一日在僧堂前坐，見黃檗來，閉却目。檗見乃作怖勢，便歸方丈。師隨後上方丈禮謝。首座在檗處侍立。檗云："此僧雖是後生，却知有此事。"首座云："老和尚却證據個後生。"檗自於口上搊。首座云："知即得，知即得。"（同［四·1］）

　　師在堂内睡。黃檗下來見，以拄杖打板頭一下。師舉頭，見是黃檗，却睡。檗又打牀一下。往上間見首座坐禪，檗云："下間後生却坐禪。汝者裏妄想作什麼？"首座云："者風顛漢！作什麼？"檗打板頭一下，便出去。（同［四·2］）

臨濟的情況中很有意思的是，作爲師父的黃檗對年輕的臨濟做出拒絕參加普請、閉目坐禪等的這些對叢林制度的反抗者的行爲却是持袒護的態度。趙州的情形也是作爲師傅的南泉從窗户往堂内扔鑰匙，不讓從外面開門的舉動，反而是認可且支持了年輕的趙州的行爲。

　　類似的情形在趙州的另一則（未收《趙州録》），以及雪峰義存的記録：

　　又到黃檗。黃檗見來，便閉方丈門。師乃把火於法堂内叫云："救火！救火！"黃檗開門捉住云："道！道！"師云："賊過後張弓。"（《景德傳燈録》卷一〇《趙州章》）

　　雪峰一日在僧堂内燒火，閉却前後門，乃叫："救火！救火！"衆人盡來救火。峰不開門。師將一片柴從窗中抛入，峰便開門。（《玄沙廣録》卷下）

到達黃檗山的趙州，在那裏也有故意裝扮法堂放火的狂言騙局，當被捉住問其意圖時，趙州不作答，放言説"已經太晚了！"雪峰的情形是作爲長老的他自己故意在僧堂内燒火，當時年輕氣盛的玄沙煽動，將一片柴從窗口抛入："和尚啊！當真的燒呀！"馬祖所創始的新興宗教禪宗，經過一百年之間，宣州南泉山聚集了五百衆禪僧，江西黃檗山擁有七百衆，福建雪峰山雲集一千七百衆之多，禪宗叢林極速擴張，本來少數精鋭的禪宗教團轉眼之間席捲佛教界，自身也形成了一個體制。"行普請法，上下均力也"（"禪門規式"，《景德傳燈録》卷六附録），全體僧衆遵從規矩，一起出坡，舉行作務時，年輕氣盛的禪僧趙州却嘗試着反抗，這不是没有理由的。南泉和尚也對體制化的叢林抱有擔憂的想法，關於這一點，趙州是深得領會了，所以最後打開了僧堂的門。

《趙州録》［五］在南泉⑤

【五】

師在南泉，井樓上打水次，見南泉過，便抱柱懸却脚，云："相救！相救！"南泉上楜梯云：" 一、二、三、四、五。"師少時間，却去禮謝云："適來謝和尚相救。"

【注釋】

○ 本則收録於《祖堂集》卷一六《南泉章》、《聯燈會要》卷六《趙州章》、《指月録》卷一一《趙州章》，另外《虛堂和尚語録》卷六、《石田法薰禪師語録》卷二、《了堂惟一禪師語録》卷一也有引用拈提，還有將此拈提彙集於《禪宗頌古聯珠通集》卷二〇、《宗門拈古彙集》卷一六、《宗鑑法林》卷一八、《拈八方珠玉集》卷中等。因此我們知道此則公案在宋代成爲人們的話題常被提起。

○ 師在南泉，井樓上打水次　"井樓"指利用轆轤（滑車）打井水用的裝置的櫓。登上階梯牽動吊桶繩打深井裏的水。"打水"是取水之意的口語。此種"打"用作代動詞的例子，見於歐陽修《歸田録》卷下："今世俗言語之訛，而舉世君子、小人皆同其繆者，惟打字爾。"所舉的例句中有"汲水曰打水"。吳曾《能改齋漫録》卷五、劉昌詩《蘆浦筆記》卷三也有提起。

○ 見南泉過，便抱柱懸却脚，云：相救！相救！　趙州從井樓上看到南泉和尚從下面經過，便抱住樓櫓的柱子，把脚懸挂起來，擺出搖搖晃晃的樣子，喊着"相救！"。"相救"的"相"是表示加在動詞後表示具有對象的動作（救我！）。

○ 南泉上楜梯云：一、二、三、四、五　"楜梯"指井樓的梯子。"楜"是配合"梯"而附加木旁作"胡"的增旁俗字，表示從西域傳來的工具。南泉和尚聽到趙州的求救聲，就登着井樓的梯子念"一、二、三、四、五"。如此兩人的戲劇性的行爲究竟有什麽用意？趙州故意將脚踩空的樣子抱住柱子，將脚吧嗒吧嗒地給南泉和尚看，這是指趙州用"掉下去便死！"（墮落地獄）的動作來向南泉和尚提問："面對這樣的衆生，和尚該如何救濟？"南泉和尚一邊登着階梯，一邊念着"一、二、三、四、五"，這是指南泉和尚向趙州提示："你用自己的力量如此一步一步的登上來，也要靠自己的力量，自己下來吧！"清初介庵悟進禪師將本則與龐居士的典故進行對比提舉，説：

> 師經行次，立住問衆云："龐公倒身，靈照相救；趙州抱柱，南泉出手。金明也不倒身，也不抱柱。汝等作麽生相救？"衆下語不契。師云："蒼天！"便歸方丈。（《介庵進禪師語録》卷六）

這是龐居士不留神跌倒在地時，女兒靈照急忙跑來後，自己也倒在父親邊上的典故。

> 居士因賣漉籬，下橋喫撲。靈照見亦去爺邊倒。士曰："汝作什麽？"照曰："見爺倒地，某甲相扶。"士曰："賴是無人見。"（《龐居士語録》）

靈照的行爲是模仿"衆生病，是故我病"的維摩詰。南泉的舉動與此不同，面對

像趙州那樣踩空臺階的情形,南泉提示他"你要用自己的腳走下來吧!"曹山本寂云:

> 古人有言未有一人倒地,不因地而起。(《祖堂集》卷八)

第四祖優婆毱多尊者偈云:

> 若因地倒,還因地起。離地求起,終無其理。(《景德傳燈錄》卷一)

此句文本之間稍有差異,後世在登梯子的動作上發生了變化:

> 《聯燈會要》:"泉以手敲扶梯云";
>
> 《虛堂和尚語錄》:"泉於蹈梯上打云";
>
> 《了堂惟一禪師語錄》:"泉以主丈擊樓柱五下而去"。

總之越來越變得更加象徵性的動作。

○ **師少時間,却去禮謝云:適來謝和尚相救** "少時間",指趙州仔細琢磨南泉和尚所提示的"只有自己纔能救自己"的道理之後,便儀容端正地來到方丈,向南泉和尚禮拜並表達感謝之意,就此結束了這一場的演示。正如佛性法泰(圓悟克勤弟子)所說的那樣:

> (兩人)等閒施設豈徒然?(趙州)平地波瀾欲浸天。(南泉)更向胡梯敲數下,免教失脚墮黃泉。(《禪宗頌古聯珠通集》卷二〇)

《趙州錄》[六] 在南泉⑥

【六】

南泉東西兩堂争猫兒。泉來堂內,提起猫兒云:"道得即不斬,道不得即斬却。"大衆下語,皆不契泉意。當時即斬却猫兒了。至晚間,師從外歸來問訊次,泉乃舉前話了,云:"你作麼生救得猫兒?"師遂將一隻鞋戴在頭上出去。泉云:"子若在,救得猫兒。"

【注釋】

○ 本則收錄於《祖堂集》卷五《德山章》、《景德傳燈錄》卷八《南泉章》、《汾陽無德禪師語錄》卷中《頌古》、《虛堂錄》卷二、《宏智廣錄》卷二、《聯燈會要》卷四《南泉章》、《大光明藏》卷二《南泉章》,另外《碧巖錄》第六十三則"南泉兩堂争猫"、第六十四則"南泉問趙州"、《無門關》第十四則"南泉斬猫"等所采用的有名公案,還有《指月錄》卷八、《空谷集》第二十三則也有評論,收羅歷代拈頌的有《禪門拈頌集》卷七《南泉章》、《禪宗聯珠頌古通集》卷一一;收羅拈提的有《宗門拈古彙集》卷九。本則是以趙州爲主人公的公案,在《祖堂集》卷五《德山章》僅僅引用了此則的前半部分(斬猫)爲止,然後雪峰義存向德山宣鑑尋問南泉的用意,《碧巖錄》也是將其前半收於第六十三則"南泉兩堂爭猫",後半收於第六十四則"南泉問趙州"分別兩則中,因此可以説本則是由兩個部分構成的,也有兩個問題:前半的"南泉爲什麽斬猫"以及後半的"趙州爲什麽將鞋放在頭上走出去"。

○ **南泉東西兩堂爭猫兒**　"猫兒"是"猫"的口語詞。猫有什麽原因引起兩堂僧人相爭?"爭猫兒"是指互相爭奪猫。唐代鄭綮《開天傳信記》中載有河南尹裴諝判"爭猫狀":

> 有婦人投狀爭猫兒,狀云:"若是兒猫(公猫),即是兒猫(我猫);若不是兒猫(公猫),即不是兒猫(我猫)。"諝大笑,判狀云:"猫兒不識主,旁我搦老鼠。兩家不須爭,將來與裴諝。"遂納其猫兒,爭者亦哂。(《開元天寶遺事十種》,上海古籍出版社,1985年)

與此相同,南泉山的東西兩堂的僧人互相爭奪一隻猫。在寺院養猫是爲了驅除損壞經典、什物等的老鼠。

○ **泉來堂内,提起猫兒云:道得即不斬,道不得即斬却。大衆下語,皆不契泉意。當時即斬却猫兒了**　南泉詰問堂内大衆"道得即不斬,道不得即斬却",僧衆以各種各樣的答案回答了,但哪個都没有契合南泉之意。於是南泉立即將猫斬了。"當時"也寫作"登時","即時"之義。南泉期待僧衆到底是什麽樣的答案?拿出證據來證明那隻猫是自己所有的嗎?或者應該如何避免爭奪的辯明嗎?至少必須提出從南泉手上能救得那隻猫的一句話。但是南泉一下子拿起刀(僧人持有的剃刀)來捉住猫就斬了。這是極其唐突的舉動。在這裏我們應該看出南泉的意圖不在爲兩堂僧人調停糾紛。

在《祖堂集》卷五《德山章》所引的部分中,設定了另一種情形:

> 因南泉第一座養猫兒,鄰床損脚,因此相爭。有人報和尚,和尚便下來,拈起猫兒云:"有人道得摩?有人道得摩?若有人道得,救這個猫兒命。"無對。南泉便以刀斬作兩橛。

《祖堂集》記録的是流傳到福建的形態,而據此,根本没有東西兩堂的相爭,是由首座所養的猫損壞了鄰座的禪床脚作爲原因,首座和鄰座僧人之間的小小的爭執。有人將此報告到南泉那裏,南泉便拿着刀從方丈來到禪堂内捉住猫,向大衆反復兩次地問:"有人道得摩?有人道得摩?"這已經不是損壞禪床的是否首座的猫的問題了,而是南泉故意將大衆逼入"殺生"的現場,站在這場"殺生"的緊要關頭,看看他們能否阻止"殺生"。南泉爲什麽要斬猫,《祖堂集》卷五《德山章》所引的部分中雪峰向德山提問:

雪峰問師："古人斬猫兒,意作摩生？"師便趁打雪峰,雪峰便走。師却喚來云："會摩？"對云："不會。"師云："我与摩老婆,你不會！"

德山用棒趁打雪峰是爲了逼他進入"殺生"的現場,讓他把"殺生"的問題作爲自身的事體會。

○ **至晚間,師從外歸來問訊次,泉乃舉前話了,云：你作麽生救得猫兒？師遂將一隻鞋戴在頭上出去。泉云：子若在,救得猫兒** 後半部分的問題是趙州的行爲。至夜間,趙州從外面歸來,南泉把白天發生的事情跟趙州説,並問"如果是你,會如何救得此猫？"很明顯是南泉對於斬猫的事情懷有後悔的口吻。騎虎難下（由于當場那種情形）,不得不斬。大概是本想打算演示將大衆逼入"殺生"的現場,然後救得猫的這麽一場把戲,可結果是自己染指"殺生"的後悔吧。趙州於是立刻將一隻鞋脱了放在頭上,將這樣的舉動呈現給南泉看,什麽也没説就出去了。這到底有什麽樣的用意呢？並非説假如趙州在現場,南泉面前做這樣的動作,猫就能得救。此時猫已被斬。"鞋戴在頭上"大概是顛倒的含意。趙州將南泉的什麽看作是顛倒的呢？猫已經被殺,現在只有南泉後悔的念頭。"不殺生"原本是佛教徒應該遵守的五戒之一。但到了大乘佛教,所有的一切都認爲是空、無相、無我的。這樣的話,那"殺生"最終就歸於"罪"的意識上的問題了。將猫看作是有生命的話,那就是"殺生",但如果將它看作是没有實體的"空"的存在的話,那就不成爲"殺生"。很可能南泉聽到有人互相爭猫的爭執,便想要提起這樣的問題,拿着刀跑到禪堂,説不定陷入寺院裏犯"殺生"的這麽一個進退兩難的演示中。但是南泉的意圖以失敗告終,結果不得不自己喫上了苦頭,又把自己的苦衷向趙州傾訴。這大概就是南泉的顛倒。趙州看穿了南泉的用意和結果,用動作來暗示"那是顛倒"後便出去了。

　　虛堂智愚有如下具有諷刺的話："趙州借手拈香,要與兩堂雪屈。殊不知,狸奴已死南泉手,直至如今鼠子多。"

　　再者,法國學者戴密微（Paul Demiéville）曾著有《殺生戒的問題》一文,論述佛教殺生戒的接受方式的演變,可以參考（林信明編譯《ポール・ドミエヴィル禪學論集》,《花園大學國際禪學研究所研究報告》第 1 册,1988 年）；另外還有入矢義高先生的《南泉斬猫私解》（《空花集》,思文閣,1992 年）也可參閱。

附録

《趙州録》研究資料

一、版本

（1）無著道忠校寫《古尊宿語要・趙州語録》三卷（柳田聖山編《禪學叢書

唐代資料編》,日本中文出版社,1973年)

據花園大學藏寫本影印(對宋版《古尊宿語要》的校訂)。附錄：無著道忠《鼓山元撰〈古尊宿語録〉校訛》、柳田聖山《古尊宿語録考》。

(2)鈴木大拙校閲、秋月龍珉校訂國譯《趙州禪師語録》三卷(日本春秋社,1964年)

1961年刊松岡文庫版的增補改訂普及版(底本爲大東急文庫藏《續開古尊宿語要》)。校訂本文525則、行狀、趙王真贊、哭詩二首、重刻序、國譯(訓讀)、《祖堂集、景德傳燈録、古尊宿語録對照表》、索引。

(3)張子開(勇)校訂《趙州録》(中國禪宗典籍叢刊,中州古籍出版社,2001年)

本文520則(明版《嘉興大藏經》本爲底本,以《永樂南藏》《徑山藏》爲校本,附校記)、補遺39則、附録：傳記、序、贊校録、法嗣、研究(版本的系譜、傳記)。

(4)吴言生編《趙州録校注集評》(二册,中國社會科學出版社,2008年)

本文615則(525則、補遺90則。秋月校本爲底本,《永樂南藏》《徑山藏》爲校本)、校記、箋注("采取以禪證禪的方法")、集評、總評(行狀、傳記、語録序、歷代題詠、歷代詩詠)。

(5)徐琳校注《趙州録校注》(中國佛教典籍選刊,中華書局,2017年)

明版《嘉興藏》三卷本爲底本,521則、補遺79則,附録有資料集、趙州公案19則。

二、資料集

(1)張勇《趙州從諗研究資料輯注》(俗文化研究叢書,巴蜀書社,2006年)

圖像、傳記、序贊等、法嗣、與佛教界之交涉、其他有關論述。

三、譯注、論文、評傳、提唱

(1)秋月龍珉譯注《趙州録》(禪の語録11,日本筑摩書房,1972年)

日語譯注(秋月校本爲底本)、解説、索引。

(2)村上俊《趙州の禪風》、《趙州と〈信心銘〉》(《花園大學國際禪學研究所研究報告》第4册,1996年)

村上俊(1950—1995)的遺稿。

(3) *Radical Zen—The Sayings of Josyu—*, Translated with a commentary by Yoel Hoffmann, Autumn Press, Brookline, Massachusetts.

作者是以色列學者,停留在日本期間所作的英譯。主要以秋月譯注本爲參考。

(4)沖本克己《趙州——飄々と禪を生きた達人の鮮かな風光》(唐代の禪僧6,日本臨川書店,2008年)

日本花園大學名譽教授沖本克己(1944—　)所作的評傳。

(5) 福島慶道《趙州錄提唱》(日本春秋社,2013)

日本京都東福寺前任住持福島慶道老師(1933—2011)對《趙州錄》17 則所作提唱的記錄,1995—2003 年。

(6) The Recorded Sayings of Zen Master Joshu, Translated and introduced by James Green, Shambhala Publicatins, Boston, Massachusetts, 2001.

譯者美國學者曾經到日本京都東福寺師從福島慶道老師作過禪僧的修行生活。英譯的底本爲日本春秋社版《趙州禪師語錄》(525 則、《十二時歌》),附有簡單的注釋。前面附福島慶道老師序文。

四、索引

(1) Urs App 編《趙州錄一字索引》(花園大學一字索引 10,日本花園大學國際禪學研究所,1996 年)

底本爲《續藏經》第 118 册所收《古尊宿語錄》卷一三、一四,由梁曉虹斷句。

(2019 年 6 月 1 日整理)

【要旨】趙州從諗和尚（778 — 897）は唐代禪の思想をもっともよく體現した禪僧である。『景德傳燈錄』卷一五「趙州觀音院從諗禪師章」の末尾に、編者が評語を加えて次のように言う。「師の玄言は天下に布き、時に趙州門風と謂い、皆な悚然として信伏す。」（師の禪僧らしい問答は「趙州の門風」と呼ばれて天下に廣まり、これを聞いた人びとは肅然と襟を正し信服した。）

これは禪僧に對する最高級の賞讃である。趙州和尚の問答の記錄『趙州錄』を讀むことを通して、われわれは唐代禪の對話精神にふれ、禪の思想の精華を知ることができる。

趙州和尚が百二十歲で逝去したのち、弟子の文遠は各種の記錄を收集して、五百則あまりの問答を集錄し『趙州禪師語錄』を編集し、近年にはその他の材料から増補して、六百則あまりを收める新しい編輯のテクスト數種も公表された。

重要なことは『趙州錄』に收めるこれらの問答のもつ禪の思想をどう讀み取るかである。問答そのものが含む問題、つまり問答する禪僧たちがいかなる佛教思想、禪思想を持ち、いかなる具體的課題をめぐって問い答え、かれらが一連の問答を通していかなる境界に達したのかが、解決せねばならないもっとも緊要の課題であり、それは讀者にとってももっとも關心をもつ問題である。

　佛教は中國漢代の社會に傳わり、八百年を經過して、唐代に至ると天台宗・華嚴宗などの宗派の教理學者が唯識・中觀等の理論に對して精緻な研究を行なって佛教教理學を發展させ、その成果は頂點に達した。佛教教理學はほんらい成佛のための理論であり、ひとびとを苦惱から解放するための理論であるが、學者たちの長期にわたる精密な分析・歸納演繹・整合の努力の結果、却って理論は煩瑣哲學化し、人と成佛を切り離し、人と成佛の距離をますます遠ざけるものとなった。中唐時代の新興禪宗は、佛教が一種の桎梏と化した局面に興起したのであった。したがって、われわれが晩唐時代の『趙州錄』を讀み注釋を書く際には、『趙州錄』中に交わされる問答の思想史的背景を理解して、讀者に説明をする必要がある。すなわち禪僧の用いるインド佛教の術語の原義のみならず、問題とされた主題の當時の中國佛教教理學における解釋、さらに當時の禪僧の佛教教理に對する見かたと新解釋等の思想史的な説明をおこなうことが必要である。こうしてはじめて『趙州錄』問答の思想内容が明らかになり、問答の十全な理解に達しうるのである。

石屋清珙的生平及相關人物

邢東風

【提　要】石屋清珙禪師(1272—1352)是元代臨濟宗僧人,關於他的經歷,一向缺少詳細的研究。清珙的傳記主要見於明初時期元旭的《福源石屋珙禪師塔銘》。根據塔銘可以了解清珙生平的大概,如他的俗姓、籍貫、出家、受具、參學的經歷,以及後來在湖州霞霧山隱居修行,以及擔任嘉興福源禪寺住持的情況,去世以後,受到高麗國王和元朝的重視,等等,但是許多細節還是不清楚,例如他出家的崇福寺是在哪裏? 他到建陽西峰寺師從及庵,那麼建陽是在哪裏? 他到福源寺擔任住持是怎麼回事? 當時湖州道場山一帶有哪些僧人與清珙有關? 等等。這些細節並非無關緊要,只有弄清這些問題,纔能具體地了解清珙周圍的環境背景,以及與他相關的僧人群像和佛教史實。本文圍繞這些問題進行考察,主要觀點如下:

第一,清珙出家的崇福寺,可能就是現在常熟市沙家浜(舊稱橫涇)的崇福寺。常熟歷史上有多處"崇福院"或"崇福庵",有三處建於宋元時期,都有可能是清珙出家的崇福寺。其中存在時間較長的就是沙家浜的崇福寺,一直保存到近代,"文革"後又有恢復。第二,關於清珙的老師及庵,燈史記載不詳,本文參照黃夏年先生的考證,對及庵的情況做了介紹。關於及庵的西峰寺所在地建陽,往往被誤解為福建的建陽。本文根據平山處林的資料,斷定建陽是浙江金華的建陽山。另外,西峰寺很可能就是金華的西峰淨土寺。第三,考察清珙時代湖州道場山的主要人物,一位是月江正印禪師,另一位是希渭禪師。清珙與他們應當相識,他們共同構成湖州地區的禪僧群體。第四,考察清珙住靈隱寺的時間,應在大德九年(1305)以後。第五,確認清珙來到霞霧山的年代在皇慶元年(1312),從此開始山居生活。第六,根據嘉興福源寺重建年代的考察,指出清珙住持福源寺是接平山處林的班,所以是第二代;他在福源寺任職,大致在至正元年(1341)到七年(1347)之間。第七,介紹平山處林的情況,確認他和清珙的友誼。最後,對塔銘中沒有提到的兩個人物做了介紹,他們都和清珙有關。一個是元末明初的臨濟宗禪僧松隱德然,他是千岩元長的弟子,曾從清珙參學,深受影響。另一個是高麗僧人白雲景閒,他也曾從清珙參學,後來編著《白雲和尚抄錄佛祖直指心體要節》,并以金屬活字版刊行,現已成爲世界著名的歷史文化遺産。

【關鍵詞】石屋清珙　　元代　　湖州　　霞霧山　　山居修行

元代佛教盛行,浙江是佛教的重鎮,湖州又是浙江佛教的一個重要據點。當時湖州有位臨濟宗高僧石屋清珙(1272—1352),生前長期山居修行,禪修之餘又喜作詩,聞名遐邇,影響及於海外。清珙禪師的一生主要是山居修行,經歷比較簡單,相對來説容易了解。然而就筆者有限的了解而言,目前似乎還沒有關於清珙的詳細研究,既有的論述大多比較籠統,缺少細緻的考察,就連他的經歷也有模糊不清甚至誤解的地方。本文根據相關資料,對清珙的經歷以及相關人物事件進行考察,以便更清楚地揭示他的生平軌跡以及相關的佛教史側面。

關於清珙的傳記,在僧傳和燈史書中都有記載,但較早且比較詳細的資料則是元末明初時期,前四明延壽禪寺沙門元旭撰寫的《福源石屋珙禪師塔銘》。塔銘全文如下:

　　師諱清珙,字石屋,蘇之常熟人也。俗姓温,母劉氏。生之夕有異光,實宋咸淳八年壬申也。及長,依本州興教崇福寺僧永惟出家,二十祝髮,越三年受具。一日有僧杖笠過門,師問之,僧曰:"吾今登天目,見高峰和尚,汝可偕行否?"師欣然與之偕行。見峰,峰問:"汝爲何來?"師曰:"欲求大法。"峰曰:"大法豈易求哉?須然指香可也。"師曰:"某今日親見和尚,大法豈有隱乎?"峰默器之,授"萬法歸一"之語。服勤三年,大事未明,忽辭他行。峰曰:"温有瞎驢,淮有及庵,宜往見之。"至建陽西峰,見及庵,庵問:"何來?"師曰:"天目。"庵曰:"有何指示?"師曰:"萬法歸一。"庵曰:"汝作麽生會?"師無語。庵曰:"此是死句,什麽害熱病底教汝與麽?"師拜求指的。庵曰:"有佛處不得住,無佛處急走過,意旨如何?"師答不契。庵曰:"者個亦是死句。"師不覺汗下。後入室,再理前話,詰之,師答曰:"上馬見路。"庵呵曰:"在此六年,猶作者個見解。"師發憤棄去,途中忽舉首,見風亭,豁然有省。回語庵曰:"有佛處不得住也是死句,無佛處急走過也是死句,某今日會得活句了也。"庵曰:"汝作麽生會?"師曰:"清明時節雨初晴,黃鶯枝上分明語。"庵領之。久乃辭去,庵送之門,囑曰:"已後與汝同龕。"未幾,庵遷湖之道場。師再參次,命典藏鑰。庵嘗與衆言曰:"此子乃法海中透網金鱗也。"一衆刮目以視。後靈隱悦堂誾會中,居第二座,遂罷參,登霞霧山卓庵,名曰"天湖",道洽緇素,户屨駢輳,伏臘所須,不求自至,凡樵蔬之役,皆躬自爲之,有古德之風。禪暇喜作山居吟,傳者颇多。师於此山,有终焉之志。俄而嘉禾当湖新创福源禅刹,以师之名闻诸广教,驰檄敦请,爲第二代住持。师坚卧不起,或者勸之曰:"夫沙門者,当以弘法爲重任,閒居獨善,何足言哉?"於是翻然而起,大開爐鞴,鍛鍊學者,談者以謂真能起及庵之家者也。居七年,以老引退,復歸天湖。至正間,朝廷聞師名,降香幣以旌異。皇后賜金襴衣,人皆榮之,師澹如也。至正壬辰秋七月廿有一日,示微疾,閲二日,中夜與衆訣。其徒請曰:"和尚後事如何?"遂索筆書偈曰:"青山不著臭屍骸,死了何須掘土埋。顧我也無三昧火,光前絶後一堆柴。"擲筆而逝。闍維,舍利五色璨然,不知其數。其徒收其靈骨舍利,塔於天湖之原,以及庵之塔配之,示不忘同龕,師之意也。壽八十有一,臘五十有四。有弟子愚太古者,高麗人也,親得師旨,説偈印可,有"金鱗上直鈎"之句。其王以國師之號尊之,聞師道行,意甚傾渴,表達朝廷,詔謚"佛慈慧照禪師",移文江浙,請净慈平山林公躬入天湖,取師舍利,館伴歸國。平山與師爲同參,皆愚公之本意也。師之上堂法語,山居詩頌,其徒至柔,刊行於世。且以師之行狀,徵予銘之。予昔見師於福源,朧然其形,道韻可挹,今已四十餘年矣,因感慨而爲之銘。銘曰:

　　西來直指,教外別傳。惟上根者,乃可得焉。傳亦無傳,得亦無得。如太虚空,蕩焉罔極。卷卷石屋,心如死灰。劃然頓悟,火裏蓮開。惠朗之孫,及庵之子。源清流長,根茂實遂。迹留霞霧,名落湖江。爭先快睹,景星鳳凰。入滅至今,幾三十禩。雙塔巋然,清風未已。①

據塔銘可知,清珙俗姓温,苏州常熟人。青少年时期在本地興教崇福寺出家,歸依惟永和尚,二十歲落髮,二十三歲受具足戒。後到天目山,跟隨高峰原妙(1238—1295)參學三年,因未得要領,轉往他處。按照原妙的指導,前往建陽西峰寺,跟隨原妙的同學及庵宗信參學六年,終於開悟得法,當時大概三十多歲。不久,及庵宗信移住湖州道場山,清珙再次投奔參學,並負責掌管經藏,被及庵稱贊爲"法海中透網金鱗"。以後又到杭州靈隱寺,在悦堂祖誾會下居第二座。而後到湖州霞霧山,創建天湖庵,樵采自役,隱居修行,作詩吟詠,打算就這樣長期住下去。後來嘉禾(今嘉興)當湖重建福源禪寺,清珙受聘爲第二代住持。他在福源寺住持七年,最後回到天湖庵。至正年間(1341—1368)受到朝廷獎勵,皇后賜予金襴袈裟。清珙去世後,他的舍利塔就建在天湖庵一帶,同時還爲他的老師及庵和尚建了一座舍利塔,於是形成雙塔。清珙有位弟子叫太古普愚(1301—1382),是高麗人,曾從清珙參學,親得印可,被高麗國王尊爲國師。高麗國王聽説清珙的事迹,甚爲仰慕,於是

---

① 至柔《福源石屋珙禪師語錄》卷下。

向元朝上表,請求表彰,結果元朝下詔,爲清珙頒賜"佛慈慧照禪師"謚號,又派杭州凈慈寺的平山處林禪師親赴天湖庵,取來清珙的舍利,由元朝官員陪同,送到高麗。這樣的安排,其實是出自太古普愚的意圖,因爲平山處林是清珙的同學,所以纔請他出面。塔銘作者元旭,本來是寧波延壽禪寺的僧人,在寫作這篇塔銘的四十多年前見過清珙,他對清珙的印象是看上去比較清瘦,很有修道者的風韻,現在寫作這篇塔銘時,距清珙去世已近三十年。由此可以推測,這篇塔銘作於明代洪武年間,大致是1380年左右。

從這個塔銘可以了解清珙生平的大概,但是許多相關的細節還不清楚,例如清珙出家的崇福寺是在哪裏?他到建陽西峰寺師從及庵,那個建陽是在哪裏?他到福源寺擔任第二代住持,又是怎麽回事?當時湖州道場山一帶有哪些僧人與清珙有關?等等。這些細節看似無關緊要,其實只有通過細節的考察,才能具體地了解清珙周圍的環境背景,以及與他相關的僧人群像和佛教史實。下面就按清珙生平的時間順序,就相關的人物、事件、場所等進行檢討。

第一,清珙出家的崇福寺,可能就是今常熟市沙家浜鎮橫涇村的崇福寺。據網絡資料介紹,該寺建於南宋嘉泰初(1201),由當地人蘇某捨宅而成,以後宋、明、清歷代都有修復擴建,至1950年代漸毀,1999年重建。① 至於清珙出家時皈依的惟永和尚,目前無從了解。

關於這個問題,有的學者認爲清珙出家的興教崇福寺就是現在的常熟興福寺。這個看法值得關注,因爲興福寺不僅歷史悠久,而且地處常熟市區,所以歷來在常熟的佛教寺院中占有重要地位。不過,該寺在歷史上不曾叫作"崇福寺",若要斷定它就是崇福寺,恐怕還需要其他證據。至於常熟歷史上叫作"崇福"的佛教場所,清代記載共有四處,即一座"崇福院"和三座"崇福庵":

南市崇福院,在縣治西南,宋建炎間僧宗岳建,今廢。

崇福庵,在捨澤,宋嘉熙二年僧守義建。

崇福庵,在梅李鎮。

崇福庵,在縣東九里,僧真福建俱元至元間建。②

這四處場所中,有三處建於宋元時期,它們都可能是清珙出家的崇福寺,另一處創建年代不詳,無法判斷它與清珙有沒有關係。就延續時間來看,後來保存到近代的只有一處,就是位於捨澤、創建於南宋嘉熙二年(1238)的崇福庵。關於這座崇福

---

① 參見《崇福寺》,網站名稱:百度百科,網頁地址:https://baike.baidu.com/item/崇福寺,檢索日期:2018年11月8日。

② 《常熟縣志》卷一三,康熙版。

庵的史料,現在還有明代正德八年(1513)錢仁夫撰文、祝允明書丹的《重建崇福庵佛殿記》碑保存①,其中説這座僧寮位於昆承湖南,創建於宋嘉泰初,名崇福庵,因系里人蘇氏捨宅而建,所以又稱"捨宅庵",嘉熙中,僧宗亮重修,明代又經過多次重修。後來到了清代光緒年間,《常昭合志稿》卷一六裏就只有這一座叫作"崇福"的庵舍,並説它就是捨宅庵,"今其河亦稱捨宅河,地則直名捨宅,譌捨澤"。根據史料中"昆承湖南"的記載,可知"捨澤"就是後來的橫涇一帶,到了現代,這裏因樣板戲的影響而改稱爲"沙家浜"。總之,宋元時期常熟有三四處叫作"崇福"的道場,很難説清珙出家的崇福寺是其中的哪一座,但是鑒於沙家浜的那座崇福寺在歷史上存在的時間較長,所以,假如要把清珙出家的崇福寺跟現存的某座寺院相對應,那也只能把沙家浜的崇福寺作爲首選了。

第二,清珙離開高峰原妙時,高峰給他推薦了兩個人:"温有瞎驢,淮有及庵,宜往見之。"其中"瞎驢"是指温州華倉瞎驢無見禪師,他是黄龍慧開(1183—1260,字無門)的弟子,五祖法演下六世,燈史中有簡短的語句記載,生平事迹不詳。"及庵"就是及庵宗信禪師,後來成爲清珙的傳法老師。他是雪巖祖欽(1215—1287)的弟子,高峰原妙的同學,燈史中有少量語句記載,而關於他生平經歷的記載極少。但據燈史中散見的記述,可知及庵除了住過建陽西峰寺、湖州道場山以外,還曾與本源善達到各地行脚,一同到江西仰山參見雪巖祖欽(見於无愠《山庵雜録》卷上"徑山本源和尚"),另外還曾住過吳(今蘇州)(參見文琇《增集續傳燈録》卷六:"豫章般若絶學世誠禪師……禮真巔肉身薙落。久之,入吳,見蒙山異公、及庵信公。"絶學世誠[1260—1332],靈雲鐵牛定法嗣,關於他的卒年,史料作"至順壬午",但至順无壬午,有壬申,當公元1332年)。關於及庵,黄夏年先生有專文考證②,值得參考。根據他的考證,及庵法名宗信,俗姓方,江西婺州人,卒於南宋寶祐五年(1257)。由於他曾被誣告"狎尼,私與相通",也就是據説有男女關係問題,所以燈史和僧傳裏很少有他的記載,實際上他的修行水準並不亞於高峰原妙,嘉熙年間還在湖州創建妙嚴寺。及庵的弟子,除了清珙之外,還有杭州净慈寺平山處林、婺州羅山正覺石門至剛。(關於石門至剛,清代聶先《續指月録》卷七有如下記載:"世居山麓,得法於及庵信和尚。遊歷罷,歸里,里人即其地營建寶坊,文其楣曰'正覺'。壽七十六。")

關於及庵和清珙住過的建陽西峰寺,需要專門討論,因爲這個"建陽"經常被

---

① 參見《紅色沙家浜,河涇古街織就橫涇、"金唐市"……》,網站名稱:搜狐網,網頁地址:http://www.sohu.com/a/316787580_612297,檢索日期:2019年5月28日。
② 黄夏年《石屋清珙與及庵宗信禪師》,《石屋清珙與元代江南禪宗學術研討會論文匯編》,湖州市佛教協會編印,2018年,第22—25頁。

誤解爲福建的建陽,現在許多關於清珙的文章就是這麼説的。其實,這個"建陽"並非福建的建陽。爲什麼這樣説呢? 首先,福建的建陽大概没有西峰寺。今查民國版《建陽縣志》,不見有西峰寺。當然,建陽歷史上有多種縣志,還可進一步調查,但即使福建的建陽有西峰寺,假如没有其他旁證,還是不足以證明及庵或清珙到過那裏。其次,清珙本人在提到西峰寺時,使用的詞語往往不是"建陽",而是"建陽山",例如:

> 有來由没巴鼻,建陽山西峰寺,蒲團頭拾得底。
>
> 建陽山中相見時,好於骨肉;西峰寺裏再參後,惡似冤仇。(《福源石屋珙禪師語録》)

這些用例都是把"建陽山"與"西峰寺"對舉,就像"西峰寺"並非"西峰的寺"一樣,"建陽山"也不是"建陽的山",而是一個專有名詞。這樣的話,這裏的"建陽"就不是縣名,而是山名,它指的不是建陽縣,而是建陽山。再次,建陽山又在哪裏呢? 關於這個問題,史料中没有直接的答案,但是可以通過有關西峰寺的史料尋找答案,當然,由於西峰寺非止一處,所以尋找的範圍應當是和及庵禪師有關的西峰寺。據及庵禪師的另一弟子、清珙的同學平山處林的傳記,及庵當時住的西峰寺,是在金華山。元末明初的徐一夔(1319—1399)曾爲平山處林撰寫塔銘,其中提到處林年輕時要到四方參學,於是"溯濤江,上金華山,謁及庵信禪師於西峰。及庵一見器之,命處侍室"①。這個記載説明,及庵當時住的西峰寺是在金華山。金華山在今浙江金華市北,這個山名古已有之,據《舊唐書·地理三·江南東道》記載:"金華……後漢分烏傷置長山縣。吳置東陽郡。隋改長山爲金華,取州界山爲名。"意思是説,金華縣在漢代叫長山縣,三國時爲東陽郡治,隋代把長山縣改名爲金華縣,這個縣名是取自金華山。可見"金華"的地名還是由金華山而來。石屋清珙和平山處林都是及庵的弟子,他們師從及庵的地方都在西峰寺,然而同一個西峰寺的所在地,在清珙那裏叫作"建陽山",在處林那裏叫作"金華山",爲什麼會有不同的叫法呢? 其原因無外乎兩種可能:一是同一座山有不同的名稱,一山二名,"建陽山"和"金華山"所指稱的是同一處山;另一可能是兩個山名中有一個是錯的,其中"建陽山"的稱呼不見於其他史料記載,所以它更有可能是錯誤的記載,而金華之地古來又稱"東陽",因此不排除"建陽山"爲"東陽山"之誤的可能。不管怎樣,及庵住的"建陽"或"建陽山"都不是福建的建陽,而是浙江金華的金華山。及庵在金華,

---

① 徐一夔《平山禪師塔銘》,《徐一夔集》,浙江古籍出版社,2017年,第372頁。

據説他在元大德四年(1300)發起建橋,就是後來的通濟橋。①

再説金華的西峰寺。根據當地縣志記載,很可能就是西峰净土寺:

> 西峰净土寺,在迎恩門外,無創始年月。寺有西峰大聖和尚像,名清素,自五台飛錫諸名山,唐天復中,至歙州祈門縣之西峰山,宋至和初設像於此。乾道庚寅,新塑十八羅漢,蘇諤有記。明萬曆丙午,郡丞袁世振修,知府周延光又建觀音閣、天王殿。②

這是清代光緒年間的記載,説明西峰净土寺在金華縣城外,創始年代不詳,但北宋至和初年(1054)已有西峰大聖和尚像,西峰寺即由"西峰大聖"而得名。據有人考證,西峰寺已毁,原址在今金華市區江北西峰旅館一帶。康熙版《金華府志》裏説西峰寺"在縣治西一百八十步,亡創始年月",也提到明萬曆年間重修之事。顯然,《金華府志》和《金華縣志》裏提到的西峰寺是一回事。關於西峰寺的創建年代,有人根據在金華蘭溪發現的《靈湖郭氏宗譜》裏的相關記載,推斷該寺建於元至正三年(1343)至明永樂四年(1406)期間。按照宗譜的記載,當地郭氏一族原籍歙州,南宋時遷至蘭溪,其族五世祖郭悌(1343—1406)樂善好施,"於郡城附郭建西峰寺,繚以四圍園地池塘并姜浦腴田一頃裕僧供給,僧人塑像造木主以祀之,迄明季猶不替"③。這些考證雖可參考,但光緒版《金華縣志》裏已有明文記載,西峰寺之地,北宋時期已設聖像,南宋乾道六年(1170)又"新塑十八羅漢",當時不可能只有造像而無寺院,因此西峰寺在宋代已經創建,元末郭氏應是重建。及庵所住的西峰寺,應當就是金華的西峰净土寺。

第三,關於湖州道場山。道場山係天目山餘脈,在今湖州市南,距市區五公里,山上有萬壽禪寺。當初及庵宗信先到這裏,清珙也追隨過來。關於萬壽寺,據元代虞集(1272—1348)記載,該寺始建於唐代中和年間(881—885),創始人是如訥禪師(如訥是石頭希遷下三世,翠微無學[845—919]法嗣,燈史《景德傳燈録》卷一五中記載:如訥"自翠微受訣,乃止於道場山,薙草卓庵,學徒四至,遂成禪苑,廣闡法化"。又據原注引塔銘云,俗姓許,吳興人。七歲出家於烏墩光福寺。八年如京師,受具戒。抵豫章,得心印於翠微,後結廬於道場山),五代吳越時期叫作"吳興正真寺",宋代以後叫作"護聖萬壽寺",南宋末毁於戰亂,入元以後,經過五十多年恢復重建,終於成爲湖州最興盛的寺院。天曆二年(1329)遭遇火災,湖州官民迎請月江

---

① 參見《通濟橋》,網站名稱:百度百科,網頁地址:https://baike.baidu.com/,檢索日期:2018 年 11 月 13 日。
② 《金華縣志》卷五,光緒版。
③ 參見何壽松《金華西峰寺 建造年代考》,網站名稱:新浪博客,網頁地址:http://blog.sina.com.cn/,檢索日期:2018 年 11 月 5 日。

正印前來住持,寺中元老希渭禪師帶頭出資,其他僧人也積極響應,加上官僚富豪的捐贈,於至順二年(1331)完成重建①。結合清珙的傳記來看,及庵和清珙來到道場山的時間,應在天曆二年萬壽寺火災之前。

月江正印(1268—?)也是臨濟宗高僧,他是徑山虎岩净伏法嗣,後來住持寧波阿育王寺,燈史有傳,見通問《續燈存稿》卷七。月江入道場山之前,住在吳興(今湖州)的何山,在湖州生活過相當一段時間,因此和清珙相識。清珙有一首詩,題名《送慶侍者回里省師》,其中説"月江和尚有書來,勉汝歸來有深意",就是説月江和尚寄來書信,希望慶侍者回去。慶侍者是月江和尚的弟子,原來在月江和尚身邊做侍者,他的老母親家大概也離月江和尚不遠,所以他在月江和尚身邊的話,既可以照顧月江和尚,又可以照顧老母,可是他跑到山中修行,結果他的師父和老母親都没人照顧。清珙認爲,山居修行並不容易,修行的關鍵在於心净,而不在於住不住山裏,而且無論僧俗都要盡孝,於是勸他回去照顧師父和老母。此詩可以看作清珙和月江的友情的例證。

希渭是密庵咸傑下五世,龍源和尚法嗣,是當時道場山最有影響力的禪僧。龍源和尚原來是道場山的住持,後來希渭也擔任過住持,卸任以後,成爲道場山的元老,仍有很大的影響。按照虞集的記載,月江和尚住持道場山,之所以能用不到三年的時間恢復重建,主要就是因爲得到了希渭的支持。在此之前,希渭曾自己出資刻印《景德傳燈録》。當時舊版《景德録》不僅朽壞,而且書也不見,後來他在湖州天聖禪寺找到一種北宋刻本,請人重新刻版,於延祐三年(1316)完成(希渭《重刊景德傳燈録狀》)。由他發起刊刻的這個版本,對後世影響深遠。希渭在道場山居住的起止年代不詳,但及庵、清珙來到時,他或許已在那裏,因而也有可能與清珙相識。

第四,關於清珙住靈隱寺的時間。清珙離開道場山後,又到杭州靈隱寺,當時靈隱寺的住持是悦堂祖誾。祖誾(1234—1308)也是臨濟宗僧人,先在杭州净慈寺師從斷橋妙倫,妙倫去世後,柏山介石繼席,從介石開悟,爲侍者。後至廬山,先後住東岩、圓通、西林等寺,至元二十五年(1288)住開先,又主東林。元貞初(1295)赴闕入對,賜號"通慧禪師",並賜金襴法衣。大德九年(1305)升住靈隱②。祖誾住持靈隱寺約三年即去世,清珙住靈隱,正當祖誾晚年,當時三十五歲左右。

第五,關於霞霧山和天湖庵。霞霧山也是天目山餘脈,在今湖州西南吳興區和長興縣之間,距市區約二十五公里,因山上常有雲霧覆蓋,故名"霞霧山"。山頂有

---

① 虞集《重建護聖萬壽禪寺碑》,《虞集全集》下册,天津古籍出版社,2007年,第819頁。
② 孫治、徐增《靈隱寺志》卷三下,杭州出版社,2006年,第51—52頁。

泉曰"天湖",清珙在山上築庵,故稱"天湖庵"。關於霞霧山和天湖庵,網上有《霞幕山天湖庵的過去和現在》一文①,可以參看。清珙離開靈隱之後,來到霞霧山,從此開始山居生活。清珙有詩云:"山名霞幕泉天湖,卜居記得壬子初。"壬子初即皇慶元年(1312),他從這一年來到霞霧山,當時四十一歲。

　　第六,關於福源寺的重建和清珙的住持。福源寺在嘉禾當湖,嘉禾是嘉興的古稱,當湖就是現在嘉興的平湖。福源寺是當地的古刹,始建於晚唐,原址在二十三都福源塘附近,後來屢毀屢建,元代重建,遷至當湖,即縣南一里處。元末又遭兵毀,明洪武年間重建,嘉靖年間遷回圓珠圩,并建"蘊真塔"。清代遭太平天國破壞,後又修復,"文革"時期,寺塔被徹底毀壞,圓珠圩變成宅地。福源寺的寺址在歷史上幾經變遷,所以明代徐階説是"地三易而故額無改"。現在的福源寺在平湖市新埭鎮,並非元代寺址②。清珙住持福源寺,是在該寺重建之後。

　　關於元代福源寺重建的年代,明清時期的當地縣志都説是皇慶元年(1312)重建,例如明代《平湖縣志》記載:"福源普慧禪寺,在縣治南一里。元皇慶元年僧平山開建,石屋禪師住持。"③光緒版《平湖縣志》卷二五"寺觀":"福源普慧禪寺,在縣東南一里,元皇慶元年張竹溪建。"縣志裏的皇慶元年創建説,与清珙塔銘裏"俄而嘉禾當湖新創福源禪刹,以師之名聞諸廣教,馳檄敦請,爲第二代住持"的記載可以呼應,只是清珙塔銘裏的"俄而"云云,容易讓人以爲清珙到霞霧山不久,就趕上福源寺的重建。實際上,清珙到福源寺,是作第二代住持,也就是去接第一代的班。那麼第一代住持又是誰呢?其人就是清珙的同學平山處林禪師。據徐一夔《平山禪師塔銘》記載:

　　　　延祐戊午,嘉興之當湖張氏新建蘭若曰"福源",請師開山。師爲創立制度,重規疊矩,纖悉備具,使來者有所遵守。後至元庚辰,遷住中天竺禪寺。④

就是説,福源寺於延祐五年(1318)重建,平山處林受聘住持,爲第一代開山,他在寺内創設規矩,直到至元六年(1340)離開,轉到杭州中天竺寺。

　　這樣看來,在相關史料中,除了皇慶元年創建説以外,還有更晚的説法,比如至元年間。那麼究竟哪種説法更可靠呢?筆者認爲,徐一夔的説法應更可靠。理由有二:首先,徐一夔在《平山禪師塔銘》裏提到,平山於皇慶二年(1313)纔剛剛擔任

---

① 網站名稱:浙江省湖州市旅游協會,網頁地址:http://www.hzta.org/magazine/,檢索日期:2018年11月2日。
② 參見《平湖市福源寺》,網站名稱:邢台佛教網,網頁地址:http://www.xtfj.org/siyuan/,檢索日期:2018年11月2日。
③ 同上。
④ 徐一夔《平山禪師塔銘》,《徐一夔集》,浙江古籍出版社,2017年,第372頁。

大慈山定慧禪寺的住持,這是他出任住持的開始。徐對平山生平的記載前後有序,可信度較高。其次,據清珙塔銘記載,清珙在福源寺"居七年,以老引退,復歸天湖"。假如清珙是在皇慶元年(1312)出任福源寺住持的話,那麼七年以後他纔四十八歲,尚不足以稱老,"以老引退"的理由不能成立;如果是至元以後擔任的話,那麼他的確年事已高,堪稱老矣。

總之,清珙住持福源寺,是接平山處林的班,所以是第二代。他在福源寺任職期間,很可能在至正元年(1341)到七年(1347)之間。他的塔銘裏所謂"俄而",恐怕是説他到霞霧山不久,福源寺也開始重建,至於他到福源寺當住持,則是多年以後的事了。

第七,关于平山處林(1279—1361)。平山禪師是清珙的同學,二人的關係也很好。清珙有《寄净慈平山和尚》詩二首:

年老心孤憶弟兄,中峰且喜過南屏。潺潺一派雙溪水,流入西湖更好聽。

領破蹄穿五百牛,南屏寺裏一欄收。皮毛換得光生也,拽把拖犁再起頭。

此詩作於平山住持净慈寺期間,當時清珙年事已高,心中還是惦記着師兄弟平山禪師。又據清珙的塔銘,清珙去世以後,平山禪師親赴天湖庵,取走清珙的舍利,足見他和清珙的交情至深。

關於平山的生平,燈史有傳,但還是徐一夔的《平山禪師塔銘》最詳。根據徐的記載,平山禪師出身杭州,十二歲出家,十七歲受具,而後到金華山西峰寺,師從及庵宗信,又隨及庵移至道場山,掌管經藏。及庵去世後,前往江西仰山,師從及庵的同學虛谷希陵(1247—1322),居第二座。多年後,遊歷江漢湖湘,回到湖州。皇慶二年(1313),住持大慈山定慧禪寺,爲及庵法嗣。延祐五年(1318),住持嘉興當湖福源寺,爲重建後的開山。至元六年(1340),遷杭州中天竺寺。至正三年(1343),任杭州净慈禪院住持,在任十八年。晚年靈隱寺遭遇火災,奉命移住,主持重建,事未竟而去世。平山禪師名聲遠播,高麗國王曾派遣僧人航海來華,想把他請去傳教。當時主管浙江的丞相(中書平章政事兼江浙行省左丞相)達識帖睦邇不希望平山禪師離開中國,於是以平山年老爲由加以阻止,結果高麗僧人把他的語錄帶了回去。①

以上是清珙塔銘裏提到的情況,下面再説塔銘裏没有提到的人和事。此類事例不少,這裏只舉兩個人物,他們都曾從清珙禪師參學,由此可見清珙的影響。

一個是元末明初的臨濟宗禪僧松隱德然(?—1388)。德然,號唯庵,早年曾到霞霧山,從清珙參學,後從中峰明本的弟子千岩元長(1284—1357)開悟得法。德然

---

① 徐一夔《平山禪師塔銘》,《徐一夔集》,浙江古籍出版社,2017年,第371—375頁。

離開清珙時，清珙建議他去家鄉華亭，理由是"華亭民富而趨善，富則樂於施與，趨善則可化以吾佛之道"①，並書"松隱"二字相贈，結果德然真的回到家鄉，建成"松隱禪寺"，之後又建華嚴塔，塔中安放他用指血書寫的《華嚴經》（關於德然的事迹，可參見明代宋濂的《松隱庵記》、明代明河的《補續高僧傳》卷二五、明代通問的《續燈存稿》卷九及明代清濬的《松隱禪院建華嚴塔記》等）。華嚴塔現今尚存，就在上海金山的松隱寺內，塔心部分是當年的遺構，可以說也和清珙禪師有關。千岩元長去世後，德然一度繼席領衆，後來又住杭州西天目山獅子正宗禪寺。這個寺院原本是高峰原妙創建，德然禪師修復重建。因此，德然去世後，在松隱寺和獅子正宗禪寺兩處建有他的舍利塔。不過，燈史中只提到松隱寺建塔，沒有提到獅子正宗禪寺。實際上，獅子正宗禪寺也有德然的舍利塔。2008 年第三次全國文物普查時，在臨安天目山鎮武山村發現兩座僧人舍利塔，其中一座就是松隱禪師舍利塔，建於清代嘉慶十二年（1807）。2017 年 11 月，舍利塔被盜，盜墓賊也是湖州人，後來被抓獲，塔的部件得以追回②。當初，高峰原妙晚年的大部分時光是在獅子正宗禪院度過，清珙也在這裏跟隨高峰參學，德然的修復也是對這兩位大師的最好紀念。

另一個是曾從清珙參學的高麗僧人。説到清珙的高麗弟子，塔銘裏已經提到太古普愚，他於至正六年（1346）到中國，第二年到湖州霞霧山，從清珙參學、得法，後來回國弘傳臨濟宗。清珙的高麗弟子，除了太古普愚以外，還有白雲景閑（1289—1374）。白雲和尚也曾到中國，在湖州霞霧山跟隨清珙學習禪法。歸國以後，與太古普愚、惠勤懶翁（1320—1376）並稱大禪師。在他七十五歲時（1372 年），編寫了一部《白雲和尚抄錄佛祖直指心體要節》，內容是從《景德傳燈錄》《禪門拈頌集》等書所載歷代祖師的偈、頌、贊、歌、銘、書、法語、問答中抄錄的禪學要領，以此作爲修行指南。數年以後，也就是在高麗禑王三年（1377），這部書在清州興德寺出版。當時書籍出版已經不是什麽稀奇的事情，但是這部書比較特别，它的書版是用鑄造的金屬活字做成，這在當時屬於先進技術。這部金屬活字版的印本，現在還有保存，原來是由近代史上一位法國駐朝鮮的外交官帶回法國，後來收藏在法國國家圖書館。1972 年，在法國國家圖書館主辦的巴黎國際圖書博覽會上展出，於是引起廣泛的关注。2001 年，聯合國教科文組織確認此書是世界上現存最早的金屬活字本，並將它列入世界記憶遺産名録③。不久前，韓國清州市還舉辦了"2018 年

---

① 宋濂《松隱庵記》，《宋濂全集》第 1 册，人民文學出版社，2014 年，第 211 頁。
② 參見《清代古墓塔神秘失蹤　盜墓賊竟放家中當茶几用》，網站名稱：阿波羅新聞網，網頁地址：http://www.aboluowang.com/，檢索日期：2018 年 11 月 2 日。
③ 參見《直指心體要節》，網站名稱：文化財廳，網頁地址：http://jpn.cha.go.kr/japanese/html/sub3/sub3.jsp，檢索日期：2018 年 11 月 6 日。

清州《直指》韓國國際慶典",目的是宣傳和紀念這部書。總之,這部金屬活字版的禪學書籍已成爲韓國歷史文化的一大驕傲,而它的編者白雲和尚曾經跟隨清珙學習,恐怕編者的觀點多少也有清珙的影響吧?

最後附帶一提,根據清珙的塔銘,他的上堂法語、山居詩頌,由他的徒弟至柔刊行出版。到了明末清初時期,清珙的語錄在他家鄉常熟的破山寺(即興福寺)又有刊刻。刊刻之後,錢謙益(1582—1664)從寺僧那裏得到此書,於是寫下五言詩一首,題名《書破山刻石屋珙禪師語錄後》,詩中表達了對當時禪門亂象的不滿,把那些没有真修實證却冒充大師的僧人比作"遊蜂各稱王,蚍蜉群聚族";對比之下,稱贊清珙是"污泥生妙蓮,炎火見真玉"①。錢謙益是一代文豪,也是虔誠的佛教居士,又與清珙同鄉,在他的心目中,清珙是值得尊敬禪門清流。

湖州緊靠徑山、天目山,自古以來,禪宗寺院就星羅棋布在這一地區,宋元時期,從徑山、天目山到道場山,形成了大大小小的禪林據點,同時也聚集了許許多多山居修行的禪僧,他們大多是臨濟宗的僧人,石屋清珙就是其中的一位。他的特點在於山居修行的時間比較長,同時又好作詩,因此,儘管他的活動範圍並不甚廣,交往的人也不是很多,但還是受到外界的關注,名聲遠播,影響所及至於三韓,加上當時湖州一帶有許多禪門龍象,他們之間常有互動影響,共同構成了元代湖州禪宗的生動畫面。通過上面的考察,可以了解清珙生前主要經歷的大致年代、活動地點,以及與他相關的人物、事件等,從而更完整、準確地把握他本人的情況以及相關的歷史事實。

【要旨】石屋清珙(1272 — 1352)は元代臨濟宗の僧であり、湖州地方で山居修行をし、同時に詩作を好み、影響は海外にまで及んだ。彼の經歷に關しては詳細な研究が少なく、從來の論述は大まかなうえ誤解された點もある。本論文は清珙の生涯および彼と關わる仏教史の側面を明らかにするために、關係資料を踏まえて、彼の經歷と關係人物や事件などを考察するものである。

清珙の主な傳記資料として、明初の元旭の「福源石屋珙禪師塔銘」がある。この塔銘によって清珙の經歷、例えば彼の俗姓や出身、出家受戒と學道の經過、および後の湖州霞霧山における隱居修行、嘉興福源禪寺に住持したこと、また歿後に高麗國王と元朝によって高く評價されたことなどが分かる。しかし多くの細かなところ、たとえば彼が出家した崇福寺はどこか、彼は建陽西峰寺及庵に參じたが、その建陽はどこか、彼が福源寺の住持となった背景はなに

---

① 《錢牧齋全集》第 1 册,上海古籍出版社,2003 年,第 124 頁。

か、当時湖州道場山附近に住した禪僧は誰であるか、といった問題はいずれも不明瞭のままである。これを明らかにしてはじめて清珙の周邊の環境、および彼に關わる禪僧群と佛教史の事實を把握することができる。したがって、本論文は下記の問題を取り上げる。

　第一、清珙の出家した崇福寺は、現在常熟市沙家浜（舊名は橫涇）に位置する崇福寺である可能性がある。常熟の歷史上、複數の「崇福院」や「崇福庵」があるが、宋元時代の創建と確認できる三か所のうち、存續時間から見て、沙家浜の崇福寺が一番長く、近代までのこり、「文革」後に再建された。第二、清珙の師たる及庵について、燈史には詳細な記載がなかったが、黃夏年氏の新しい研究によって及庵の經歷が明らかになった。及庵が住した西峰寺の場所である建陽は、福建省の建陽と誤解されてきたが、建陽は山名であり、浙江省金華市にある。西峰寺は金華の西峰淨土寺である可能性が高い。第三、清珙と同時代に湖州道場山に住した主な僧侶として、一人は月江正印禪師、もう一人は希渭禪師がある。清珙は彼らと交流があり、彼らと共に湖州地方の禪僧群を形成した。第四、清珙が靈隱寺に住したのは大德九年（1305）以降である。第五、清珙が霞霧山に至ったのは皇慶元年（1312）であり、彼の山居生活もこの時期から始まった。第六、嘉興福源寺再建年代の考察に基づけば、清珙の福源寺住持は平山處林の後任であるから、實際は第二世であった。彼の福源寺在住は至正元年（1341）から七年（1347）までである。第七、平山處林の生涯、および清珙との交流を確認した。最後に、塔銘には見られないが、清珙に關わる二人の人物の紹介をした。一人は元末明初臨濟宗の松隱德然。彼は千岩元長の弟子で、清珙に參學したことがある。もう一人は高麗の白雲景閑で、彼も清珙に參じ、のちに『白雲和尚抄錄佛祖直指心體要節』を編した。現在この本は金屬活字版の刊本として世界的に知られている。

禪宗文獻詞語訓釋相關問題再論

雷漢卿　李家傲

提　要：從誤識訛俗字、不熟悉宗門行業語、文獻例證不足、訓詁方法運用不當、刻意求新而曲解詞義五個方面總結歸納了目前禪籍詞語訓釋的相關問題。

關鍵詞：禪宗文獻；行業語；訓詁方法

　　自上世紀80年代以來，禪籍詞語訓釋方面的論文不下百篇。這些論文解决了不少禪籍疑難詞語的訓釋問題，不僅爲漢語詞彙史的研究作出了貢獻，而且爲禪宗文獻的解讀及相關研究提供了方便。在取得成績的同時也暴露出一些問題或不足，有必要時時加以總結並予以糾謬，或許可爲今後的研究提供借鑒。

　　我們曾從"詞語切分""文字辨識""徵引方言""語境求義"和"行業術語"五個方面討論了禪籍詞語訓釋的相關問題[①]。今在此基礎上對迄今爲止禪籍詞語訓釋所存在的一些問題再進行一次全面診斷和梳理，歸納爲以下幾個方面，敬祈方家批評指正。

一、誤識訛俗字

　　從語言特點而言，禪宗文獻語言既不同於一般世俗文獻，又有别於漢文佛典。一個顯著特徵是俗字、訛字較爲普遍。因辨字分詞不當造成的訓釋失誤時而可見。例如：

師内外諺瞻，朝野欽敬。制數本《大乘經論疏鈔》《禪詮》百卷、《禮懺》等

[①] 雷漢卿、王長林《禪宗文獻詞語訓釋相關問題綜論》，《文獻語言學》第2輯，中華書局，2016年，第122—135頁；雷漢卿，王長林《禪宗文獻語言論考》，上海教育出版社，2018年，第33—50頁。

見傳域內。臣相裴休深加禮重,爲制碑文。詢夋射人,頗彰時譽。(《祖堂集》卷六《草堂和尚》)

有學者認爲"諺瞻"當爲"瞻仰"之逆序詞,"諺""仰"可能是由於方音相混,"內外諺瞻"與"朝野欽敬"互文相對。劉瑞明、段觀宋皆指出"諺瞻"當爲"該瞻"之誤,可以信從。"該"之俗體作"該""諧",與"諺"形近;"瞻""贍"形體亦近,極易致訛。

"該""贍"皆有充足義,"該贍"同義複合指豐富詳備,六朝以後內外典籍習見,例如《文心雕龍·總術》:"博者該贍,蕪者亦繁。辯者昭晳,淺者亦露。"《大唐大慈恩寺三藏法師傳》卷六:"帝以法師學業該贍,儀韻淹深,每思逼勸歸俗,致之左右,共謀朝政。"《續高僧傳》卷四《京大慈恩寺釋玄奘傳》:"王雖守國,不敢遮障,故彼學徒博聞該贍。"

上引《祖堂集》"師內外該贍"指草堂和尚熟悉內外典籍,學識淵博。因此下文謂其"制數本《大乘經論疏鈔》《禪詮》百卷、《禮懺》等"。

莫爲人間小小名利,失於大事,假使起模盡樣,覓得片衣口食,總須作奴婢償他定也。(《祖堂集》卷六《洞山和尚》)

《唐五代語言詞典》以之爲例,釋"起模盡樣"爲"外觀盡善盡美"①。實際上,"盡"乃"畫"之訛字,禪籍中並無"起模盡樣"一詞。"畫"俗體作"畵",與"盡"形近易訛。"起模畫樣"又可作"畫樣起模",如《僧寶正續傳》卷二《開福寧禪師》:"是以俱尸城畔槨示雙趺,熊耳峰前親遺隻履。祖禰不了,殃及兒孫。畫樣起模,到于今日。"《北京楚林禪師語錄》卷三:"及至拈花微笑,畫樣起模。斷臂安心,分枝布葉。"禪籍中"起模畫樣"指照着已有的模樣去作,一味照搬仿效,人云亦云。辭書惑以訛字,乃有此誤釋。

四海玄徒奔湊,日夜圍達。師走避深山而不能免。(《祖堂集》卷六《石霜和尚》)

有學者認爲"圍達"之"達"是"撻"的借字,"撻"由"擊"義引申爲扣問義,"圍撻"意爲環繞扣問②。今案:此解乃在訛字的基礎上在求諸借字,可謂誤上加誤。"達"實爲"繞"之訛字,《宋高僧傳》卷一二《唐長沙石霜山慶諸傳》相似語句作:"時洞山新滅,俄爲遠方禪侶圍繞。因入深山無人之境,結茅宴坐。""遠方僧侶圍繞"即本例"四海玄徒奔湊日夜圍達","達"顯是"繞"之訛③。可見禪籍本無"圍

---

① 江藍生、曹廣順《唐五代語言詞典》,上海教育出版社1997年,第293頁。
② 《俗語言研究》第3期,第184頁,"待質事項",段觀宋所釋。又見段觀宋《禪宗語錄疑難詞語考釋》,《東莞理工學院學報》2001年第1期。
③ 《俗語言研究》第3期,第183頁,"待質事項"(劉瑞明釋義)。

達"一語,學者誤識文字乃有此誤解。

二、忽視宗門行業語

有些屬於各個行業的行業語,若缺乏佛教、禪林以及其他行業的背景知識,很容易導致誤解。試以"顧鑒咦"爲例説明:

(1) 覿面難逢處,如何顧鑒咦?乞師垂半偈,免使後人疑。(《五燈會元》卷一五《韶州資福詮禪師》)

(2) 目前抽顧鑒,領略者還稀。(《五燈會元》卷一九《台州護國此庵景元禪師》)

有學者認爲上二例之"顧鑒"意思是察看,察見。"顧鑒"爲同義語素構成的雙音詞,"咦"爲笑貌。"顧鑒咦"即"(站在對面,往前)察見笑貌","抽"有抽引、欠伸之義,"抽顧鑒"亦前視,有"往前掃視一下,一瞥,遞個眼色"之意①。

今案:"顧鑒""鑒咦""顧鑒咦"乃五代雲門文偃禪師(864—949)具體的應機設施,《雲門匡真禪師語録》卷一:

(3) 師有時顧視僧曰:"鑒。"僧擬對之,則曰:"咦。"叢林因目師爲"顧鑒咦"。後德山圓明禪師删去"顧"字,謂之"抽顧頌"。

宋慧洪覺范《智證傳》卷一:

(4) 雲門經行,逢僧必特顧之曰:"鑒。"僧欲酬之,則曰:"咦。"率以爲常,故門弟子録曰"顧鑒咦"。圓明密禪師删去"顧"字,但以"鑒咦"二字爲頌,謂之抽顧頌。

《禪宗頌古聯珠通集》卷一七:

(5) 雲門每見僧必顧視,曰:"鑒。"僧擬議,乃曰:"咦。"後德山圓明大師删去"顧"字,謂之"抽顧",叢林目雲門顧鑒咦,有抽顧頌。頌曰

雲門抽顧笑嘻嘻,擬議遭他顧鑒咦。任是張良多計策,到頭於此也難施。(北塔祚)②

雲門抽顧,自有來由。一點不到,休休休休。(真淨文)

韶陽一鑒,生鐵餕餡。直下咬破,莫怪相賺。(鼓山珪)

韻陽爲人最急切,未入門來已甄别。若於顧鑒裏承當,大棒打落天邊月。

---

① 李開《〈五燈會元〉詞語考釋》,《藝文述林》(語言學卷),上海文藝出版社,1999年,第228頁。
② 此爲北塔祚禪師所作頌古,下引"真淨文"等並同。

(典牛游)

可見,"顧鑒""顧鑒咦"乃雲門禪師應機接人的作略,禪人謂之"雲門顧鑒咦",後雲門法嗣德山圓明禪師删去"顧"字,以"鑒""咦"二字爲頌,謂之"抽顧頌"。

禪林對雲門禪師這種獨特的接人手段多有拈頌評論,例如:

(6) 長笑雲門顧鑒咦,飜抽顧字土加泥。從空擲劍雖無蹟,會見虛空有壞時。(《北磵居簡禪師語録》卷一《示鑒上人》)

(7) 靠倒雲門抽顧鑒,揆開臨濟主賓禪。一星犼血化驢乳,半點鸞膠續斷絃。(《瞎堂慧遠禪師廣録》卷四)

(8) 雪峰輥毬,誑諕小兒之作。雲門顧鑒,笑殺傍觀。(《古尊宿語録》卷一一《慈明禪師語録》)

(9) 雲門抽顧,衲僧罔措。月落星沉,茫茫無數。(《建中靖國續燈録》卷三《潭州鹿苑主禪師》)

(10) 雲門鑒咦,少有人知。咄,無孔鐵鎚!(《大慧普覺禪師語録》卷一〇《雲門抽顧頌鑒咦》)

總之,"顧鑒咦""抽顧鑒""顧鑒""抽顧""鑒咦"等説法,已成爲禪林特有的行業語。

禪宗是中國化的佛教,繼承吸收了很多佛典的詞彙,如果缺乏必要的佛教知識,有可能誤解佛教詞語,造成訓釋錯誤。如"啄生"一詞:

僧見雀兒啄生,問師:"爲什摩得與摩忙?"師便脱鞋打地一下,僧云:"和尚打地作什摩?"師云:"趁雀兒。"(《祖堂集》卷一六《南泉和尚》)

有學者指出"啄生"指啄食蟲兒①。實際上"生"指生飯。佛教僧徒進食前爲衆生留出少許食物,於僻静處設置生臺,施飯臺上以供鳥獸啄食。啄生即啄食生飯②。《祖堂集》卷一四《杉山和尚》:"師在南泉,造第一座。南泉收生次,云:'生。'師云:'無生。'"所謂"收生"即收生飯。本例在《景德傳燈録》卷六《池州杉山智堅禪師》章即作"收生飯"。此外,還有"出生""出生飯""送生""送生飯"等説法③。

---

① 何小宛《禪録詞語釋義商補》,《中國語文》2009 年第 3 期。
② 王閏吉《〈禪録詞語釋義商補〉商補》,《中國語文》2011 年第 5 期。
③ 《敕修百丈清規》卷六《日用規範》:"鉢刷安第二鑌子縫中,出半寸許盛生飯。不得以筯出生飯。不過七粒,太少爲慳食。凡受食則用出生。或不受食,却不可就桶杓内撮飯出生。"《禪林寶訓》卷三:"昔趙州訪一庵主,值出生飯。州云:'鴉子見人爲甚飛去?'主罔然。遂躡前語問州。州對曰:'爲我有殺心在。'"《景德傳燈録·趙州觀音院從諗禪師》:"師問院主:'什麽處來?'對云:'送生來。'師云:'鴉爲什麽飛去?'院主云:'怕某甲。'"

三、文獻例證不足

語例佔有充分,例證豐富,在此基礎上排比歸納,推求詞義是行之有效的訓詁方法。但禪宗文獻大都是簡短的對話語體,缺乏前後文間的有機聯繫,語境提供的詞義線索較少。以前學者所能參考的僅有《祖堂集》《五燈會元》《古尊宿語錄》等有限的幾部文獻,賴以比較的語例總體數量有限,難免因語例不足而導致訓釋失誤。

例如"瞥落"一詞,《五燈會元》卷八《漳州保福可儔禪師》云:

僧問:"如何是和尚家風?"師曰:"雲在青天水在瓶。"問:"如何是吹毛劍?"師曰:"瞥落也。"曰:"還用也無?"師曰:"莫鬼語。"

筆者曾依據《廣韻·屑韻》:"暼,日落勢也。"《集韻·屑韻》"暼,暼暼。日落勢。"徑直認爲"瞥落"當作"暼落"①,即直落,迅速落下,像太陽下山似地直落下。"暼落"是同義語素構成的雙音節詞。

今案:禪籍中"瞥落"除本例外,清代佛冤禪師《佛冤禪師語錄》卷六:"鵲來頭上語諵諵,雲向眼前疊翠三。關捩盡情如瞥落,不須靈利更加參。"從此二例語境可知,"瞥落"確是快速落下之義,但不能以此斷定"瞥"就是"暼"。因爲"瞥"就有"倏忽,忽然"義,如《後漢書·禰衡傳》:"目所一見,輒誦於口。耳所瞥聞,不忘於心。性與道合,思若有神。"例繁不贅。

禪籍又有"瞥下""瞥聞""瞥起"等語,可與"瞥落"相較:

(1) 把定固知不可,放行那免週遮?瞥下龍翔,還登象骨。(《絶岸可湘禪師語錄》卷一)

(2) 四祖曰:"西天二十八祖傳佛心印,達摩大師至此土,相承有四祖。汝還知不?"融瞥聞此語,乃曰:"融每常望雙峰山頂禮,恨未得親往面謁。"(《祖堂集》卷三《牛頭和尚》)

(3) 瞥聞法,纔歷耳,能熏識藏覺種起,一念回光正智開,須臾成佛法如是。(《永明智覺禪師唯心訣》)

(4) 溝壑難充一念欲,泥梨永劫苦何堪?悟將萬法皆如幻,慎勿容心瞥起貪。(《圓悟佛果禪師語錄》卷二〇)

(5) 十二時中放教蕩蕩地,忽爾舊習瞥起,亦不著用心按捺。(《大慧普覺

---

① 雷漢卿《禪籍方俗詞研究》,巴蜀書社,2010年,第24頁。

禪師語録》卷二七《答劉通判》)

（6）僧問：“一念瞥起，便落魔界時如何？”師曰：“汝因什麼從佛界而來？”僧無對。（《景德傳燈録》卷一四《潭州雲巖曇晟禪師》）

上揭諸例，“瞥”皆爲“倏忽，忽然，突然”義。禪籍中既有“瞥聞”“瞥起”“瞥下”等語可資比較，“瞥落”之義則思過半矣。可見廣泛稽考禪籍中與“瞥落”相關之詞語，通過排比歸納，不難理解“瞥落”的含義，无需求助於假借。可見考釋禪籍詞語時，不僅要廣泛分析待釋詞語在禪籍中具體用例，還需要進一步考察與待釋詞含義相關的其他詞語和非詞的表達形式，排比歸納，比較互證。如果僅據孤詞單例，驟言假借，就可能造成誤釋。

四、訓詁方法不當

除上述問題外，禪籍詞語訓釋還存在訓詁方法使用不當，從而造成釋義失誤的問題。訓詁方法本身無所謂對錯，主要在於運用。訓詁方法使用不當，非但不能解決問題，反而會給本就迷霧重重的釋義再添新的迷霧。

禪籍詞語釋義中存在或囿於字形，隨文釋義；或機械類比，以異爲同；或附會禪理，以理釋義，等等。試舉證如下。

【成禠-成襯-成持】

（1）師後住鎮州臨濟，學侶雲集。一日謂普化、克符二上座曰：“我欲於此建立黄檗宗旨，汝且成禠我。”（《五燈會元》卷一一《鎮州臨濟義玄禪師》）

（2）師隨後請問曰：“適來新到，是成禠他，不成禠他？”濟曰：“我誰管你成禠不成禠。”（《五燈會元》卷一一《魏府興化存獎禪師》）

有學者認爲“成禠”當作“成襯”，《爾雅·釋詁下》：“襯，福也。”“成”有“就”“獲”義，“成襯”意即獲福，求福，句中意爲“爲……求福”“使……獲福”，猶言成全[1]。

今案：禪籍中“成禠”“成襯”多見，然“禠”“襯”並非本字。據文意，“成襯/禠”乃成全、輔佐、幫助義[2]，作者所釋“爲……求福”“使……獲福”與“成全”“輔佐”等義相隔較遠，不當混淆。

---

[1] 李開《〈五燈會元〉詞語考釋》，載《藝文述林》（語言學卷），上海文藝出版社，1999年，第221頁。
[2] 袁賓已曾釋“成持/襯/禠”爲“協助，扶持，幫助，引導”義，惜未指出何爲本字。詳見袁賓《〈五燈會元〉口語詞探義》，《天津師大學報》1987年第5期。

"襯/襯"亦成全、成就義。《禪林寶訓》卷一:"真净曰:'予見黄龍先師應世四十年,語默動静未嘗以顔色、禮貌、文才牢籠當世衲子,唯確有見地、履實踐真者,委曲成襯之。'"《禪林寶訓順硃》卷一注曰:"委曲,委順曲成也。襯音池,成就之也。""襯/襯"當爲"持"之借字①。"成持"一詞,内外典籍多見,如後漢曇果共康孟詳譯《中本起經》卷一:"道法無親,唯善是輔。成持五戒,名清信士。"《祖堂集》卷五《德山和尚》:"師問嵒頭:'還會摩?'對云:'不會。'云:'成持取不會好。'進曰:'不會,成持個什摩?'"唐杜荀鶴《下第後寄池州鄭員外》:"而今足得成持取,莫使江湖却釣魚。""持"有促成、輔助義(例見《漢語大字典》)。"成持"當是同義並列複合詞。論者惑於字形,疏於辨識本字,訓釋難免失誤。

排比相關詞語或句式,比較互證,無疑是行之有效的訓詁方法,但若只考慮詞語或句式之同而忽視其差異,機械類比,就可能造成訓釋失誤。

如禪籍中習見的"吉嘹舌頭"一詞,有學者認爲"吉嘹舌頭,更將一問來"這類句式在唐宋語録裏又作"縮却舌頭,致將一問來"或"倒轉舌頭,答我一問來",便肯定其意義有相近之處②。如:

(1) 問:"承古有言'一塵徧含一切塵',如何是一塵?"師云:"乞嘹舌頭,更將一問來。"(《古尊宿語録》卷一五《雲門匡真禪師廣録》)

(2) 僧問:"離四句,絶百非,請師道。"師云:"縮却舌頭,致將一問來。"(《瞎堂慧遠禪師廣録》卷一)

(3) 如何是最初一燈?或道:山河大地,日月星辰,此正是他影子。向光未發已前,倒轉舌頭,答我一問來。(《石溪心月禪師語録》卷一)

(4) 喝一喝則日照天臨,打一棒乃雲行雨施。拈却面前案山子,倒轉舌頭,試爲我道一句看。若道不得,三十年後莫道見鴻福來。(《嘉泰普燈録》卷一五《台州鴻福子文禪師》)

另外《祖堂集》《景德傳燈録》還有類似的表述:

(5) 師索大顛曰:"併却咽喉唇吻,速道將來。"對曰:"無這個。"(《祖堂集》卷四《舌頭和尚》)

(6) 問:"不涉唇鋒,乞師指示。"師曰:"不涉唇鋒,問將來。"(《景德傳燈録》卷二一《福州升山白龍院道希禪師》)

論者將"吉嘹舌頭,更將一問來"與上述句式作了類比之後,便認爲"吉嘹舌頭"其實就是禪録中的"縮却舌頭",意義類似於"并却咽喉唇吻""不涉唇鋒"。

---

① 參董志翹《〈新譯經律異相〉譯注獻疑》,《文獻語言學》第2輯,中華書局,2016年。
② 王閏吉《〈禪録詞語釋義商補〉商補》,《中國語文》2011年第5期。

"吉嘹舌頭,更將一問來"是禪師批評問法僧人拘泥於言語知解,並希望禪人能有截斷語言障礙,見性成佛的問頭來。

今案:"吉嘹舌頭,更將一問來"的確與作者所舉句式相類似。但是,相類句式的類比無法保證相關詞語的意義一定相同,詞語的具體含義必須達到疏通文意,賅貫諸例的要求。而驗諸禪籍,上述解釋難以達到這一要求。如:

(7)舉僧問玄沙:"如何是無縫塔?"沙云:"只者一縫大小。"師云:"只者一縫大小,飽叢林漢分曉。點頭言語丁寧,擺手舌頭<u>猞獠</u>。<u>不猞獠</u>,人人腳下如長安道。"(《宏智禪師廣錄》卷四)

(8)築築磕磕兮鼻孔鼻垂,哆哆和和兮<u>舌頭猞獠</u>。(《宏智禪師廣錄》卷七)

"舌頭猞獠"與"言語丁寧"對文,義爲多言、喋喋不休。"不猞獠"即"不多言""不説話",故而"人人腳下如長安道"。若是"縮却舌頭""併却咽喉唇吻",則"不猞獠"豈非搖唇鼓舌,肆意胡説亂道?若如此則焉能"人人腳下如長安道"?

再者,"哆哆和和"有"多言""咿呀出聲"義,"哆哆和和兮舌頭猞獠"顯然指囉嗦而喋喋不休,而不是"縮却舌頭"或"併却咽喉唇吻"云云。

可見在對比相關句式時不能只見句式間的"同",而看不到相類句式間的"異",這樣就可能陷入機械比附而忽視具體詞語在語境中的含義,造成詞義訓釋及語源考索的失誤。

五、刻意求新之弊

發掘新詞新義無疑是詞語研究的重要內容。從漢語詞彙史的角度來説,一部文獻的價值在一定程度上體現在其所能提供的新詞新義。因此,格外重視掘發文獻的新詞新義也就成爲詞彙研究的必然。然而,若一味執著於挖掘新詞義,勢必會誤解詞義,進而曲解文意。

如禪籍有"慣釣鯨鯢澄巨浸,却嗟蛙步驟泥沙"之説,有學者認爲"驟"由本義"馬在泥土中打滾"引申爲"揚,揚起",原句是説蛙跳躍伸腿揚起泥沙[①]。拙著《禪籍方俗詞研究·禪籍新詞新義例釋》亦主此説,認爲"揚起"爲"驟"之新義。

今案:"慣釣鯨鯢澄巨浸,却嗟蛙步驟泥沙"出自風穴延沼和尚(896—973),後代多有拈頌,其中"驟"又作"碾""蹍""輾"等,如《碧巖錄》卷四【三三則】:"所以

---

① 李開《〈五燈會元〉詞語考釋》,載《藝文述林》(語言學卷),上海文藝出版社,1999年,第224頁。

風穴云：'慣釣鯨鯢澄巨浸,却嗟蛙步碾泥沙。'"《了庵清欲禪師語録》卷二："穴云：'慣釣鯨鯢澄巨浸,却嗟蛙步蹑泥沙。'"《圓悟佛果禪師語録》卷一九："穴云：'慣釣鯨鯢沈巨浸,却嗟蛙步輾泥沙。'""輾"爲報之俗字,《説文·車部》釋爲"轢也"。《玉篇》："蹑,足蹈兒。"《集韻·獼韻》："碾,磨也。"唐慧琳《一切經音義》卷八四引《埤蒼》："馬臥土中驟也。"《玉篇·馬部》："驟,馬轉臥土中。"可見"驟""碾""蹑""輾"四字音義相通,均取義於輾轉("轉臥土中"即輾轉翻滾於土地),顯爲同源詞。

禪籍中除"蛙步碾泥沙"外,尚有人之碾泥、鱉之碾泥。如《禪宗頌古聯珠通集》卷一四載黃龍慧南禪師(1002—1069)對龐居士父女吃撲、跌倒公案所作頌古①："憐兒不覺笑嘎嘎,却於中路碾泥沙。黃龍老漢當時見,一棒打殺者冤家。"卷一九載雲門宗南宋地藏守恩禪師對"趙州石橋"公案所作頌古："長鯨已壓浪頭飛,跛鱉橋邊尚碾泥。度馬度驢難解會,綠楊影裏路東西。"②"慣釣鯨鯢澄巨浸,却嗟蛙步驟泥沙","澄"有異文作"沈",皆沉潛義,"巨浸"指大河大澤之類③,本句意爲本來慣於釣取沉潛於大河湖海之下的鯨鯢(没想到没有釣到,只釣到青蛙蛤蟆),不禁嗟嘆(所釣的)青蛙蛤蟆在泥沙中輾轉踐蹈。可見上述"驟""碾""蹑""輾"四字本來音義相通,禪籍選用任何一字均可,訓爲"揚,揚起"而以爲新義者,即刻意求新所致。

又如"落""落處"：

(1) 山僧開卜鋪,能斷人貧富,定人生死。"時有僧出云："離却生死貧富,<u>不落五行</u>,請師直道。"師云："金木水火土。"(《景德傳燈録》卷一一《漳州浮石和尚》)

(2) (師)遂跌座,維那白槌訖,師云："<u>早落第二義</u>。大衆散去,猶較些子。既不散去,有疑請問。(《楊岐方會和尚後録》卷一)

有學者認爲上二例"落"有"清楚、明白"義,解釋説因僧"不落五行"而請教於師,師答曰："金木水火土",是知"不落五行"即爲"不了解、不清楚五行"之義,"早落第二義"亦有"早明白、清楚第二義"之意④。

今案：此論完全誤解文意,"落"只是常義"落入,陷入"。

例(1)浮石和尚説自己開卜鋪,可以斷人生死貧富,僧人就刁難説離開生死貧

---

① 公案原文見《禪宗頌古聯珠通集》卷一四：士因賣竹漉籬下橋喫撲(撲之訛字,筆者按),女子靈照一見亦去爺邊倒。士曰："你作甚麼?"女曰："見爺倒地,某甲相扶。"士曰："賴是無人見。"
② 公案原文見《禪宗頌古聯珠通集》卷一九：趙州因僧問："久嚮趙州石橋,到來只見略彴。"師曰："汝祇見略彴,且不見石橋。"曰："如何是石橋?"師曰："度驢度馬。"
③ 《周禮·夏官·職方氏》："(揚州)其澤藪曰具區,其川三江,其浸五湖。"鄭玄注："浸,可以爲陂灌溉者。""巨浸"指大的水面,湖澤之類。
④ 鄧海榮《禪宗語録詞語札記二則》,《西南民族大學學報》(人文社科版)2004年第2期。

富,抛却五行八卦這一套東西,請師明説。"落"即落入義。

例(2)"早落第二義"謂早就落入、陷入第二義。凡禪師首到一寺開堂,維那白椎時,皆唱言"法筵龍象衆,當觀第一義",故楊岐和尚緊緊跟着説"早落第二義"。因爲維那白椎都要説這兩句話,故禪録有時省略不録。"早落第二義"即早就落入、陷入第二義而非"第一義"了。

作者又引《大慧普覺禪師語録》卷八:

> 舉百丈凡參次,有一老人常隨衆聽法。衆人退,老人亦退。忽一日不退,丈遂問:"面前立者復是何人?"老人云:"某甲非人也。於過去迦葉佛時,曾住此山。因學人問:'大修行底人,還<u>落</u>因果也無?'對云:'<u>不落</u>因果。'五百生墮野狐身。今請和尚代一轉語,貴脱野狐身。"老人遂問:"大修行底人。還落因果也無?"丈云:"<u>不昧</u>因果。"老人於言下大悟,便脱野狐身。師云:"不落與不昧,半明兼半晦。不昧與不落,兩頭空索索。"

作者説"昧"有"昏暗;糊塗"之意,"落"與"昧"反義對舉成文,可證"落"有"清楚、明白"之意,上例不僅將"不落"與"不昧"的後果形成鮮明對比,而且指出"不落與不昧"的區别在於"半明兼半晦",亦可證"落"有"明"義。

今案:大慧禪師所舉公案乃百丈懷海禪師與野狐老人的對話,"大修行底人還落因果也無"指的是大修行的人還落入因果報應、五道輪迴的控制與否? 老人答以"不落因果"即不受因果輪迴的制約,但反而受其制約,落入畜生道"五百生墮野狐身"。老人以此問百丈懷海禪師,百丈答以"不昧因果",意思是不昧於因果之理。對這兩種不同的回答,大慧禪師所作評論云云,蓋謂老人對與百丈大師解半明半晦,沒有完全參悟佛理。要之,昧與落,只是兩種不同的回答,沒有所謂的反義對舉。作者捨"落"之常義而附會出"清楚、明白"之新義,看似新奇,實屬誤解。

又如,有學者引《古尊宿語録》卷一九《楊岐方會禪師》章爲例,認爲禪籍"落處"有"禱福所爲的對象"義。如:

> 遂陞座,拈香云:"此一瓣香祝延今上皇帝聖壽無窮。"又拈香云:"此一瓣香奉爲知府龍圖駕部諸官,伏願常居祿位。"復拈香云:"大衆,還知落處麽? 若也不知,却爲注破:奉酬石霜山慈明禪師法乳之恩,山僧不免薰天炙地去也。"便燒。

作者解釋説,"落處"所在的問句都問的是拈香爲誰祈禱的問題,本例的答案是"慈明禪師","落處"指禱福所爲的對象①。

今案:從本例前後問答的語境中,的確容易推知"落處"的具體所指對象爲"慈

---

① 盧列紅《禪宗語録詞義札記》,《中國典籍與文化》2005 年第 1 期。

明禪師",但詞語所指的具體對象與詞語的詞義顯然是兩回事。本例"落處"其實就是"着落,下落"義,意思是說我前面已舉了兩瓣香,現在舉第三瓣,你們知道舉第三瓣香的下落、根底、個中緣由是什麽嗎? 而不是問舉第三瓣香的具體禱福對象是誰。作者所釋"禱福所爲的對象"充其量只能視作語境義,不得以此認爲"落處"具有"禱福所爲的對象"之新義。

除上述情況而外,還有因不解俗語而分詞不當的情況,例如:

又因一日,翠微在法堂行道次,師而近前接禮,問曰:"西來密旨,和尚如何指示於人?"翠微駐步。須臾,師又進曰:"請和尚指示。"翠微答曰:"不可事須要第二杓惡水漿潑作摩?"(《祖堂集》卷六《投子和尚》)

論者以"不可事"爲句讀,"不可事"指非法之事,指行非法之事的人。①

今案:確如作者所說漢文佛典中有"不可事"一語,但在本例中"不可"並不與"事"相連屬,"不可"、"事須"各自爲詞。"事須"即"須要"義。"不可"爲疑問副詞,表反問語氣②,禪籍不乏用例:

(1) 師曰:"如鸚鵡只學人言不得人意。經傳佛意,不得佛意而但誦是學語人,所以不許。"曰:"不可離文字言語別有意耶?"(《景德傳燈録》卷二八《越州大珠慧海和尚》)

(2) 此心此佛悉是假名,既是假名,一大藏教所説者,豈是真耶? 既不是真,不可釋迦老子空開兩片皮掉三寸舌去也? 畢竟如何? 但知行好事,休要問前程。(《大慧普覺禪師語録》卷三)

《祖堂集》"不可事須要第二杓惡水漿潑作摩"意謂難道你還要我潑你第二杓髒水嗎?

上述問題可歸納爲三個方面:一是部分字詞考辨不審,導致訓釋訓釋不確;二是某些詞語的訓釋或有刻意求新之嫌;三是部分詞語的釋義未臻圓滿,有待繼續研究。禪籍字詞的釋義本來就比較複雜,前賢時彦所有的探討都值得重視和參考,筆者所歸納的問題以及具體詞語的釋義問題,僅僅是管見所得,敬祈學界同仁批評指正。

【要旨】前世紀の80年代以來、禪籍語彙の訓釋に關する論文は百編以上もある。これらの論文は多くの禪籍難語の訓釋問題を解決し、中國語語彙史の研

---

① 譚偉《〈祖堂集〉文獻語言研究》,巴蜀書社,2005年,第265頁。
② 參見袁賓《禪宗詞典》,湖北人民出版社,1994年,第56頁;袁賓《"囉囉哩"考(外五題)》,《中國禪學》第一卷,中華書局,2002年;詹緒左《禪籍疑難詞語考(上)》,《漢語史研究集刊》第17輯,巴蜀書社,2014年。

究に貢献しただけでなく、禪宗文獻の解讀及び關連研究にも便利を提供した。その一方、問題や不足も露呈されている。常に總括し、誤りを正す必要があると思われている。

　今迄、禪籍語彙の訓釋に關する研究は「語句の切り分け」、「文字の弁識」、「方言の引用」、「語境求義」、及び「業界用語」などの5つの面で集中されている。 今度、それを踏まえて、これまでの研究に存在したいくつかの問題に對して、再び全面的な整理を行う。 下記のとおりで、今後の研究に参考を提供する同時にご叱正を賜る。

　第一、俗字を誤解し、訓釋の誤りを招くことである。

　言語の特徴から言って、禪宗文獻の言語は普通の世俗文獻及び漢文佛典と違っている。 著しい特徴の一つとしては俗字、誤字が比較的に普遍的であり、識別の誤りによる訓釋ミスが時折見られる。

　例えば、ある學者は「諺瞻」が「瞻仰」の逆順語であり、理由は「諺」と「仰」は方音が紛れ、「内外諺瞻」と「朝野欽敬」が向かい合うからである。 それに對して、劉瑞明、段觀宋は正し、「諺瞻」が「該瞻」だと指摘した。

　第二、宗門の業界語をよく知らないで、言葉の意味を誤解することである。

　いくつかの業界用語に屬している、佛教、禪林、及びその他の業界の背景知識が不足していると、誤解を招きやすい。 例えば「顧鑒咦」については、ある學者は「觀察」、「觀察」の意味と解釋したが、實は雲門文偃禪雲門文偃禪師が①學人を應對する特有の方式である。

　第三、文獻の例證が足りなくて意味が不完全である。

　例證が豐富であれば、それをもとにして整理し、言葉の意味を判斷することは效果的な訓詁方法である。 しかし、多くの禪宗文獻は短い會話語體で、前文間の有機的な連絡が不足し、文脈の提供する語義の手がかりが少ない。 以前の學者が参考できるのは「祖堂集」「五灯會元」「古尊宿語録」などの限られたいくつかの文獻だけで、比較に頼る語例は全體的に数量が限られている。 例えば「嶭落」というように、「曄落」は「嶭落」だ（太陽が山を降りるように落ちる）という考えがあるが、これは正に文獻の證拠に乏しく、誤った判斷をしたことである。

---

① 學人（sekha、sekha）：中國では」「作學」ともいえる。 一般的には入流などの三つの道果を證明した聖者を指すが、彼らはなお修學戒定慧三學、八本の聖道を勉強すべきなので、學人となる。

第四、訓詁の方法が不適當であり、意味を誤解することである。

上記の問題以外に、禪の言葉の訓釋には訓詁の方法の使い方が不適當であり、それによって意味を間違えて解釋する問題がある。 訓詁方法自體は正誤と關係なく、如何に運用されることが大切である。 訓詁方法の使い方が適當でないと、問題を解決できないだけでなく、本來的に曖昧な訓釋が更に分かり難くなる。

禪の語句の訓釋には、字形に制約され、文の意味に從って解釋したり、あるいは機械的に類比し、異なることを同類にしたり、あるいは禪の理に付會して、意味を解釋したりすることがある。 例えば「成褫（成襫、成持）」「吉嘹、舌頭」などがある。

第五、わざと新しいものを求め、意味を曲解することである。

新語及び新義を發見することは、言葉研究の重要な内容に違いない。 中國語の語彙史の視角から言って、一部の文獻の價値はある程度その提供できる新語及び新義に現れている。 そのため、特に文獻の新語及び新義を重視するのは語彙及び訓詁研究の必然になる。 しかし、それに執着していると、意味を誤解して文章の意味を曲解することになる。 例えば、学者が「落」、「落處」などの解釋にはその嫌いがあると考えられている。

禪籍詞語"趁口""逞口"及其同義詞語的意義和理據*

王 勇

摘 要："趁口""逞口"是禪籍中兩個形義相關的詞,其意義已有學者關注。本文結合已有研究,考證了二詞的意義和理據。認爲"趁口"的"趁"取"尋求;貪求"義,"口"是説話的器官,轉指"説話的能力";該詞的内部形式爲"貪求+口舌伶俐",詞彙意義爲"貪求嘴上滔滔不絶"。"逞口"與"趁口"同(近)義,"逞"取"炫耀"義,"口"同樣轉指"説話的能力";内部形式爲"炫耀+口舌伶俐",詞彙意義爲"炫耀口舌伶俐(的本領)"。在特定語境中,"趁口""逞口"又可理解爲"炫耀知見",此爲"趁口"和"逞口"的目的。

關鍵詞：趁口;逞口;禪宗詞彙;理據;近代漢語

一、引 言

"趁口"(也作"趂口","趂"同"趁")和"逞口"是禪籍中兩個使用頻率較高的詞。"趁口"大約産生於唐末,首見於雲門文偃禪師(864—949)的語録,次見於《嘉泰普燈録》卷二五所載龍門佛眼遠禪師(1066—1120)的語録。其用例分别爲：

(1) 且問汝諸人,從來有什麼事? 欠少什麽? 向汝道"無事"已是相埋没也,須到者個田地始得。亦莫趁口亂問,自己心裏黑漫漫地,明朝後日,大有事在。(《雲門廣録》卷上)(T47/545b①)

---

* 本文得到了國家社科基金後期資助項目"近代漢語詞彙理據研究"(項目編號：18FYY034)的資助,《俗語言研究》匿名審稿專家和編輯部給本文提出了寶貴的修改意見,謹致謝忱。
① 本文所引内典代碼據"CBETA 電子佛典集成代碼",T 爲《大正藏》,R 爲《卍續藏》,J 爲《嘉興藏》。

(2) 從上南泉、歸宗諸人方唤作無迷無悟之見,如今學者也趁口說無迷無悟。又何曾到來?(《嘉泰普燈録》卷二五《龍門佛眼遠禪師》)(R137/355b)①

學界對該詞的關注不多,筆者所寓目的成果僅袁賓、康健的《禪宗大詞典》和雷漢卿的《禪籍方俗詞研究》(《漢語大詞典》和《近代漢語詞典》均收釋該詞,有三個義項:"趁嘴;混飯吃";"順嘴;隨口";"順着别人的口氣"。但均未引禪籍書證)。袁賓、康健將該詞釋爲"跟在别人之後,模仿别人腔調,説話匆促輕率的樣子"②,書證即上引兩例,並認爲"趁口快""趁口頭"均同"趁口"。雷漢卿認爲"趁口"是"趁口頭""趁口快"的縮略③,未解釋三詞的意義。

袁賓、康健對"趁口快""趁口頭""趁口"三者關係的認識可從,但釋義或有可商。首先,將兩個意義合而爲一(我們認爲"跟在别人之後,模仿别人腔調"和"説話匆促輕率的樣子"是兩個意義);其次,對兩例中"趁口"的理解不夠準確。雷漢卿證明了三者的同義關係,爲考證詞義奠定了基礎,但未解釋它們的意義。本文在以上研究的基礎上對"趁口"及其同義詞進行考辨,力圖探明它們的意義和理據。

二、"趁口"及其同義形式的意義和理據

雷漢卿認爲"趁口"是"趁口快""趁口頭"的縮略。從形式和意義兩方面來看,此説可信,但缺乏後二者早於前者的證據。因此我們不妨暫且撇開三者形式上的關係,只將三者看作同義詞語。(《禪宗大詞典》"趁口快""趁口頭"兩條下都説"同'趁口'"。《禪宗大詞典·編寫説明》中未對"同"的含義予以説明,我們推測"同"當指同義。)"趁口""趁口快""趁口頭"同義,當無疑問,有異文爲證:例(1)中的"趁口"《景德傳燈録》卷一九《雲門文偃禪師》作"趁口頭"(T51/356c),《五燈會元》卷一五《雲門文偃禪師》作"趁口快"(R138/552b)。

"趁口""趁口快"同義,因此可以從"趁口快"入手考證"趁口"的意義。

僅根據有限的語境,將例(1)的"趁口"理解爲"説話匆促輕率的樣子"(即"順嘴;隨口"),將例(2)的"趁口"釋爲"跟在别人之後,模仿别人腔調"似無不可;但結合"趁口快"的用例,其解釋便可懷疑了。請看下面的用例:

(3) 我與麽道,唤作三家村裏老婆説話。忽然遇着本色行脚漢,聞與麽

---

① 該句《禪宗大詞典》標點爲:"從上南泉歸宗諸人方唤作無迷無悟之見,如今學者也趁口説,無迷無悟又何曾到來?"
② 袁賓、康健《禪宗大詞典》,崇文書局,2010年,第49頁。
③ 雷漢卿《禪籍方俗詞研究》,巴蜀書社,2010年,第536頁。

道,把脚拽向階下,有什麼罪過?雖然如此,據個什麼道理便與麼?莫趁口快向這裏亂道,須是個漢始得。(《雲門廣錄》卷一)(T47/552b-c)

(4)如今叢林中,若論參禪,固是難得其人。我看見你這一隊漢在這裏,心憤憤、口悱悱,道我會禪會道,入方丈裏趁口快撐兩轉語便行。不是這般道理。(《嘉泰普燈錄》卷二五《黃龍死心禪師》)(R137/347b)

(5)你諸人謾道十年五歲參禪,何曾做者般功夫來?祇是趁口快。(《古尊宿語錄》卷三一《舒州龍門佛眼和尚》)(R118/561a)

首先,"趁口"似乎可據其構成成分的語義理解爲"跟在別人之後,模仿別人腔調",但"趁口快"不能如此理解。既然"趁口快"義同"趁口",那麼"趁口"自然不能如此理解。其次,例(3)—(5)所表達的核心含義相同,即學人記持了一些言語知見,便自以爲"會禪會道",到處馳騁口舌,炫耀知見。例(3)"莫趁口快向這裏亂道"意謂"(你們)不要炫耀自己在外行脚學得的知見,在這裏胡説亂道"。例(4)"入方丈裏趁口快"意謂"進到方丈裏面炫耀知見",其所炫耀的知見即"我會禪會道""轉語"。例(5)意謂"你們這些學人不要説你們是參禪的老將,(你們)哪曾做過我上面所説的實在功夫?只是一味地貪圖口裏滔滔不絕地在人前賣弄"。也就是説,"趁口快"應當理解爲"極力追求(記持大量言語知見,以求在與人問答時)滔滔不絕"。

"趁口快"的同義形式"圖口快""趁口舌利便""圖口捷""圖口角圓滑"等有助於我們理解該詞的含義。它們的用例如:

(6)後大慧禪師因學人入室,下語頗異,疑之。纔勘而邪鋒自挫,再鞠而納欸。自降曰:"我《碧巖集》中記來,實非有悟。"因慮其後不明根本,專尚語言,以圖口捷。由是火之,以救斯弊也。(元希陵《碧巖錄》序)(T48/224c)

(7)我念彌陀不問禪,只圖口快要爭先。(《蓮邦詩選》)(R110/637a)

(8)是與直指之道,間不容髮。豈與今之趁口舌利便、兢("兢"的俗字)人我是非爲能事究竟者同耳?(《雲門麥浪懷禪師宗門設難》)(R127/1003a)

(9)香光子聞而太息曰:"若汝所言,止圖口角圓滑,不知一舉足將墜于火坑也。"(明袁宏道《西方合論》卷一)(T47/385c)

(10)近時學道人只圖口舌便利,見識聰明。及乎病苦,臨身一些也用不著。(《黃檗無念禪師復問》卷一)(J20/505a)

(11)古人驗人,一言半句,便知渠知有不知有。所以人將語探,若是知有底,自然迴別。即如作家相見,如兩鏡相照,終不雜亂。若只你一句我一句,祇圖口頭滑溜,有什麼用處?(《宗寶道獨禪師語錄》卷三)(R126/128b)

"趁口快""趁口舌利便"前一成分同爲"趁",語義不明,後一成分同爲"口舌伶俐"義;"圖口快""圖口捷""圖口角圓滑"等五種形式內部結構清晰,"圖"取"貪求"

義,後一成分同爲"口舌伶俐"義。據此,我們將七種形式的內部結構整理爲下表("○"表示語義不明的成分):

表1 "趁口快"及其同義形式的內部結構

詞 語	內 部 結 構			
	構成成分		語義結構	
趁口快	趁	口快	○	口舌伶俐
趁口舌利便	趁	口舌利便	○	口舌伶俐
圖口捷	圖	口捷	貪求	口舌伶俐
圖口快	圖	口快	貪求	口舌伶俐
圖口角圓滑	圖	口角圓滑	貪求	口舌伶俐
圖口舌便利	圖	口舌便利	貪求	口舌伶俐
圖口頭滑溜	圖	口頭滑溜	貪求	口舌伶俐

既然以上七種形式同義,且後一成分也同義,那麼前一成分也極有可能同義。也就是説"趁"與"圖"同取"貪求"義。"趁"確有"尋求;貪求"義,如白居易《南龍興寺殘雪》:"老趁風花應不稱,閑尋松雪正相當。"又《贈夢得》:"放醉卧爲春日伴,趁歡行入少年叢。"[1]下面的一段話也是"趁"有"尋求;貪求"的證據:

而今衆中有一般禪和家,須待長老入室小參,方可做些子工夫。不然終日業識茫茫,游州獵縣,趁溫暖處去,却也趁口快説禪。殊不知當面蹉過多少好事了也。(《圓悟禪師擊節録》卷一)(R117/462a)

兩個"趁"連用,取義當相同:前一個爲"追求;尋求"義,後一個亦當取此義。

"口快"義爲"口舌伶俐",如宋趙長卿《漢宮春》:"講柳談花,我從來口快,忺説他家。"明《西遊記》第四十六回:"徒弟啊,休要弄我。先前不是口快,幾乎拿去典刑。"至此,我們便説清了"趁口快"的理據。反過來,進一步證明它的字面義是"貪求+口舌伶俐",也就是貪求嘴上滔滔不絕。

貪求嘴上滔滔不絕只是外在表現,其最終目的在於炫耀自己所學的禪法(實爲言語知見),即"炫耀知見"。《佛果克勤禪師心要》卷二云:

養來養去,日久歲深,朴實頭大安穩,方得安樂。終不肯露出自己,作聰明,顯作略,衒耀知見,趁口頭禪。(R120/723b)

"作聰明,顯作略,衒耀知見,趁口頭禪"意思相近,都是"露出自己"的具體表現。"口頭禪"指不能領會禪宗哲理,只襲用它的某些常用語以爲談話的點綴。"趁口

---

[1] 真大成《説"趁"——基於晉唐間(5—10世紀)演變史的考察》,《中國語文》2015年第2期。

頭禪"與"趁口快"同義,因此"趁口快"與"衒耀知見"的意義亦相通。又《古林清茂禪師語錄》卷四云:

> 兄弟,時光可惜,不易來此聚頭,直須辨一片真實身心,究教徹去。者個喚作生死大事。不是你趁口快、圖衣食、衒聲利底生活。(R123/504a)

"趁口快"與"圖衣食""衒聲利"並列,更可看出"趁口快"是"炫耀知見"的一種表現。

綜上,"趁口快""趁口"①的意義是"貪求嘴上滔滔不絕",學僧們這樣做的目的是"炫耀自己所學的禪法"。此處所謂"禪法"不過是學人所記持的一些言語知見,因此該詞在特定語境中可釋爲"炫耀知見"。

三、"逞口"及其同義形式的意義和理據

我們先看"逞口""逞口快""逞口頭"三詞的用例:

> (12) 近世學語之流,多爭鋒逞口快,以胡説亂道爲縱橫,胡喝亂喝爲宗旨。(《大慧錄》卷二四)(T47/915b)

> (13) 古人道德學問,藏於腦後,不露圭角。事不得已,吐出還吞。今人出一叢林,入一保社,才見一隅,不能三反,竊得語錄上奇言妙句機鋒知解,便逞口頭,惟恐人不知我之長處。是則參禪一回,止成得一肚皮我慢貢高而已。(《青原愚者智禪師語錄》卷三)(J34/828c)

> (14) 綺語者,謂乖真背理,巧飾言辭;或因矜己才能,隨情衒惑;或因壞他名德,逞口鼓簧,令人視聽,增其情識,蕩其心志。(《傳戒正範》卷一)(R107/35a)

例(12)爲我們理解"逞口快"的含義提供了充分的信息:首先,好逞口快者往往是"學語之流";其次,逞口快的目的在於與人"爭鋒";再次,逞口快的表現是"胡説亂道""胡喝亂喝";最後,學人好逞口快的原因在於誤以爲"胡説亂道""胡喝亂喝"便是禪宗之旨。例(13)同樣可以做如上的分析。根據這兩個用例,我們可將"逞口快""逞口頭"解釋爲"炫耀口舌伶俐(的本領)",當然真正目的不在於炫耀自己滔滔不絕的本事,而在於顯示自己參禪有得。例(14)中的"逞口"同樣可理解爲"炫耀口舌伶俐(的本領)"。"鼓簧"比喻巧言善辯,與"逞口"近義連言,可爲"逞口"意義的參照。

---

① "口"有"口才"義,如《史記·酈生陸賈列傳》:"平原君爲人辯有口。"

綜上,"逞口""逞口快""逞口頭"三詞的字面意思即"炫耀口舌伶俐(的本領)"。這樣的解釋是否正確,其理據如何? 諸多同義形式可提供參證。請先看用例:

(15) 多見聰俊明敏,根浮脚淺,便向言語上認得轉變,即以世間無可過上。遂增長見刺(《卍續藏》本《圓悟克勤禪師心要》作"刺"),逞能逞解,逞言語快利,將謂佛法只如此。及至境界緣生,透脱不行,因成進退。良可痛惜。(《圓悟錄》卷一四)(T47/776c)

(16) 他得底人相見,自然恰好,所謂滿口含冰,不曾道着一個水字。不似如今人,自己尚不知落處,只管記得滿肚皮言句,徒逞快利。有什麼交涉!(《宗寶道獨禪師語錄》卷三)(R126/129a)

(17) 硬赳赳地盡力主張,逢人便逞口頭滑,以爲千了百當。及至遇一智人面前,却云不會。(《破山禪師語錄》卷五)(J26/20c)

(18) 六月初,天不雨,農夫憔悴幾欲死。曾無雲气油然生,但見赤日燒萬里。天師符水也不靈,男覡女巫徒逞嘴(此處"逞嘴"指巫覡施展口頭功夫[念咒],與本文所論"趁口"内部結構和核心含義相同,但具體所指有别)。山僧驀問拄杖子,你道幾時有雨水。(《嵩山野竹禪師錄》卷一)(J29/94a)

(19) 自適人前逞嘴唇,渾身墮在斷燈繩。(《佛冤禪師語錄》卷九)(J37/48b)

(20) 若是一般掠虛漢,食人涎唾,記得一堆一擔骨董,到處逞驢唇馬嘴,誇我解十轉五轉話。(《景德傳燈錄》卷一九《雲門文偃禪師》)(T51/357b)

(21) 若是一般掠虛漢,食人涎唾,記得一堆一擔骨董,到處馳騁驢唇馬嘴,誇我解十轉五轉話。(《五燈會元》卷一六《雲門文偃禪師》)(R138/554b)

(22) 若繞上蒲團便打磕睡,開得眼來,胡思亂想。轉身下地,三三兩兩,交頭接耳,大語細話,記取一肚皮語錄經書,逞能舌辨。如此用心,臘月三十日到來,總用不着。(《禪關策進》前集《仰山古梅友禪師示衆》)(T48/1103b)

(23) 斷却命根,大死大活,良非得已,非以此自矜口頭滑利也。(《御制揀魔辨異錄》卷六)(R114/453b18)

(24) 莫粗心胡亂領覽,莫騁眼下一期口快。(《元叟行端禪師語錄》卷三)(R124/20a)

(25) 古時悟心之士稱爲明眼人。若作家相見,如兩鏡相照,不拘有語無語,自然目擊道存。不是定要醻酢機鋒,相尚爲高也。後之學者,狂妄馳騁口舌便利,誠不足取。(《憨山老人夢遊集》卷一一)(R127/350a)

爲便於觀察,我們將"逞口"及其同義形式的内部結構整理爲下表:

表 2 "逞口"及其同義形式的内部結構

詞 語	内 部 結 構			
	構 成 成 分		語 義 結 構	
逞口	逞	口	炫耀	言説器官→口才(口舌伶俐)
逞嘴	逞	嘴	炫耀	言説器官→口才(口舌伶俐)
逞嘴唇	逞	嘴唇	炫耀	言説器官→口才(口舌伶俐)
逞口頭	逞	口頭	炫耀	言説器官→口才(口舌伶俐)
逞口嘴	逞	口嘴	炫耀	言説器官→口才(口舌伶俐)
逞口快	逞	口快	炫耀	口舌伶俐
逞口頭滑	逞	口頭滑	炫耀	口舌伶俐
逞言語快利	逞	言語快利	炫耀	口舌伶俐
逞驢唇馬嘴	逞	驢唇馬嘴	炫耀	言説器官→口才(口舌伶俐)
逞能舌辯	逞	能舌辯	炫耀	口舌伶俐
騁口快	騁	口快	炫耀	口舌伶俐
馳騁口舌便利	馳騁	口舌便利	炫耀	口舌伶俐
馳騁驢唇馬嘴	馳騁	驢唇馬嘴	炫耀	言説器官→口才(口舌伶俐)
矜口頭滑利	矜	口頭滑利	炫耀	口舌伶俐

上表中的詞語意義相同,後一成分可分爲兩類:第一類是表示言説器官的"口""嘴""嘴唇""口頭""驢唇馬嘴"("驢唇馬嘴"是禪僧門對"嘴"的貶稱,常用作對禪僧不明心地却誇誇其談的譏斥語),轉指"口才",即口舌伶俐;第二類是直接表"口舌伶俐"義的"口快""口頭滑""言語快利""口舌便利""口頭滑利"。也就是説,它們的後一成分意義相同。前一成分"逞""騁/馳騁""矜"存在替換關係。據此可以推測,"逞""騁/馳騁""矜"有同義的可能。

三者在"炫耀;顯示"義上同義。"逞"義爲"顯示;誇耀",如《莊子·山木》:"此筋骨非有加急而不柔也,處勢不便,未足以逞其能也。""騁"也有"炫耀;顯示"義,如《敦煌變文集·捉季布變文》:"揮鞭再騁堂堂貌,敲鐙重誇檀檀身。""誇""騁"對文,"炫耀"義十分顯豁。[①] "馳騁"與之同義,《禪林寶訓合注》卷一注"炫耀見聞,馳騁機解"之"馳騁"云:"自誇也。"(雷漢卿認爲"馳騁驢唇馬嘴"即胡説八道,[②]近是,但釋爲"炫耀口舌伶俐[的本領]",或更進一步釋爲"炫耀知見"更爲準確。)"矜"的"炫耀;顯示"產生甚早,如《書·大禹謨》:"汝惟不矜,天下莫與汝爭

---

① 王雲路《中古漢語詞彙史》,商務印書館,2010年,第692頁。
② 雷漢卿《禪籍方俗詞研究》,巴蜀書社,2010年,第36頁。

能;汝惟不伐,天下莫與汝争功。"孔穎達疏:"矜與伐俱是誇義。"

至此,我們便弄清了"逞口"及其同義詞語的意義和理據:它們的意義爲"炫耀口舌伶俐(的本領)",前一成分"逞"取"炫耀;顯示"義,後一成分"口/口頭/口快"取"口舌伶俐"義。

四、"趁口"與"逞口"的關係

前文分别解釋了"趁口""逞口"及其同義詞語的意義和理據,認爲"趁""逞"於義各有所取:前者取"貪求"義,後者取"炫耀"義。亦即"趁口""逞口"是同義詞,而非異形詞(同詞異寫)。

以上觀點若要成立,就必須排除"趁"假借爲"逞"的可能。"趁"與"逞"在構詞時常互相替换,例如前文已出現的"趁口—逞口""趁口快—逞口快""趁口頭—逞口頭"。若不詳加考辨,極容易誤以爲"趁"借作"逞"。此外又有如下同義詞對:

【逞俊—趁俊】《黄龍慧南禪師語録》:"石頭雖然善能馳達,不辱宗風,其奈逞俊太忙,不知落節。"(T47/631a)《雪關禪師語録》卷二:"昔洛浦機鋒俊捷,臨濟嘗稱爲門下一隻箭,誰敢當鋒?後來辭去,臨濟道:'好一尾赤梢鯉魚,不知向誰家虀瓮裏淹殺。'師云:'臨濟憐兒不露醜,洛浦趁俊太過頭。'"(J27/453a)

【逞風流—趁風流】《嘉泰普燈録》卷一〇《臨安府崇覺空禪師》:"灌溪老漢向十字街頭逞風流,賣惺惺,道我解穿真珠,解玉版……"(R137/163a)《如净和尚語録》卷二:"丙丁童子趁風流,借作送行歌一曲。"(T48/132a)

由以上材料可見,"趁"與"逞"確實存在替换關係。是否是二字讀音相近而導致了以上替换關係呢?我們認爲並非如此。理由有以下兩點:

第一,上文的分析表明,"趁口"和"逞口"中的前一語素於義各有所取,"趁"取"貪求"義,"逞"取"炫耀"義。

第二,雖然"趁"有假借爲"逞"的語音基礎("趁""逞""騁"在近代漢語[或爲某種方言]中同音。《楞嚴經勢至圓通章疏鈔》卷一"趁"條云:"音逞。"[X16/382b]《金光明經文句文句記會本》卷五"騁"條云:"音趁。"[X20/241b]"逞""騁"同音,在《廣韻》中同屬静韻逞小韻),但二者的替换是有條件的,即能够進入"趁〇—逞〇"同義詞對的成分都有"本領"的含義,如"口快""俊""風流"等。貪求某種本領與炫耀某種本領意義上相關,因此"貪求"義和"炫耀"義的兩個成分與表示"(某種)本領"義的成分相組合,便産生了相近甚至相同的意義。

基於以上理由,我們認爲"趁"取"貪求"義,並非"逞"的借字。

五、結　語

綜上所述,我們認爲禪籍中"趁口"的内部形式爲"貪求+口舌伶俐",詞彙意義爲"貪求嘴上滔滔不絶";"趁"取"尋求;貪求"義,"口"是説話的器官,轉指"説話的能力"。"逞口"與"趁口"同義(近義),其内部形式爲"炫耀+口舌伶俐",詞彙意義爲"炫耀口舌伶俐(的本領)"。

唐宋之際及之後出現大量表達"炫耀知見"這一概念的同義形式,如"趁口快""圖口快""逞口快""逞口頭滑""矜口頭滑利"等,用以批評學人炫耀知見的行爲。這可能是當時中國禪禪風轉變的直接結果。小川隆指出:"禪的思想與風格,在北宋發生了大大地變化。一言以蔽之,它是從以當下自己的肯定爲基調的唐代禪,向尋求對超越性大悟體驗的宋代禪的轉换。"①唐代禪僧在修行當時偶然發生的一時、一次性的活潑潑的問答禪、作略、機鋒等,成了束縛宋代禪僧的葛藤,障蔽他們眼目的"經典"。正如小川隆所説:"一經脱口而出的語言,愈是精彩,愈能立即得到傳頌,最後成爲束縛修行僧的一種陳舊俗套而走向僵化。"②當時的禪僧意識到這一問題並加以批評,他們常常認爲古尊宿直截了當,而後世學者多是學語之流,如《大慧普覺禪師語録》卷一九《示智通居士》:"從上諸聖,無言語傳授,只説以心傳心而已。今時多是師承學解,背却此心,以語言傳授,謂之宗旨。爲人師者眼既不正,而學者又無決定志,急欲會禪,圖口不空,有可説耳。"(T47/892c)

"趁口""逞口"的産生有其宗教背景,因此具有"宗門語"的性質,它們最初的含義與外典中的同形詞並不相同。當然,"趁口"也可以發展出"隨嘴;隨口"義,因爲好炫耀自己口嘴伶俐的本領的人往往出言輕率,不假思索。禪籍中有少數用例,如《古尊宿語録》卷三四《舒州龍門佛眼和尚語録》:"昔人因迷而問,故問處求證入。得一言半句將爲事,究明令徹去。不似如今人胡亂問,趂口答,取笑達者。"(R118/605a)

【要旨】「趁口」と「逞口」は禪籍のなかで意味の近い語であり、その意義について、本稿では先行の研究成果をふまえ、この二語の意義と理論的根據を檢

---

① 小川隆著、何燕生譯《語録的思想史——解析中國禪》,復旦大學出版社,2015年,第3頁。
② 同上書,第20頁。

討する。「趁口」の「趁」は「尋求、貪求」の意味、「口」は話す器官であり、「話す能力」でもあると考えられる。この語義構造は「貪求+口舌伶俐」であり、意味は「貪求嘴上滔滔不絶」である。「逞口」は「趁口」と同（近）義で、「逞」は「炫耀」の義、「口」は同様に「話す能力」を指す。その語義構造は「炫耀+口舌伶俐」であり、意味は「炫耀口舌伶俐（的本領）」である。特定の語境において、「趁口」と「逞口」は「炫耀知見」とも理解され、これが「趁口」と「逞口」の目的である。

　唐宋時代ならびにその後に「炫耀知見」を表わす同義の表現が多く現われ、例えば「趁口快」、「圖口快」、「逞口快」、「逞口頭滑」、「矜口頭滑利」等があり、それは學人の「炫耀知見」の行爲を批判するために用いられた。これはおそらく、中國禪の禪風の變化と關わっているであろう。すなわち唐代の禪僧の一次性の活潑潑な問答、作略、機鋒などが、宋代以後になると禪僧を束縛する葛藤、彼らの眼目を妨げる「經典」となった。當時の禪師はこの問題に注意して批判した。唐代では古尊宿は常に直截的であったが、後世の學人はただ言葉の知見を學ぶにすぎないと言っている。例えば、『古尊宿語録』卷三四『舒州龍門佛眼和尚語録』に、「昔人因迷而問，故問處求證入。得一言半句將爲事，究明令徹去。不似如今人胡亂問，趁口答，取笑達者」（R118/605a）という。

禪籍"及""去及"考正

李家傲

摘　要：禪籍中"及""去及"並無祛除義，"及"實乃"極"之借字。"及盡"即"極盡"，窮盡之義；"及不盡"即"極不盡"，是"極盡"的否定説法，即窮不盡之義。《禪林僧寶傳》"去及不盡"或有衍文。

關鍵詞：禪宗文獻；及；去及

禪宗文獻中有"及盡""及不盡"的説法，日本學者衣川賢次先生於其所點校的《祖堂集》附有《關於祖堂集的校理》一文，認爲"及"有"去"義爲當時口語①。《禪宗大詞典》亦釋"及""去及"爲祛除義②。今案"及"無"去"義，衣川先生及辭書所論恐係誤解文意，難以據信，謹考辨如下。

衣川先生之文采用文獻對勘的方式，認爲"及""去"爲同義異文。所引文獻如下：

> 莫爲小小因緣妨於大事。大事未辦，日夜故合因修。所以道："如對尊嚴長，須得兢兢底。"（原文於"嚴"下點斷，"長"字屬下。恐誤。）決擇之次，如履輕冰；勤求至道，如救頭然。更有什摩餘暇？如火逼身，便須去離。一切事來，總須向這裏漚羅取。頭頭上須及，物物上須通。<u>若有毫髮事及不盡，則被沉累，豈況於多？</u>（"及"本訛作"乃"，衣川先生校作"及"，可從。）道你一步繾失，便須却迴一步。若不迴，冥然累劫，便是隔生隔劫、千生萬生。事祇爲一向。若向這裏不得，萬劫千生著鈍。（《祖堂集》卷八《雲居和尚》）

> 若無與麽事，饒汝説得簇花簇錦，也無用處，未離情識在。若<u>一切事須向這裏及盡</u>，始得無過，方得出身。<u>若有一毫髮去不盡，即被塵累。豈況便多？</u>

---

① 孫昌武、衣川賢次等點校《祖堂集》，中華書局，2007年，第940—942頁。
② 袁賓、康健主編《禪宗大詞典》，崇文書局，2010年，第195、343頁。

差之毫釐,過犯山嶽。不見古人道:"學處不玄,盡是流俗。"閨閤中物捨不得,俱爲滲漏。直須向這裏及取去,及去及來,併盡一切事,始得無過。如人頭頭上了,物物上通,秖喚作了事人,終不喚作尊貴。(《禪林僧寶傳》卷六《雲居宏覺膺禪師》)

上述引文分別爲《祖堂集》《禪林僧寶傳》雲居和尚(？—902)兩段相似説法的記述。其中"若有毫髮事及不盡",《禪林僧寶傳》引作"去不盡"。此外,文章廣引《雲居宏覺膺禪師》章的其他二例作爲補充:

(1) 了無所有,得無所圖,言無所是,行無所依,心無所托,及盡始得無過。(《禪林僧寶傳》卷六《雲居宏覺膺禪師》)

(2) 若有一毫許去及不盡,即被塵累,豈況更多?(《禪林僧寶傳》卷六《雲居宏覺膺禪師》)

衣川先生據此認爲"去及"一詞爲同義連文,義爲去掉(衣川先生案:"和'併當'近義")。"直須向這裏及取去,及去及來,併盡一切事,始得無過"是説把煩惱的殘滓徹底去掉。

對於衣川先生所論,我們認爲頗可懷疑。首先,按照正常的詞義引申規律,我們很難聯想到"及"會引申出"去"義。再次,不同禪籍對勘而有異文者,情況複雜,或兩處異文其義不同而各通,或本無不同而訛爲異文,要之,存在異文並不一定證明有關異文必然近義或同義。最後,訓"及"爲"去",難以該通衆例。如以下諸例:

(3) 潙山問仰山:"寂子,心識微細流注,無來得幾年?"仰山不敢答。却云:"和尚無來幾年矣?"潙云:"老僧無來已七年。"潙山又問:"寂子如何?"仰云:"慧寂正閙。"師云:"古人及盡玄微,猶恐走作。今人只管孟八郎道,總是五逆人聞雷。"(《虛堂和尚語録》卷一)

(4) 佛法大事,不可粗心。依人門户,咬人屎橛,種種解會,執占己長,無有是處。參須實參,悟須實悟。若絲毫許及不盡,閻羅老決定打你鬼骨臀。(《續古尊宿語要》卷五《懶庵需禪師語》)

(5) 道在日用,若滯在日用處,則認賊爲子。若離日用,別討生涯,則是撥波求水。這裏絲毫及不盡,便成滲漏。十二時中觸途成滯,般般似有一物頓在胸中,如受鬼胎,未能分解,豈可自寬?(《無準師範禪師語録》卷三《示求堅上人》)

衣川先生認爲例(3)"及盡玄微"指的是除掉玄妙的觀念,與文意不符。細味上下文,"及盡玄微"意謂潙仰父子對於心識的體究已達玄微之境界,尚不敢絲毫放鬆。而今人(未到此玄微之境界)只管顢頇亂道。此處本無要去除"玄微"的意思。例(4)"參須實參,悟須實悟"後接以"若絲毫許及不盡,閻羅老決定打你鬼骨臀","及"字緊承"參""悟",其詞義當與二詞可相聯屬,若爲"去"義,則不知所"去"爲何？例(5)意謂道在日用,而不可滯在日用,亦不可離開日用,若在這一點有絲毫"及不盡",就會成滲漏,觸途成滯。尋諸文勢語脈,"及"之對象當爲前文"道在日用,而不可滯在日用,亦不可離開日用",此正是無準禪師囑咐學人需要明白、體究的,如何却又"去"之?可見釋"及"爲"去"難該衆例,不能達到"驗之他卷而通"的訓詁要求。

　　通過稽考內外典籍,我們認爲"及盡""及不盡"等並無祛除義,"及"其實即"極"之借字。"極盡"是典籍中常見的一個詞,"極不盡"是其否定説法。禪籍中"及盡"與"極盡"並見,可資比證。如:

　　(6) 我有一機,<u>極盡</u>玄微。饑來喫飯,寒來著衣。(《希叟紹曇禪師廣録》卷一)

　　(7) 吾佛法中,真實到處,直須<u>及盡</u>今時,全超空劫。(《宏智禪師廣録》卷五)

　　(8) 從苗辯地,因語識人。<u>極盡今時</u>,方堪成立。衆中還有極盡今時者麽?(《浮石禪師語録》卷五)

　　(9) 德山圓明大師示衆云:"<u>及盡去也</u>,直得三世諸佛口挂壁上。猶有一人呵呵大笑。若識此人,參學事畢。"(《宏智禪師廣録》卷二)

　　(10) <u>極盡去也</u>,直得山河大地無纖毫過患,諸人向者裏坐不得。若向者裏坐,正是平地上死人。(《雨山和尚語録》卷一)

　　(11) 三個老漢雖然異口同音,未免撞頭磕額,何也?一人大開口了合不得,一人高擡脚了放不下,一人緊閉門了出不去。王山即不然:遍十方界非外,全在一微塵;一微塵非內全,遍十方界。祇這一微塵許也須<u>及盡</u>不可得。向那裏安門?甚處入草?(《繼燈録》卷一《磁州大明雪巖滿禪師》)

　　(12) ……偏十方界非外,全在一微塵;在一微塵非內,偏十方界。祇者一微塵許也須<u>極盡</u>不可得。向那裏安門?甚處入草?(《續指月録》卷六《磁州大明雪巖滿禪師》)

上揭諸例,例(6)"極盡玄微"與前文例(3)"及盡玄微"、例(7)"及盡今時"與例(8)"極盡今時"、例(9)"及盡去也"與例(10)"極盡去也"並可相互對照。特別是最後兩例,所録爲金代雪巖滿禪師(雪巖滿禪師具體生卒年無考,據燈録記載其爲曹洞宗王山體禪師[1121—1173]法嗣,則其大約生活於金大定年間,約南宋中期。)的同一段説法,《繼燈録》作"及盡",《續指月録》作"極盡",足見"及盡"即"極盡"。《廣韻·職韻》:"極,渠力切。"《緝韻》:"及,其立切。"二字聲母並爲群紐,韻母亦只塞音韻尾小異:"極"收[k]尾,"及"收[p]尾。本文開篇所引《祖堂集》"雲居和尚"條,雲居和尚卒於公元902年,爲唐末人,其時在某些方言區[k]、[p]尾或已相混不別。"及"通"極",乃[p]尾讀爲[k]尾,此正可與晚唐詩人胡曾《戲妻族語不正》詩"呼十却爲石"相類：十收[p]尾,石收[k]尾。而據魯國堯、唐作藩等對宋代詞韻、詩韻的研究,職韻緝韻當歸爲同部。魯國堯將緝、職兩韻同歸入德質部①;唐作藩全面考察蘇軾的詩韻,認爲緝、職兩韻當歸爲一部②。宋代以降,極、及入聲韻尾逐漸消失,二字音同。總之,"及""極"相通是没有問題的。

"極盡"一詞,典籍常見,如《韓非子·解老》："所謂事天者,不極聰明之力,不盡智識之任。苟極盡則費神多。"《漢書·江充傳》："選從趙國勇敢士從軍擊匈奴,極盡死力,以贖丹罪。""極盡"義猶窮盡,"極"乃窮義、盡義。《説文·穴部》："窮,極也。"《爾雅·釋詁》："極,至也。"邢昺疏："極者,窮盡之至也。"《禮記·表記》："祭極敬,不繼之以樂。"鄭玄注："極,猶盡也。"禪籍中,凡"及盡""及不盡"等"及"均爲"極"字之借,其義爲"窮"。試以此義疏解禪籍諸例。如：

(13) 辛丑臘月,茂時公不諱。師極盡孝道。(《參同一揆禪師語録》卷一)(茂時公爲一揆禪師之父。此文爲一揆禪師法嗣所作禪師傳文。)

(14) 自我少室一花五葉之記,而至南華負石印心,代代相傳。必是久經鍛煉,久經操履,然後擴而充之,極盡天下之妙,則不枉佛祖之苦心也。(《空谷道澄禪師語録》卷二〇)

"極盡孝道"指窮盡孝道,所有符合孝道之事全部做到,没有剩餘;"極盡天下之妙"意謂窮盡天下之妙理,窮研佛法禪理,使無剩餘。又如：

(15) 有雪林慈光者……以三偈送上五峰。其一曰：塗毒離微及盡,典牛佛祖俱亡。笑捧天書南去,叢林千古耿光。(《叢林盛事》卷一《塗毒和尚》)

(16) 今且結茅婁土,飽道掩關,極盡離微,掃除知見。(《大方禪師語録》卷一《禪燈大方禪師語録序》,序文爲吴偉業所作)

"離微"指法性之體用。《宗鏡録》卷九二："離微者,萬法之體用也。離者即體……微者即用。"所謂"離微及盡""極盡離微"指窮盡萬事萬物的法性,無有剩餘,意謂對法性體用關係的體究已臻極致。

前文所舉例(3)、例(6)"及/極盡玄微"指窮盡、竭盡玄微,達到玄妙精微的極點;例(4)、例(5)"若絲毫(許)及不盡,則如何",易言之,正需及盡絲毫,也即窮盡絲毫,體究入微,深達精微之極;例(7)、例(8)"及/極盡今時"意謂窮盡今時,到達今時之邊界;例(9)"及盡去也"指窮盡到佛法禪理的最高最深之極點去,該極點即使三世諸佛也不能完全領會,只能結舌無言(口挂壁上指把嘴巴安到墙壁上,束之不用,無法説話)。本例,衣川先生有引而以"去"訓"及",認爲"及盡去也"指除掉

---

① 魯國堯《論宋詞韻及其與金元詞韻的比較》,載《魯國堯自選集》,河南教育出版社,1994年,第140頁。
② 唐作藩《蘇軾詩韻考》,載《王力先生紀念論文集》,商務印書館,1990年,第109頁。

有意識的努力或玄妙的觀念,恐誤。例(10)"極盡去也"意謂達到佛法禪理的極致,以至萬事萬物無不究通,沒有過患。

具體語境中,"極盡"不僅指窮盡某事物所有層級或方面,有時還附有使某事物净盡無存的含義。如下列諸例:

(17) 功夫智識,盡屬第二頭。及盡功夫,不可智知,始得少分相應。(《萬松老人評唱天童覺和尚頌古從容庵錄》卷四[六二則])

(18) 只饒你截斷凡聖,及盡有無,也祇是老鼠入飯甕,未知有向上一竅在。(《古尊宿語錄》卷三九《智門祚禪師語錄》)

例(17)"及盡工夫"指竭盡意想功夫,使其净盡不存,不以智識測度,才有少分與"第一頭"的禪法大意相應。衣川先生亦引本例,而以"去"解"及",不確。例(18)"及盡有無",《正法眼藏》卷二引作"極盡有無"。"極/及盡有無"與前"截斷凡聖"對文,當指窮盡"有無"之理,使"有""無"等名言概念不存於腦中。又如:

(19) 修山主垂語云:"具足凡夫法,凡夫不知。具足聖人法,聖人不會。聖人若會,即同凡夫。凡夫若知,即是聖人。"天童拈云:收得安南(及盡凡情),又憂塞北(猶存聖解)。(《萬松老人評唱天童覺和尚拈古請益錄》卷一[三六則])(括號內爲萬松和尚著語。下同)

(20) 凡情極盡,聖解豈居?净智覺圓,真常獨露。凡名聖號悉是虚聲,殊相劣形皆爲幻色。(《憨休禪師語錄》卷九)

上二例"及盡凡情"與"猶存聖解"、"凡情極盡"與"聖解豈居"分別對文,其義顯指竭盡凡情俗解,使之净盡無存。

總之,禪籍中"及盡"爲窮盡義,"及"乃"極"之借字,義爲窮。下面討論一下《祖堂集》《禪林僧寶傳》"雲居和尚"章以及《禪宗大詞典》"及"條所引諸例。

《祖堂集》"若有毫髮事及不盡,則被沉累",其中"及不盡"爲"及盡"的否定説法,正言之即要"及盡毫髮事",其句意指需要窮盡一切事,哪怕毫髮般的細微之事都不可放過,否則就會被外物拖累。此窮盡毫髮事,實際暗含了任何事都不得着於心上,需要袪除。因此,《禪林僧寶傳》纔會在"一切事須向這裏及盡"後接以"若有一毫髮去不盡即被塵累"、"直須向這裏及取去,及去及來"後接以"併盡一切事,使得無過",前用"及",後用"去""併"(併當爲摒除義)。雖然如此,不得不需要明確的是語境暗含"袪除"義不代表"及"就是"去"義,"及"自是"極",義爲窮,與"去""袪除"義僅爲在上下文語意上的可相聯屬、偶然會通,僅此而已。又前文所引《禪林僧寶傳》例(1)"了無所有,得無所圖……及盡始得無過",其中"及盡"亦是窮盡義。而例(2)"若有一毫許去及不盡……"看似"去及"連文,然我們頗疑"去""及"二字中,有一字爲衍文的可能性更大。"及不盡""去不盡"皆可通,惟"去及不盡"

仍不可解。

《禪宗大詞典》釋"及"爲"袪除"義,書證爲《圓悟語錄》卷一五:"大宗師爲人,雖不立窠臼露布,久之學徒妄認,亦成窠臼露布也。蓋以無窠臼爲窠臼,無露布作露布。應須及之令盡,無令守株待兔,認指爲月。"《宏智廣錄》卷五:"兄弟,爾去體看。放教歇去,及得盡去,消息絶去,透得徹去。"我們認爲"及之令盡""及得盡去"之"及"亦是"極"之借字,亦爲窮義。前者意謂必須窮盡"以無窠臼爲窠臼,無露布作露布"在內的所有"妄認",後者"及得盡去"當指窮盡意識,摒絶各種心理活動,雖然二例語境中似皆含有"袪除"之義,但正如我們所強調的語境義不應賦予、附加在某個具體字詞上,"及/極"只是窮義,不當釋爲"袪除"。

【要旨】禪宗文獻に「及盡」、「及不盡」、「去及不盡」の語が見えるが、その意味は難解である。衣川賢次「祖堂集の校理」は、『祖堂集』卷八雲居和尚章と『禪林僧寶傳』卷六雲居宏覺禪師章の校勘を通して、『祖堂集』の「及不盡」は『禪林僧寶傳』では「去不盡」、「去及不盡」に作り、その他『從容庵錄』、『宏智廣錄』、『虛堂錄』において「及盡功夫」、「及盡去也」、「及盡玄微」の用法があることにより、「及」は「去」の意味であり、したがって「去及」は同義連文で、「去掉」と理解し、「併當」と近義の唐末五代の時期の口語であるとした。袁賓・康健編『禪宗大詞典』の「及」、「去及」條も「袪除」と解釋している。

「及」を「去」または「袪除」と解釋するのは確かにいくつかの禪籍の用例に該當するが、この解釋には檢討の餘地がある。まず「及」を「去」と解釋する根據を衣川氏はそれが「當時の口語」であると考えたが、その意味の由來が明らかではない。禪籍において、「及盡」は同時代あるいはやや遲い時期に「極盡」とも書かれ、例えば「極盡玄微」、「極盡今時」、「極盡去也」、「極盡離微」がある。この「極盡」は「窮盡」の義である。禪籍の用例を見ると、實は「及盡」はほとんど「窮盡」の意味である。『廣韻』職韻に「極,渠力切」緝韻に「及,其立切」とあり、二字はともに群紐で韻母の塞音韻尾が少しく異なり、「極」は[k]尾、「及」は[p]尾であるが、唐末五代の時期にはある方言區では[k]、[p]尾がすでに合流し、「及」は「極」に通じ、[p]尾が[k]尾に讀まれた。これはちょうど晚唐詩人胡曾の「戲妻族語不正」詩に「十を呼んで却て石と爲す」と言うのと同じである(「十」は[p]尾、「石」は[k]尾)。宋代以降になると、「極」と「及」の入聲韻尾は次第に消失し、二字は同音となった。すなわち禪籍の「及盡」は「窮盡」の義であり、「及」は「極」の借字で、「窮める」意である。ただ、『禪林僧寶傳』の「去及不盡」の「去」もしくは「及」のいずれかが衍字であろう。

"勤巴子"考*

王長林

提　要：學界對圓悟克勤禪師"勤巴子"別稱的得名之由有不同意見。認爲"巴"源自圓悟"頭似巴字"的觀點缺乏證據。"巴"即"巴蜀"，係圓悟籍貫。禪籍中"巴子""川子"是禪林對蜀僧的慣用稱謂。禪宗史及禪林名物的研究須兼顧文獻與語言雙重證據。

關鍵詞：禪宗語言；圓悟克勤；勤巴子

宋圓悟克勤（1063—1135）是"文字禪"的代表性人物，是中國禪宗史上極具影響力的禪師，禪林又稱之爲"勤巴子"，較早見於淳熙戊申年（1128）釋法宏、道謙編輯的《普覺宗杲禪師語録》：

> 後因湛堂疾亟，師問曰："和尚若不起此疾，教某甲依附誰，可以了此大事？"湛堂曰："有個**勤爬子**，我亦不識他。你若見之，必能成就此事。"（X69/632c）①

但更普遍的是寫作"勤巴子"，上例"勤爬子"在宋釋道謙約 1153 年編定的《大慧宗門武庫》中就寫作"勤巴子"（T47/953b）。又如紹曇《五家正宗贊》（成書於 1254 年）卷二《大慧杲禪師》章：

> 堂病革，師曰："和尚此疾若不起，某甲去依附誰？"堂曰："勤巴子甚好，我雖不識渠。子若見之，必能了大事。"（X78/596C）

對克勤這一別稱的由來，中日學界頗有興致，但意見並不統一。日本學者較早地對這個問題作出解釋，江户時代臨濟宗妙心寺住持無著道忠禪師《〈五家正宗贊〉助桀》"勤巴子"條彙集諸家的觀點，兹迻録如下：

---

* 本文是國家社科基金青年項目"元明清禪宗文獻詞語論考"（18CYY040）的階段性成果。
① 文章所引佛教文獻用例均注明其藏經冊數、頁碼及欄數，T 爲《大正藏》，河北省佛教協會印行，2008 年；X 爲《卍續藏》，河北省佛教協會印行，2006 年；J 爲《嘉興藏》，台北新文豐公司影印，1987 年。

○《斷橋録·瑞巖浄土寺録》："結夏,小參,曰：'舉僧問雲門"如何是諸佛出身處？"雲門云："東山水上行。"後來圓悟道："若是天寧即不然。忽有人問'如何是諸佛出身處？'"熏風自南來,殿閣生微涼。"'師拈云："一個跛脚子,一個巴頭子。互相發明,故是作家。其奈松柏千年青,不入時人意。"'

○又舊解曰："大椿和尚曰：'義堂先師曰：《倫斷橋録》曰：'一個跛脚子,一個巴頭子。'跛脚,雲門也。巴頭,圓悟也。圓悟頭形如'巴'字,故稱之。或曰：'圓悟巴蜀人,故云勤巴子。'此説非也,若稱'川勤'者是四川人故耳。"'"

○忠曰："圓悟頭似'巴'字者,和俗謂'長刀頭'也。"

○舊解又曰："栩曰：圓悟頭上有創癜如'巴'字。"①

可以看出,日本學者對"勤巴子"稱謂的來由有三種觀點：（1）圓悟頭形如"巴"字；（2）圓悟是巴蜀人；（3）圓悟頭上有創癜如"巴"字。從無著道忠的記述來看,第一種觀點日僧的認可度較高,也有文獻的依據,即《斷橋録》中"跛脚子"與"巴頭子"並舉,故推測"巴"自然與"頭"有關。國内學者詹緒左先生贊同此説,並加以闡釋：

> "圓悟頭似巴字"説最可取。首先,"頭似巴字",故云"巴頭",以與"跛脚"對言,此《斷橋和尚語録》卷上《斷橋和尚遷住台州瑞巖浄土禪寺語録》中已言明。這就排除了"勤巴子"的"巴"指"巴蜀"。再説禪籍中並無"巴勤"之説,只有"勤巴子""老勤巴"或"勤巴"的説法,這也表明"勤巴子"的"巴"不可能指"巴蜀"。②

但筆者認爲,斷橋"巴頭子"之説疑點重重,若據此認定圓悟是"巴字頭",嫌證據不足。《斷橋録》又稱《斷橋和尚語録》《斷橋妙倫禪師語録》,凡二卷,記録斷橋妙倫禪師（1201—1261）在浙江台州瑞峰祇園、瑞巖浄土等禪寺的語録及偈頌、行狀等。"巴頭子"出自《遷住台州瑞巖浄土禪寺語録》。據其行狀可知,斷橋於1242至1250年住持浄土禪寺,因而可以斷定斷橋口中的"巴頭子"不會早於1242年。又據《大慧普覺禪師語録》和《大慧宗門武庫》的記載可知,是文準禪師病革彌留之際,指引大慧宗杲前去參見"勤巴子"。《續傳燈録》卷二二《泐潭文準禪師》載文準"政和五年夏六月寢疾"（T51/618b）,可知禪林"勤巴子"之稱肇始於1115年。然遍檢禪籍,稱圓悟爲"巴頭子"者,僅百餘年後的浙江籍禪僧斷橋一人。圓悟克勤禪師名揚寰内,而他"巴字頭"這一特殊的外貌特徵爲何其他禪籍隻字未提？斷橋這一創造性的"解讀"很難自圓其説,可謂前無古人後無來者,孤證難立。並且"巴

---

① 無著道忠《〈五家正宗贊〉助桀》,日本禪文化研究所影印,1991年,第628頁。
② 詹緒左《禪籍疑難詞語考（下）》,《漢語史研究集刊》第18輯,巴蜀書社,2014年,第313頁。

頭子"詞義本身含混不明,因而纔會出現如"巴字頭""長刀頭""巴字創瘢頭"這樣五花八門的解釋。總之,論據的可靠性尚存問題,結論自然均難以令人信服。

又有學者認爲"勤巴子"之"巴"即指巴蜀,如鞠彩萍指出"勤巴子"是"截取僧名'克勤'中一個字,再加上地名'巴'和'子'綴,用的是'人名+地名+子'的格式"①。這也即是日本學者所主張的第二種觀點。筆者認爲,該說更可信。但遺憾的是前賢時彥或徑予否決,或言已及的但並未充分論證。本文嘗試尋找更多的文獻語言學證據,以厘清禪林稱謂"勤巴子"的得名之由。

不妨先看禪籍幾則關於宗杲這段求法因緣的記錄:

後湛堂疾亟,問曰:"和尚若不起此疾,教某依附誰,可以了此大事?"曰:"有個**勤巴子**,我亦不識他。爾若見之,必能成就此事。"(《大慧宗門武庫》,T47/953b)

師問曰:"和尚若不起此疾,教某甲依附誰,可以了大事?"湛堂良久,乃曰:"有個**川勤**,我亦不識佗。你若見佗,必能成就此事。"(《大慧年譜》,J01/794c)

準病,師問曰:"某甲嚮後當見誰人?"準云:"有個**勤巴子**,我不識渠,汝可見之,當能辦子事。"若了不下,便可修行看一大藏經。後身出來參禪,決是個善知識也。"湛堂歿,師謁張天覺丞相求塔銘,天覺門庭高,於衲子少許可。見師一言而契,即下榻朝夕與語。名其庵曰妙喜,字之曰曇晦。且言:"子必見**川勤**,吾助子往。"遂津其行。勤即圓悟也。(T51/649b-c)

文準病重之際,推薦大慧宗杲參見"勤巴子"或"川勤"。文準圓寂後,大慧拜見張商英(天覺丞相)求塔銘時,張丞相也説"子必見川勤",並助送大慧往參克勤。這些叙述是符合史實的。克勤第二次出川即駐錫湖北江陵,拜見貶居的張商英,二人一見如故,《圓悟錄》卷五《少保張丞相忌日》説:"只如無盡居士與和尚平昔道契相知……山僧昔在湖北相見,與伊電卷星馳,一言契證,表裏一如。"(T47/735b-c)得到丞相的認可,這對克勤在川外傳法有很大的幫助。《嘉泰普燈錄》本章載克勤"再出蜀,次荊南,會無盡居士張公商英,以師禮留居碧巖"(X79/359b)。此後,圓悟於1111至1117年徙住夾山靈泉禪院,評唱《頌古百則》,由弟子編輯即成"禪門第一書"《碧巖錄》,由是名聲大噪,又陸續住持潭州道林寺、金陵蔣山寺、東京天寧萬壽寺等重要禪寺,甚至被欽賜紫衣及"佛果"稱號,開啓了川外弘法最輝煌的歷程。據慧洪《石門文字禪》卷三〇《泐潭準禪師行狀》記載,文準乃"興元府唐固梁

---

① 鞠彩萍《釋禪籍稱謂"杜拗子""勤巴子""梢郎子"》,《寧夏大學學報》2014年第3期。

氏子"(J23/727a)。"興元府唐固"即今漢中城固縣,宋隸屬利州路,文準自然屬川僧①。可見,文準之所以向大慧推薦參拜克勤,一方面是二人同爲川僧,另一方面又是因爲當時克勤已略有聲名,值得舉薦。而大慧最終能參見克勤,又是得益於川籍丞相張商英(四川新津人)的幫助。二人不約而同的舉薦,反映出四川籍禪人的團結與互助②。文準説"我不是渠",説明二人並不相識,因此文準自然也不會知曉克勤是否是"巴字頭",更不會在臨終囑托之際違背佛教戒律指稱克勤"畸形"的狀貌③。比較來看,稱"勤巴子"反而是因爲克勤係蜀僧的可能性更大,對照異文"川勤"可知,"巴"與"川"其實都是爲了強調克勤的籍貫。圓悟克勤在禪林的別稱繁多,就其詞語的結構來看,無外乎以下三類,也均與其籍貫有關。

1. 地名+子

(1)提刑會得小豔詩,只要檀郎認得聲。出門見雞欄上舞,克勤從此識佳音,便爾諸方號**巴子**。大慧曾得湛堂舉,相隨來也漆桶穿。(《吹萬禪師語録》卷一,J29/523c-524a)

(2)妙喜老漢,初發足游方時,先以四句偈,辭之受業。其後句云"且喜今朝離火坑",前輩標格,打頭便有吞佛吞祖底氣概。若不是**川巴子**,如何羅籠得住。自後花木瓜種族,罕有出乎其類,拔乎其萃者焉。(《兀庵普寧禪師語録》卷三,X71/019a)

"巴"和"川巴"即巴蜀(四川),"子"是名詞詞尾。例(2)可以"川巴"連言,不避複④,可見口語稱謂詞之靈活多樣。

2. 地名+名號(+老)

(3)準歿,乃繭足千里,請塔銘于張公無盡,無盡時爲禪室領袖,契之,囑妙喜必見**川勤老**也。(《南宋元明禪林僧寶傳》卷三《大慧杲禪師》,X79/

---

① 《嘉泰普燈録》卷七、《續傳燈録》卷二二本章載文準參見真浄,真浄駡曰:"此中乃敢用蘧苴耶?"(T51/617c,X79/331a)"蘧苴"有"邋遢"之義,常用以形容川僧,禪林有"川僧蘧苴,浙僧瀟灑"之諺。《續傳燈録》本章又記載文準參死心悟心禪師,死心也譏諷道"爾川僧家開許大口"(T51/618a),可見文準是不折不扣的川僧。

② 蜀人李新《與張無盡》建議張商英多提攜蜀人:"某竊惟,自漢以前,蜀人之仕無可考,獨何武入爲三公,已千餘歲。今大丞相秉鈞,澤及四海,蜀人詎得而私之……先生首進,必引類以同陞,西南英流,不久入冰鏡。福莫長於薦士,惟先生屬意無忘。"這與當時禪林鄉黨之間的袒護現象相類似,如《死心悟新禪師語録》云:"江南人護江南人,廣南人護廣南人,淮南人護淮南人,向北人護向北人,湖南人護湖南人,福建人護福建人。川僧護川僧,浙僧護浙僧。"(X69/230b)

③ 後漢安玄譯《法鏡經》:"復有四淨戒事,何等爲四?一曰以自識知;二曰以不自貢高;三曰以不形相人;四曰以不謗毁人。"(T12/21c)"形相人"就是品頭論足,是釋子犯戒之舉。

④ 甚至還有三個地名連言的例子,《破山禪師語録》卷一七:"燕頷虎鬚,碧眼螺髮。身披紫衣,拽杖抬捺。呵呵! 堪笑四川川老蜀,原來是個破布衲。"(J26/075a)

597c)

按:"川勤老"是在"川勤"(例見上文)之後附加詞綴"老"而來。

3. 名號+地名(+子)

(4) 堪笑**勤川**無義語,引得花木瓜,變成爛苦瓠。(《希叟紹曇禪師語錄》卷一,X70/401b)

(5) 有一老宿笑曰:"**勤川子**被禪道裂破肚皮矣,何年得安樂耶?者個便是將圓悟推向萬丈深坑,更擠以石,然後要他甦醒起來,自作活計。"(《古林清茂禪師語錄》卷四,X71/253b)

(6) 眉間挂劍,血濺梵天。平地骨堆,千古含冤。瞎臨濟小厮兒法眼,吐**圓悟老巴子**狐涎。今朝撞着對頭,頂門痛與加尖。(《天界覺浪盛禪師語錄》卷一二,J25/747a)

"勤川"亦即"川勤"。"勤川子"的"子"也是詞尾。"圓悟老巴子"之"老巴子"是"巴子"加前綴"老"而成。

不難看出,這些稱呼其實都突出了克勤的地域標籤。禪僧雲遊四方,籍貫往往成爲禪僧重要的身份標志,宗門勘驗就多以"生緣"説事,如《景德傳燈錄》卷一一《福州壽山師解禪師》:"行脚時,造洞山法席,洞山問云:'闍梨生緣何處?'師云:'和尚若實問,某甲即是閩中人。'"(T51/286c)又"黃龍三關"第三問"人人盡有生緣,上座生緣在何處"也是以借問籍貫來勘驗學人。因此"籍貫地名+子"也就成爲禪林稱謂詞的重要構詞方式,如《應庵曇華禪師語錄》卷三:"大宋國裏只有兩個僧:川僧、浙僧。其他盡是子:淮南子、江西子、廣南子、福建子。豈不見道:父慈子孝,道在其中矣。"(X69/516c)禪林又有"蘄州子""福州子""泉州子""奉化子""杭州子""浙子""江西湖南子"等説法,這些地域往往都是宋代禪學十分興盛的地區,"地名+子"可謂是雲遊禪僧最普通的稱謂。而在地名的前後再附加名號,目的是將普通稱謂專名化,用以作爲某地某一禪僧的專稱,能獲此殊號者往往是地區內有個性、有影響力的僧人。如"明州天童清簡禪師"(《五燈會元》卷一〇、《續傳燈錄》卷四立傳),浙江錢塘人,行事孤潔,禪林稱爲"簡浙客"。從構詞角度來說,"簡浙客"與"勤巴子"相同,均是"名號+籍貫+詞綴"形式。又如"杭州徑山如琰禪師"(《續傳燈錄》卷三五立傳),浙江台州人,號"浙翁",禪林稱之爲"琰浙翁"或"浙翁琰"。這又與克勤被稱爲"勤巴""勤川"或"川勤"理出一轍。可見"籍貫"與"名號"孰前孰後並無大礙。因此,日本大椿和尚認爲"勤巴子"不會指"巴蜀",而"若稱'川勤'者是四川人故耳"的觀點顯然也不足爲據。

如上所述,"地名+子"是某地禪僧很普通的稱謂,那麽諸如"巴子""川子"或"川巴子"等當不會僅限於圓悟一人,實際也確實如此,明清禪錄多以諸詞指稱川僧。例如：

  （7）三月桃華謝復開，靈雲見也念都灰。叮嚀囑付**三巴子**，漫寄關頭一著來。（《破山禪師語録》卷一六《寄破雪關主》，J26/070c）

這是破山禪師寄給弟子破雪的詩偈，破雪即破雪璽禪師。《破山禪師語録》卷一八《吊破雪門人》："將謂驢年一禍胎，誰知先我別塵埃。空摇斷舌法堂冷，遠送殘衣方丈開。四海傳聲驚木落，三巴取淚灑吾儕。專人特地來相語，願子靈機永古錐。"（J26/080b）"三巴"即巴郡、巴東、巴西的合稱，又指代四川，將破雪稱謂"三巴子"顯然是因為破雪乃四川籍禪僧之故。

  （8）者**川子**素樸直，凡定動忘得失。邇來拈杖打人頭，直欲時人盡豁眸。（《林野奇禪師語録》卷八《自贊》，J26/654c）

按：林野奇禪師乃合川人氏，故《自贊》中自稱"川子"。

  （9）這個老宿，却也奇特。靭迹西川，法嗣太白。這**川巴老**，却難近傍。輪無孔錘，握生鐵棒。（《憨休禪師敲空遺響》卷七《風穴本師雲峨和尚像》，J37/282c）

  （10）**川巴老**也俊哨，據嵩山佛魔墱。為人切棒破腦，休懊悔誰艸艸。（《嵩山野竹禪師録》卷七《自贊》，J29/123c）

按：《憨休禪師敲空遺響》卷一《風穴雲峨老和尚傳》："師諱行喜，號雲峨，生益州資陽陳氏，蜀西望族也。"（J37/249c）可見例（9）的"川巴老"雲峨禪師也是四川人。而例（10）嵩山野竹禪《五燈全書》本章載云"渝州長壽葉氏子"（X82/561c），故也自稱"川巴老"。

  （11）者個**川巴老子**，却要賣弄毒糞，致令天下叢林鬧浩浩裏講論。（《嵩山野竹禪師録》卷七《佛祖贊·安漢鐵龍觿和尚》，J29/123b）

  （12）稽首師翁**川巴老子**，吴越荆梁惡聲遍矣。（《兜率不磷堅禪師語録》卷二《山暉璧老人》，J33/476c）

按：例（11）"川巴老子"指"安漢鐵龍觿和尚"，安漢即四川南充縣。例（12）的"川巴老子"又指山暉，即山暉完璧和尚，又稱開聖老人。《龍光禪師雞肋集·開聖老人傳論》："老人諱完璧，字磚鏡，號曰'山暉'，夔州新寧人。"（J29/170/c）夔州新寧即四川達縣。

  總之，"巴子"和"川子"宋明以來禪籍慣見，其實就是禪林對蜀僧的普通稱謂，是蜀地禪僧的地域標籤。"勤巴子"之"勤"即"克勤"，"巴"義指四川，與克勤的頭型實無干係，"名號+地名+詞綴"乃禪林常見的稱謂詞構詞方式。由此可以看出，禪宗史及禪林名物的研究要兼顧文獻與語言雙重證據，多方觀照，纔能還原歷史的真相。倘若偏信一家之言，則很可能曲解史實"繞路説禪"。

【要旨】宋代の圜悟克勤（1063 — 1135）は「文字禪」の代表人物であり、また中國禪宗史上、非常に影響力ある禪師でもある。禪林では彼を「勤爬子」とも稱した。この別稱の由來について、日中兩國の學界はこれまで關心を持ってきたが、その見解は必ずしも一致していなかった。日本の學者は比較的早くこの問題に對する解釋を提出した。江戸時代の臨濟宗妙心寺住職である無著道忠禪師の『「五家正宗賛」助桀』"勤巴子"の條は諸家の觀點を集めているが、そこから、「勤巴子」に對する日本の學者の見かたが三種に分けられるとわかる。その三種とは、（1）圜悟の頭のかたちが「巴」の字のようであった、（2）圜悟は巴蜀の人であった、（3）圜悟の頭には「巴」の字の形をした傷跡があった、というものである。『斷橋録』には「跛脚子」と「巴頭子」の二語が對にして用いられているため、學者は「巴」は当然ながら「頭」と關係があると推測した。詹緒左氏はこの見方に賛成し、これを次のように解釋している：

　　「圜悟の頭は巴字に似ている」という説は、もっとも道理がある。まず、「頭が巴字に似る」からこそ「巴頭」というのであり、これを「跛脚」と對にしている。これは『斷橋録』卷上「斷橋和尚遷住台州瑞巖浄土寺語録」に明言されている。これは、「勤巴子」の「巴」が「巴蜀」を指すという見方を否定する。また、禪籍には「巴勤」という言い方は無く、「勤巴子」「老勤巴」あるいは「勤巴」しかない。これもまた「勤巴子」の「巴」が「巴蜀」を指さないことを示している。（詹緒左「禪籍疑難詞語考（下）」、『漢語史研究集刊』第18輯、巴蜀書社、2014年、第313頁）

しかし、筆者の考えによれば、斷橋の「巴頭子」の説は疑わしいところが多く、これにより圜悟が「巴字頭」であるとするには、證據が足りない。また、「勤巴子」の「巴」は巴蜀を指すと考える學者もいる。たとえば鞠彩萍氏は「勤巴子」は「『克勤』という僧名の一字を取り、そこに地名の『巴』と接尾辭の『子』をつけたもので、『人名＋地名＋子』の樣式を使ったものである」と指摘する（鞠彩萍「釋禪籍稱謂"杜拗子""勤巴子""梢郎子"」、『寧夏大學學報』2014年第3期）。この説はより信頼できると筆者は考えるが、殘念なことに、これまでの研究者はこれをすぐさま否定するか、あるいはこれに言及したとしても十分な論證を行っていない。本稿はより多くの文獻的、言語學的證據を探し出し、「勤巴子」という禪林における呼稱の由來を明らかにする。

　　克勤のこれらの呼稱がその地域的特性を強調していることは明らかである。禪僧は諸方を行脚するため、その出身地は重要なアイデンティティーとなり、禪門における鍛錬でもしばしば「生縁」が話題になる。このため、「貫籍地名+子」は禪林における呼稱の重要な造語方式となったのである。たとえば『應庵曇華禪師語録』卷三には「大宋國裏に只だ二個の僧有り、川僧、浙僧なり。其の他は盡く是れ子なり。淮南子、江西子、廣南子、福建子なり。豈に道うを見ずや、父は慈、子は孝、道は其の中に在り、と」とある。禪林にはまた「蘄州子」「福州子」「泉州子」「杭州子」「浙子」「江西湖南子」などの言い方もある。これらの地域は往々にして宋代に禪學が盛んであった地域で、「地名+子」は行脚僧にとって最もよくある呼稱であったと言える。語の構造という角度から言えば、「簡浙客」と「勤巴子」は同じで、ともに「名前+貫籍+接尾辭」の形式である。また「杭州徑山如琰禪師」（『續傳燈録』卷三五に立傳、浙江台州の人）は「浙翁」と號し、禪林では「琰浙翁」「浙翁琰」と稱した。これは克勤が「勤巴」あるいは「川勤」と呼ばれるのと同じ道理である。

　まとめるに、「巴子」と「川子」は宋明以來の禪籍によく見られ、四川僧に對する普通の呼稱、四川僧の地域的レッテルである。「勤巴子」の「勤」はすなわち「克勤」であり、「巴」は四川を指す。克勤の頭のかたちとは無關係であり、「名前+地名+接尾辭」という禪林でよく見られる呼稱の構成方式である。ここから、禪宗史および禪林における名稱の研究は、文獻と言語という二重の證據に注意し、多方面の考察を行ったうえでないと、歴史の真相を復元できないと分かる。もし一方の意見だけを信じるようなことがあれば、史實を曲解し、「繞路説禪」するはめになるということもある。

"五洩"考*

張子開

摘 要：本文對禪宗文獻中常見的、據説爲古越語的詞語"五洩"作了考察，認爲該詞本指五洩溪在流經浙江諸暨五洩山的不同地段時所形成的五段瀑布；以前的諸種解釋，皆未能準確地反映出這個自然勝景，從而影響到對辭義的理解和語境的把握。由此而觀，對佛教史料提及的獨特景觀，當盡量親身考察，至少亦應通覽古今記載，方可作出符合實際的解釋。

关键詞：五洩；瀑布；越語；諸暨；佛教文獻

浙江諸暨有溪，名曰五洩。是名至少在北朝已然出現，北魏酈道元《水經注》卷四〇"漸江水"條曰：

> （浦陽）江水導源烏傷縣，東逕諸暨縣，與洩溪合。溪廣數丈，中道有兩高山夾溪，造雲壁立，凡有五洩。下洩，懸三十餘丈，廣十丈。中三洩，不可得至，登山遠望乃得見之；懸百餘丈，水勢高急，聲震水外。上洩，懸二百餘丈，望若雲垂。此是瀑布，土人號爲洩也。①

漸江，即浙江。"漸江水，出三天子都"，酈氏注："《山海經》謂之浙江也。"或認爲，"漸"乃"浙"之誤②。

洩，《廣韻》私列切，入薛心。月部。今音 xiè。洩，字或作"泄"。同。《廣韻·薛韻》："泄，漏泄也。亦作洩。"《左傳·襄公二十二年》"洩命重刑，臣亦不爲"，杜預注："'泄'字，唯宋本作'洩'，此外諸本皆作'泄'，與《釋文》同。"故"五洩"亦多作"五泄"。如元吳萊有《觀齊謝玄卿五洩山遇仙記寄題五洩山寺》《次韻柳博士五洩山紀遊》和《宋景濂鄭仲舒同遊龍湫五洩予病不能往爲賦此》詩，柳貫有《立夫見

---

* 本文爲2016年度國家社科基金重點項目"中國佛教寺院志研究"（16AZS002）的中期成果。
① 酈道元著、陳橋驛校證《水經注校證》，中華書局，2007年，第944、945頁。
② 同上書，卷四〇，第958—959頁，注[一]。

和五洩四詩復自次韻》詩，明徐渭《哀駱懷遠公驗詞》詩亦言："遲余去五泄，深衣遠相迎。"

洩，方言，乃當地土人對瀑布的稱呼，此義爲《漢語大字典》①《漢字大詞典》②等工具書所沿襲。"'洩'，可能是古代越族留下的語言。《水經注》的這條記載，正和《越絕書》卷二'越人謂船爲須慮'，又卷八'越人謂鹽曰餘'一樣。漢語'船'，越語稱爲'須慮'；漢語'鹽'，越語稱爲'餘'；漢語'瀑布'，越語稱爲'洩'，這是極少數幾個至今尚可查考的越語普通名詞，對後人研究古代越語方面，是一個值得珍視的資料。"③

瀑布何以稱作"洩"？清仁和趙一清纂《水經注箋刊誤》卷五"傾瀾泄注"，注曰："箋曰：克家云，泄疑作瀉。一清按：泄，散也。亦作洩。會稽五泄，即瀑布也。此水乘崖注下，與泄溪同，義無可疑者。一字之工，仿佛與山水之靈相默契也。"稱因源於洩/泄有散義，故可指瀑布。考洩果有發散之義項，《管子·山至數》："故善爲天下者，謹守重流，而天下不吾洩矣。"尹知章注："重流，謂嚴守穀價，不使流散。洩，散也。吾穀不散出。"

"洩"指瀑布，既已明矣，"五洩"之義似乎很清楚了。《漢語大詞典》謂："因山有五瀑布而得名。"④"五洩"，同"五泄"⑤。意謂山上有五條瀑布也。《辭海》釋曰："五泄 在浙江省諸暨市區西。五條瀑布從五泄山上逐級飛瀉而下，匯注成溪，故名。五級瀑布中，以第五泄居首，奔騰咆哮，水烟飛揚，奇險飄逸。溪兩岸有石鐘、蜈蚣、仙掌、玉女諸峰，山峰尖削，深幽靈巧。高處有五泄寺，竹樹交蔭，爲著名遊覽勝地。爲全國重點風景名勝區。"⑥《中國名勝詞典》："五泄 即五條瀑布。……瀑從五泄山巔崇崖峻壁間飛奔而下，凡五級……"⑦仍然稱山上有五條瀑布；且"五級瀑布"與"五條瀑布"，似乎義有模糊朦朧或抵觸齟齬。

其實，古人已然描述得很清楚。宋周世則《會稽風俗賦并叙》"五泄爭奇於雁蕩"，注曰："《掇英集》：五泄，瀑布也。在諸暨西四十里。有兩山夾溪，造雲壁立，高二百丈，廣數十丈。水瀉五節，故曰五泄。山多奇峰，或比之雁蕩云。（按，周世則爲王氏門人）"⑧是謂同一條溪流，在山上奔騰而下，形成了五節瀑布。宋祝穆撰

---

① 徐中舒主編《漢語大字典》第三卷，四川辭書出版社、湖北辭書出版社，1988年，第1606頁。
② 羅竹風主編《漢語大詞典》第五卷，漢語大詞典出版社，1990年，第1142頁。
③ 酈道元著、陳橋驛校證《水經注校證》卷四〇，第983頁，注［四一］。
④ 羅竹風主編《漢語大詞典》第一卷，上海辭書出版社，1986年，第364頁。
⑤ 同上書，第369頁。
⑥ 夏征農、陳至立主編《辭海》（第六版彩圖本），上海辭書出版社，2009年，第4册，第2423頁。
⑦ 國家文物事業管理局主編《中國名勝詞典》，上海辭書出版社，2001年。
⑧ 王十朋《梅溪王先生後集》卷一，《四部叢刊初編》本。

《方輿勝覽》卷六《浙東路·紹興府·諸暨》"五泄山"條:"在諸暨山西南四十里。沿歷五級,始下注溪壑,故曰五泄。飛沫如雪,淙激之聲雄於雷霆,俗謂之小雁蕩。下有龍湫,禱雨輒應。○刁約詩:'西源窮盡見東源,直注層崖五磴泉。'"沿,同"沿(沿)"。《龍龕手鑑·水部》:"沿",同"沿"。《正字通·水部》:"沿,同沿。俗省。"① "沿歷五級,始下注溪壑",亦指溪水由上而下,流淌過了五個臺階。宋施宿等撰《會稽志》卷六《諸暨縣》:"五泄夾巖廟,在縣西四十里。……五泄龍堂,在三學院側,境接富陽、浦江東西兩源,會為飛瀑,五折而下。雪濺雷吼,聲聞數百步。有湫幽邃,神龍所宅,過者雖伏暑亦慘凜。歲旱,禱雨輒應。嘉祐中,縣主簿吳伯固。"除仍確定"五泄"乃"五折而下"之"飛瀑"之外,還指瀑布乃富陽和浦江兩個源頭匯合而成。同書卷九《山·諸暨縣》:"五泄山,在縣西五十里。自山五級泄水以至溪,山川最為秀絕。"與《方輿勝覽》一樣,稱五級泄水(瀑布)乃在五泄山上形成。明李賢等撰《明一統志》卷四五《紹興府》,山名一致:"五泄山。在諸暨縣西五十里。上有泉水,飛沫如雪,沿歷五級,下注溪壑。俗名小鴈蕩。"《會稽志》卷一○《水·諸暨縣》:"五泄溪,在縣西五十里。《輿地志》云:山峻而有五級,故以為名。下泄垂三十丈,廣十丈。中三泄不可逾度,登他山望始見之。上泄垂百餘丈,聲如震霆。《水經》云:浦陽浙江東逕諸暨縣,與泄溪合。溪廣數丈,中道有兩高山夾溪,造雲壁立。凡有三泄,水勢高急,聲震水外。上泄高二百餘丈,望若雲垂。此是瀑布,土人號為泄爾。嘉祐中,刁景純詩云:'西源窮底到東源,直注層崖五磴泉。'"稱形成瀑布的溪水名五泄溪。"三泄",當是"五泄"之誤。《(乾隆)清一統志》卷二二六《紹興府》:"五洩溪。在諸暨縣北,源出富陽山。東流三十餘里,有石瀆溪,匯諸山水流合焉,又東北入西江。"亦名"五洩溪"。同書卷二一六《杭州府》:"五泄水。在富陽縣東南八十里,接諸暨縣界,有泉自紫閬發源,滙為溪。兩山夾之,壁立二百餘丈;歷五級,下注絕壑,故名五泄。上三泄地屬富陽,下二泄地屬諸暨。"稱溪五泄水,且指出五泄實際上分屬諸暨和富陽兩縣。宋張淏撰《會稽續志》卷四《山·諸暨》所載,略同:"五泄山,在縣西南四十里。有兩山夾谿,造雲壁立,雙瀑飛瀉,□歷五級,始下注溪壑,故曰五泄。飛沫如雪,溟濛數里;淙激之聲,雄於雷霆,震撼巖谷,過者駭焉。刁約云:俗謂之小鴈蕩。下有龍湫,歲旱禱雨輒應。"

要言之,根據古籍記載,源於富陽、浦江的兩個溪流,在諸暨之西匯合為五洩溪/五洩水;是水從五洩山奔涌而下,先後形成了五道瀑布,這些瀑布合稱五泄。也就是說,同一道溪,流經五泄山時,形成了五段瀑布,這些瀑布前後相連,而不是有

---

① 漢語大字典編輯委員會編纂《漢語大字典》(第二版),崇文書局、四川辭書出版社,2010年,第3冊,第1682頁。

五條溪、形成了並列的五道瀑布也。

上援《漢語大詞典》謂"五泄"或"五洩"乃"因山有五瀑布而得名",頗有指五條瀑布乃獨立之嫌;《辭海》雖稱"五條瀑布從五泄山上逐級飛瀉而下",《中國名勝詞典》先講"五泄即五條瀑布",又説"瀑從五泄山巔崇崖峻壁間飛奔而下,凡五級",也未能明確指出五條瀑布實皆一水,亦不確切:皆未能準確反映出五洩瀑布的特徵。

五洩瀑布之雄奇,歷代歌詠贊歎者甚夥。唐周鏞《諸暨五泄山》詩言:"路入蒼烟九過溪,九穿岩曲到招提。天分五溜寒傾北,地秀諸峰翠插西。鑿徑破崖來木杪,駕泉鳴竹落榱題。當年老默無消息,猶有詞堂一杖藜。"明宋濂《遊五泄山水志》、袁宏道《觀第五泄記》,並記之。明陶承學《遊五泄五首》詩,涉第一、五泄,或可據以遥想神遊。《第一泄》序曰:"宋景濂記云:諸泄,惟第四級不可至。或以絢圍腰,繫巨栊,俯而瞰,其取道蓋從嶺上下耳。僧言山下有細路,緣厓可上,則四泄皆可至也。時方雨險滑,不可置足,褰裳從之。從者多諫,罷歸寺。詰朝,步上響鐵嶺,從山腰得斜徑,攀挽而行。臨其巔望之,四瀑皆宛宛可見。夫匡廬、雁蕩一級水耳猶得名,况五泄耶?"詩言:"山雨無崇朝,青苔助巖險。四泄安可求?山僧只指點。興來性命微,危磴幾欲犯。童僕進苦規,同遊亦譏貶。慮深膽易懾,計阻心竟歉。勝事忽若吞,清眠夢如魘。辰餐動歸策,臨瞰勢已僭。蘿葛疲攀緣,荆榛費誅斬。趷石愁足跌,蹲泥任衣染。下望五白龍,遥遥競騰閃。"《第五泄》序:"五泄之名,以瀑水勝,然山徑固已奇絶矣。入青口十里,至五泄寺。寺右緣溪,剗巘而上,復折遂至瀑布所。水懸可千尺,石壁如削,左右環擁,映水益壯。不知視匡廬、雁蕩何如也。然聲勢震蕩,口喑目旋,神魄失守,亦雄偉奇特之觀。題名於壁曰:萬曆丁酉三月廿日,公安袁宏道、歙方文僎。山陰王贊化、會稽陶望齡、奭齡同遊。"詩曰:"白蜺飲晴壑,一飲萬人鼓。腥風噴涎沫,下有神龍府。傾崖與迴薄,獷石佐虓怒。千里骨立山,洗濯無撮土。遥源杳何處?落地名第五。客來泉亦喜,舞作千溪雨。赤脚立雨中,衣沾翳崖樹。廿年成始至,重遊在何許?憑君鐵錐書,一破蒼苔古。"五泄有二龍井:第五泄下之石潭,黑龍井;五泄寺南五六里許,白龍井。陶氏亦詠白龍井也。陶氏五首詩之《紫閬》一首之序,更有助於理解五泄瀑布之形成,蓋緣於富陽和諸暨兩縣之間的巨大地理落差:"泄之水百仞,五之意是天上落也。從響鐵嶺而登至絶頂,謂便當下。乃忽見平疇長林,桑竹蓊蔚,溝塍組織,水皆安流。審之,即墮而為泄者。地名紫閬。民居頗稠,或至巨富。四望緬然,平遠亦更有群峰環之,上山即富陽縣界。予與客皆言:兩縣地勢高下邈如此,復不謂是山頂;行十里忽復下走如一二里,始至地。由此言之,安知今所謂大地者,非處於孤峰絶頂乎?"謂"五"意味着"天上落",亦有意趣也。

时过境迁,五洩山上的五洩已然不复旧貌。今天的五洩溪,乃浦阳江支流之一;五洩山响铁岭边的第一洩及其下的瀧壶已然消失;其余四洩及其下的瀧壶,幸尚存壮观①。

须措意者,除了壮美的景色之外,五洩山、五洩溪和五洩瀑布还有深厚的宗教底蕴。

前援《辞海》称,五洩山的高处有五泄寺,"竹树交荫,为著名游览胜地"。《(雍正)浙江通志》卷二三一述该寺梗概曰:

> 五洩寺 《诸暨县志》:在县西五洩山中。唐元和三年,灵默禅师建,名三学禅院。咸通六年,赐名五洩永安禅寺。天祐三年,改应乾禅院。后仍改今名。
> 　　刘述游《五洩寺》诗:翠屏千叠水潺湲,一簇青螺杳霭间。惜是晚年逢此景,悔将前眼看他山。瀑飞落磴终难画,龙蛰岩云只暂闲。薄宦劳人无计住,可嗟归去又尘寰。②

建于唐宪宗李纯元和三年(808)的五洩寺,原名三学禅院,唐懿宗李漼咸通六年(865)蒙赐名"五洩永安禅寺",唐哀帝李柷天祐三年(906)改名应乾禅院,这三者皆未见于藏经。从《浙江通志》还可知,"五洩寺"其实乃"五洩永安禅寺"之简称。

创建五洩寺之灵默(747—818),江苏毗陵(常州)人,俗姓宣。参马道一,披剃受具;复谒石头希迁,言下大悟。贞元初,住天台山白沙道场(释无尽《天台山方外志》卷五《灵默尊者》);两年后,转涉浦阳,再移婺州五泄山。其化迹,见于《祖堂集》卷一五《五洩和尚嗣》、《宋高僧传》卷一〇《唐婺州五洩山灵默传》、《景德传灯录》卷七《婺州五洩山灵默禅师》。灵默颇有灵异,且机锋峻烈,其化语诗偈流传颇广③。灵默之小师苏溪和尚《牧护歌》,亦有名焉。

五洩山、五洩溪、五洩瀑布和五洩寺在佛教界颇有名气,往来参访修习、赞咏歌唱者不绝。如北宋宝元年间(1038—1040),咸润有以"五泄山"为题的十诗:"宝元中,僧咸润来游,尝作《五泄山》十题,其序云:'平川孤越,怪峰颠峦,转入转幽,骇悦心目。方之鴈荡,谅无愧焉。'所谓十题者,谓五泄、西□、夾巖、龙井、石鼓、石门、石屏、俱胝巖、祷雨潭、桐星巖。俱胝巖者,昔有僧持诵俱胝咒于此,因得名。(张渓撰《会稽续志》卷四《山·诸暨》)"明末清初曹洞宗僧净斯百愚亦撰《宿五洩寺有感》:"日暮秋林杖倦行,为寻古寺入山城。池中不睹危楼影,沉畔唯余落瀑声。隐

---

① 郦道元著、陈桥驿校证《水经注校证》卷四〇,第982页。
② 《(雍正)浙江通志》卷二三一《寺观·绍兴府·诸暨县》,《文渊阁四库全书》本。
③ 项楚、张子开等《唐代白话诗派研究》,巴蜀书社,2005年,第539—541页;学习出版社,2007年,第362—364页。

隱孤燈光欲墮,依依宿鳥夢頻驚。堪憐祖意無人問,隔嶺霜鐘扣月明。"①二僧之作,皆借景吟道,抒發自己對於佛法的感悟也。

需要補充的是,中醫亦有"五泄"一辭,不過其含義迥然不同。《難經》:"五十七難曰:泄凡有幾,皆有名不? 然。泄凡有五,其名不同。有胃泄,有脾泄,有大腸泄,有小腸泄,有大瘕泄,名曰後重。胃泄者,飲食不化,色黃。脾泄者,腹脹滿,泄注,食即嘔吐逆。大腸泄者,食已窘迫,大便色白,腸鳴切痛。小腸泄者,溲而便膿血,少腸痛。大瘕泄者,裏急後重,數至圊而不能便,莖中痛。此五泄之法也。"②《難經》,一名《黃帝八十一難經》(《中國大百科全書》"中國傳統醫學"卷"難經"條)。經中所說的"五泄",乃人體的五種腹瀉也。

要言之:

一、浙江諸暨之五洩山、五洩溪和五洩寺,皆源於此地有瀑布名曰"五洩"。

二、以前有關"五洩"的解釋,模糊混沌,不夠準確,易引誤解。

三、涉及地名的"五洩"的解釋,當爲:

五洩:洩,瀑布。或謂乃古越語。浙江諸暨縣五洩溪在流經五洩山時,先後形成了五段瀑布,故稱五洩。今存後四泄。

四、"洩"是否爲古越語,尚待進一步考訂。

五、中醫另有"五泄",指腹瀉種類。

六、五洩、五洩山、五洩溪和五洩寺,在禪宗史上皆有一定地位。閱讀相關文獻時,參透"五洩"含義,體味"五洩"勝景,實有助於把握語境、參悟禪意。

我們説,閱讀其他佛教史料,遇到諸如此類反映獨特自然景觀的地名時,最好能親臨其境,親自考察,至少亦當通覽古今記載,方可作出切乎實際的闡釋,令人有實在親切之感,而不能僅僅滿足於略翻古籍瞎揞黑豆也。

【要旨】本論文は禪宗文獻に見え、古越語とされる「五洩」という語に關する考察である。 この語は五洩溪が浙江省諸暨縣五洩山の各區域を流れる途中で形成された五つの滝を指すが、從來の解説はいずれもその自然の景觀を正確に反映せず、この語に關する語義の理解と語境の把握を妨げている。 浙江省諸暨縣に五洩溪という溪流があり、この名稱はおそくとも北朝時代にすでに現われ、北魏の酈道元『水經注』卷四十「漸江水」の漸江は浙江である。「漸江水、出三天子都。」酈氏注「『山海經』謂之浙江也。」「漸」は「浙」の誤寫とも言

---

① 《百愚禪師語錄》卷二〇,《嘉興藏》第 36 册,第 721 頁。
② 《難經集注》卷四,《五泄傷寒第十(凡四首)》,《四部叢刊初編》本。

われる。 古代文献の記載によれば、富陽、浦江に源を發する二本の溪流は諸暨の西部において合流して「五洩溪」、「五洩水」となる。 この溪流は五洩山より流れ下って、次第に五段の滝となるので「五泄」と總稱される。つまり同一の溪流が五泄山を流れる途中で五段の滝となる。 これらの滝は前後して繋がっており、五本の溪流、或いは並列した五つの滝なのではない。『漢語大詞典』には「五泄」或いは「五洩」は「山に五つの滝があるために名を得た」とあり、五本の滝がそれぞれ獨立していると解される嫌いがある。『辭海』には「五本の滝は五泄山上より次第に飛び流れて下る」、『中國名勝詞典』には「五泄は即ち五本の滝」とし、「滝は五泄山山頂の崇崖峻壁の間から飛び流れて下り、合わせて五級となる」とあり、やはり五つの滝が實は一つの水流であることを明示せず、いずれも五洩の滝の特徴を正確に反映していないのである。 時代の變化につれて、五洩山上の五洩の古い形はもはや存在せず、現在の五洩溪は浦陽江の支流の一つとなり、五洩山響鐵嶺近くの第一泄及びその滝壺は既に消え、他の四洩とその滝壺だけがまだのこっている。 五洩山・五洩溪と五洩滝には宗教的歴史あり、五洩山、五洩溪、五洩滝と五洩寺は佛教界では有名で、今も参拜者や修行者が往來し、五洩歌う作品ものこされている。 強調しておきたいのは、佛教史料を讀む時、このような獨特な自然景観を反映する地名については、自ら現地調査を行い、そのうえで古今の記載を通覧してはじめて正確な解釋ができるということである。

日本漢學的"讀原典"傳統(一)
——一介老書生的回憶·老書生的治學六十年

三浦國雄　述，廖明飛　譯

【按】本文由(一)、(二)兩部分組成。第(一)部分是基於2018年10月30日在四川大學的最終講義的內容增補而成的。承蒙姜生教授的聘請，本人於2012年9月至2018年10月，擔任四川大學客座教授。在此期間，本人講授了儒佛道三教論、中國身體論、中國時間論、易學等課程，而最終講義則是漫談自己的學問歷程。此後，得到方旭東教授的講學邀請，於是在第(一)部分之外另撰寫了第(二)部分，分別於2018年12月4日、7日在華東師範大學以漢語公開發表。本文第(一)、(二)部分的開頭都特別提及上海，正因底稿是在上海講學的講稿。後接受"澎湃新聞"總監黃曉峰先生的約稿，提交了本文(一)、(二)兩部分，不過目前只有第(二)部分分上、下篇發表在2019年4月26、27日的"澎湃新聞·上海書評"上，第(一)部分則似乎尚未見刊。本人回到日本後，在參加於花園大學舉辦的"《景德傳燈錄》研究會"之際，應衣川賢次教授的邀請，於2019年3月31日在該研究會上發表了同題講演。再後來，衣川教授提議在本刊復刊號上刊發拙稿(一)、(二)兩部分的全文，本人深感榮幸之至。借此機會，感謝廖明飛君自上海講學以來提供的準確而文雅的中譯。三浦國雄，2020年6月28日謹識。

我是三浦國雄，非常感謝剛纔方旭東教授的熱情介紹。

好久没來上海，提起上海，我就會想起1987年4月開始在這座大都市生活的約半年時光。不知不覺已經過去了三十年。當時我四十六歲，在大阪市立大學任教，得到學校的長期帶薪休假(英文叫"sabbatical"，在日本的大學中業已制度化)的時候，我毫不猶豫地選擇了來上海。雖然記不起來到底是誰，但我曾經讀過某位日本作家饒有趣味地描繪從日本坐船到上海旅行的文字。因此，我没有坐飛機，而是特意坐輪船"鑑真號"來到上海。鑑真(688—763)是精通戒律的唐代高僧,曾經連續五次泛海東渡日本,均告失敗,雙目失明後的第六次東渡,終於成功抵達日本。鑑真指導了當時尚處於草創期的日本佛教的建設,他的大名在日本可謂家喻户曉。"鑑真號"已經更名爲"新鑑真",現在依然航行於大阪/神户和上海之間。船在早春之海上一味向西航行了兩個晝夜,到第三天早晨,當看見眼前的大海時,我大喫了一驚!藍色的海洋消失了,我有生以來第一次見到了黃色的大海!原來,長江入海口吐出的大量的黃濁水把近海都染成了黃色。河流竟然令大海變色,這是何等壯觀的氣勢!當靠近大陸的時候,我激動得心怦怦直跳。"鑑真號"不久沿長江溯流而上,隨後進入黃浦江,差不多航行一小時後,停泊在了上海的碼頭。就這樣,我在上海的生活開始了。在我這一代人的學生時代,日本和中國處於斷交狀態,來中國留學是做夢都不敢想的。幸運的是,人到中年,雖然爲時短暫,但我終於實現了來中國留學的夙願。

一、出　身

　　在本次講座,我將回顧自己作爲漢學家的學問歷程。我也覺得"六十年"足夠漫長。我19歲進入大學,選修了兩門外語——漢語和德語。如果以此爲起點計算,就是"六十年"。首先需要説明的是,正如大家現在所聽到的,我的漢語不太好,屬於"聽不懂,看得懂"的水準,所以大家聽起來想必很吃力。要勉强爲此辯解一番的話,那是因爲我大學本科畢業後,就將全部精力傾注於閱讀漢文古籍,而疏於學習現代漢語。

　　1941年我出生於大阪。父親是木匠,母親的老家以務農爲業。父母都是爲了謀生來到大阪打工賺錢,後來通過熟人介紹結婚成家。因此,我的家裏没有書香,有的只是因爲父親的工作帶來的"木香"。但是,比鄰而居的叔父是初中老師,家裏藏書甚豐,我可以時常借來閱讀。

二、大阪市立大學在讀時代
(1960年4月—1970年3月,19歲—29歲)

1. 升入文學部中國學科

　　我19歲時進入大阪市立大學就讀。從家裏到學校很近,不到一小時的路程。在這裏我有幸遇到了本田濟先生(1920—2009),並終生師事左右。先生的父親本田成之是京都中國學的代表學者,著有《支那經學史論》(1927年出版,也有中譯本)。本田濟先生自幼就接受來自著名漢學家父親的"素讀"訓練。"素讀"就是雖然不明白文字意思,也讓兒童在初學階段背熟四書五經等漢文經典。這是日本傳統的教育方法,在下次的講座我也會提到。當然,素讀不是用漢語背誦,而是用日文訓讀的方式背誦。據本田先生回憶,先生依次背誦了《論語》《孝經》,在上初中後輪到背誦《左傳》,先生覺得吃力,沒背完開頭的隱公元年就放棄了。另外,成之先生與畫家富岡鐵齋建立了很深的交情,並爲其撰寫了出色的評傳(《富岡鐵齋》,中央美術社,1926年)。關於富岡鐵齋,稍後還會涉及。

本田濟先生

本田濟先生是日本《周易》研究第一人,當時被稱爲"易經博士"。《易學的形成與展開》(《易學—成立と展開—》,平乐寺書店,1960年)是在提交給京都大學的學位論文的基礎上改訂而成的。另外,還出版了關於儒教、道教、日本儒教的論文集《東洋思想研究》(創文社,1987年)這一巨著。同時,先生晚年出任日本道教學會會長,也翻譯了《抱朴子》内、外篇(平凡社《東洋文庫》,1990年)。因爲受到先生的影響,後來我出版了《易經》(角川書店,1988年)一書,也是報答先生學恩的一種表示。我從先生那裏不僅學到了解讀漢籍和研究漢學的方法,甚至還有喝酒的禮儀。

除了本田濟先生,增田涉先生(1903—1977)的學恩也畢生不敢忘懷。先生年輕時對當時的日本中國文學研究偏重清朝以前的古典而全然不顧同時代的新文學的研究現狀感到不滿,與竹内好等人發起成立了中國文學研究會。先生著有《中國文學史研究:"文學革命"及其前夜的人們》(《中國文學史研究—"文學革命"と前夜の人々》,岩波書店,1967年)等具有开創性的研究成果。

先生是魯迅唯一的日本人弟子,著有《魯迅の印象》(角川書店,1970年。中譯本《魯迅的印象》,湖南人民出版社,1980年)。雖然在中國出版了《魯迅致增田涉書信選》(文物出版社,1975年),但後來在日本出版了更加完備的增田先生與魯迅的往來書信集——《魯迅/增田涉 師弟答問集》(汲古書院,1986年)。增田先生回到日本後,翻譯魯迅的《中國小説史略》等著作,遇有疑問就寫信向魯迅請教。這些書信交流十分有趣,在此試舉一例。關於"胭脂",增田先生在信中寫道:"這

增田涉先生的照片，左端是青年時代的三浦

是(A)塗在臉頰上的嗎？還是(B)塗在嘴唇上的呢？請先生問問令閫（指許廣平）。"魯迅先生用日語回信道："A（臉頰）、B（嘴唇）都用，從古畫中也可以看出來。"後面接着補充了這樣一句話："'令閫'（許廣平）的'胭脂學'很不可靠，所以我並沒有問她。"這裏我們不難領略魯迅秀逸的詼諧。沒想到戰鬥的文學家魯迅也有這樣的一面。同時，他卓越的日語能力，也令人驚歎。

增田先生也非常嗜書，不僅著有《雜書雜談》（汲古書院，1983 年），而且熱衷蒐集中國近代的珍稀版本。先生的藏書現收藏於關西大學圖書館專設的"增田文庫"。

2. 本科畢業論文

我的本科畢業論文的題目是《〈史記〉太史公自序試論》。司馬遷《史記》中"列傳"的最後是《太史公自序》。我留意到《太史公自序》並非存在於"列傳"之外，而是作爲"列傳"的第七十篇置於《史記》的内部，因此得出了如下結論。司馬遷通過把作爲"史家"的父親司馬談和自己編入《史記》建構的世界中——換言之，就是通過與活躍在歷史舞臺上的其他"列傳"中的人物同臺登場，並肩而立，以期恢復因遭受宫刑而被現實世界疏遠的自我的存在。這篇論文得到本田先生和增田先生的好評，是我作爲漢學家的出發點。

3. 碩士學位論文

我的碩士學位論文的研究對象仍然是史學著作，討論的是司馬光《資治通鑑》。論文結構如下：

(1)《資治通鑑》的形成：一、通史的出現；二、新法和《通鑑》；三、編纂的意圖。

(2)《資治通鑑》論：一、論形式；二、論書法；三、論"臣光曰"。

如上可知，這篇論文嘗試從整體上對《資治通鑑》進行重新探討，但核心部分是對論贊"臣光曰"(司馬光對歷史事件的批評)的分析。我通過對"臣光曰"的分析,明確了司馬光保守主義(conservatism)的本質。這篇論文獲得過日本中國學會獎(中譯收入曹峰主編《日本學者論中國哲學史》,華東師範大學出版社,2010年),但對我而言更爲得意的是,爲了完成這篇論文,我花了兩年時間通讀了《資治通鑑》全書(中華書局點校本,二十册)。在此期間,還成了家,不過新婚生活也沒有動搖我埋頭讀書的幹勁。

三、京都大學時代

(1970年4月—1972年5月,京都大學文學研究科博士後期課程中國哲學史專業;1972年5月—1977年3月,京都大學人文科學研究所助手。29歲—36歲)

1. 理學詩研究

在京都大學時代,受到各種學問的刺激,研究生活十分充實。對理學詩(Metaphysical poetry)的興趣就是其中之一。在這一時期,我發表了討論北宋邵雍的自編詩集《伊川擊壤集》的論文,用實例證明了詩也能成爲思想史的材料。這篇論文得到吉川幸次郎先生的賞識,當時雖然我還沒有機會認識先生,先生却爲此專門賜函,勉勵有加。邵雍《皇極經世書》中設有"觀物篇",還創作了題爲《觀物吟》(《伊川擊壤集》所收)的衆多詩篇。我認爲"觀物"這一邵雍獨特的"物"的觀點與同時代程頤的"格物"(格物致知)具有相通之處——北宋時代特有的對"物"的强烈關心,在邵雍體現爲"觀物",在程頤體現爲"格物"。

2. 京都大學人文科學研究所的研究會

在京都大學時代,對我的研究和學問產生決定性影響的是參加人文科學研究所組織的《朱子語類》共同研究會(此類研究會繼承了江户時代的"會讀"傳統,下次講座我將會進一步説明)。記錄朱子及門人問答之語的《朱子語類》文體特殊,白話和文言混雜,很難讀懂。參加該研究會後,我纔總算能够讀懂。後來我又以參加研究會取得的成果爲基礎撰寫了《朱子語類抄》(講談社,1976年初版,2008年再版)。在溝口雄三氏的提倡下,目前日本學界正在進行《朱子語類》全書的譯注(翻譯、校注)工作。這一工作是由日本全國的研究者分别承擔,合作完成,具有重大意義,而人文科學研究所的《朱子語類》研究會可以説是導夫先路。

3. 對朱子學的興趣

因爲參加上述《朱子語類》共同研究會,喚起了我對朱子學的興趣。在研究會上遇到的則是島田虔次先生(1917—2000)。日本中國學分爲哲學(思想)、史學、文學三大類,雖然先生出身於史學,但是從年輕的時候開始就對中國思想史抱有浓厚興趣,30 歲左右寫就《中國における近代思惟の挫折》(筑摩書房,1949 年。中譯本《中國近代思維的挫折》,江蘇人民出版社,2005 年)。該書對王陽明—泰州學派—李贄進行了重新評價,是在日本學習宋明理學的年輕人必讀的名著。京都中國學傳統上繼承的是清代考證學的系譜,宋明理學的傳統很稀薄,甚至不無輕視宋明理學的風氣。先生身處這樣的環境中,却毅然研究宋明理學,尤其是王陽明的心學。我在《朱子語類》共同研究會上,從島田先生那裏學習到了朱子學的基礎知識。關於島田先生,我在下次講座中還會專門提及。

4. 擴展到對東亞儒學的興趣

我對朱子學的興趣,逐漸擴展到對忠實祖述朱子學的朝鮮儒學的關注。這也受到了當時一起參加《朱子語類》研究會的藤本幸夫君的強烈影響。藤本君是和我同輩的朝鮮學專家,主攻朝鮮書志學、語言學,那時剛結束在首爾大學的留學回到日本。此後,藤本君開始了對日本傳存的朝鮮本的研究,到了老年,該研究的重大成果《日本現存朝鮮本研究》終於問世。現在已經出版了集部(京都大學學術出版會,2006 年)和史部(韓國東國大學校出版部,2018 年),剩下的子部和經部也正在編纂中。要說厲害在哪裏,在這裏簡單明瞭只說書的部頭。集部的厚度是 6 厘米,最近出版的史部的厚度是 7 厘米,在分成上下兩欄的 A4 紙上密密麻麻地排印着精心撰寫的解題文字。恐怕大多數人都覺得難以置信,這並非共同研究而是藤本君的個人研究成果。

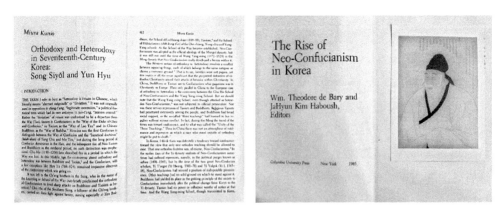

《十七世紀朝鮮的正統和異端》

回到關於我自己的話題。我寫的有關朝鮮儒學的第一篇論文是《關於〈朱子大全劄疑〉》(《〈朱子大全劄疑〉をめぐって》,1979 年;中譯,1986 年)。在該文中,我指出朱子的著作在朝鮮是與"經書"具有同等地位的神聖書籍,一代代學者前仆後繼爲"經"書《朱文公文集》作"注"。接着,我又發表了《十七世紀朝鮮的正統和異端》(《十七世紀朝鮮における正統と異端》,1982年;韓譯,1982年;英譯,1985年)一文,論證了宋時烈(朱子學)和尹鑴(漢學)之間激烈的正統和異端之争。在日本江户時代的思想界,除了正統的朱子學派(闇齋學派)之外,還有古學派(反朱子學)、陽明學派、國學派(日本固有的思想和文化)、蘭學派(西學)等衆多學派,他們都可以自由提出各自的思想主張,而同一時期的朝鮮奉行朱子學一尊主義,陽明學也被視爲異端,只能在江華島上秘密研習。

其中,後面這篇論文,我曾經在意大利米蘭郊外的科莫湖畔舉行的國際會議上宣讀。這次會議的召集人是美國哥倫比亞大學的狄培理先生(Wm. Theodore de Bary),令人難忘的却是從中國來參會的杜維明教授。我已經記不起來杜教授在會議上發表的論文,但他於會議間隙在科莫湖游泳的情景令人印象深刻。當時我爲了在會上宣讀論文,拼命操練不拿手的英語,完全没有他那樣的從容和閑情逸致。

5. 對禪學的興趣

我對禪學的興趣也開始於這一時期,其契機是參加當時在京都妙心寺(日本禪宗·臨濟宗妙心寺派總本山)舉行的《祖堂集》研究會(會讀會)。研究會的主持人是入矢義高先生(1910—1998)和柳田聖山先生(1922—2006)。入矢先生以唐宋元的白話研究爲基礎,對禪宗語録作出新的解讀,修正了過去延續了好幾百年的誤讀。柳田先生則致力於禪宗文獻的系統整理。兩位先生成爲强有力的引擎,推動了當時禪學研究的飛躍發展。參加《祖堂集》研究會後,深感唐代禪僧的隻言片語所藴涵的深刻意義,眼界大開。關於入矢先生,下次的講座我還會專門談到。

圓悟克勤的墳墓(1987年,三浦攝)

《禪之語録》全二十卷(筑摩書房)

四、東北大學時代
(助理教授,1977年4月—1982年3月,36歲—41歲)

  我在京都大學人文科學研究所工作五年後,來到位於宮城縣首府仙臺市的東北大學任教。這裏有魯迅曾經留學過的仙臺醫學專科學校,是東北大學醫學部的前身。雖然在這裏也呆了五年,但在東北大學時代,基本上沒有開拓新的研究領域,而是集中精力將此前所學沉澱成熟。文學部的金谷治先生(1920—2006)是秦漢思想史、諸子學研究的權威。我得到過先生的諸多指導。某日,我在與先生的閑聊中,如沐春風,有些忘乎所以,竟然提出了這樣一個十分魯莽的問題:"先生是什麼家,法家嗎?"當時,先生端正姿勢,平靜而堅決地回答道:"我是儒家。"那時,我真切感受到了先生的真面目。另外,據早期上過先生課的弟子們回憶,以前的金谷先生相當可怕和嚴厲,以至於學生們上課都不敢擡頭。金谷先生出版了多種專著,論文則收錄於《金谷治中國思想論集》上中下三卷(平河出版社,1997年)。

  1979年,我隨東北大學訪中團,實現了平生第一次中國之旅,至爲難忘。訪中團的團長正是金谷先生。我們沿着北京(故宮)→大同(雲岡石窟)→太原(晉祠、雙塔)→西安(兵馬俑、碑林、大雁塔、李賢墓、清真寺……)→北京(萬里長城、頤和園、毛主席紀念堂……)的路綫遊覽,所見所聞,無不新鮮刺激。雖然當時的中國"文革"剛結束不久,但社會整體上給人以平穩的印象。

五、大阪市立大學時代

（助理教授、教授，1982年4月—2004年3月，41歲—63歲）

1. 親炙道教

在仙臺工作五年後，我回到了大阪。此後在母校大阪市立大學工作了20餘年。在這一時期，我開展了新的研究，道教即是其一。衆所周知，朱子學是由"理""氣"二元構成的理論體系，我的興趣逐漸由"理"轉移到"氣"，對被稱爲"氣"的宗教的道教產生親近感。《朱子與呼吸》（《朱子と呼吸》，1983年）就是在這一過渡時期寫成的論文。

我寫的第一篇專門討論道教的論文是《洞天福地小論》（1983年）。我在這篇文章中考證了上清派道教徒將洞窟（封閉的空間）發展爲洞天（無限大的空間），創造道教式烏托邦"洞天福地"的構想過程。同時，論證了"桃花源"是陶淵明根據"洞天説"奪胎换骨後的產物。陳寅恪指出

"洞天福地與東亞文化意象"會議海報

"桃花源"的原型是當時的"塢"（戰亂時的避難場所），可謂特識，但是我認爲不僅如此，"桃花源"還受到"洞天説"的影響。

後來我纔注意到，在我之前也有人持相同的觀點。其中的一人就是日本畫家富岡鐵齋（1836—1924）。鐵齋厭惡被人稱作畫家，自命爲學者，實際上他的漢學素養確實很高。他創作的《武陵桃源圖》和《洞天福地/群仙集會》（清荒神清澄寺鐵齋美術館藏）兩幅畫，構圖上非常相似。從後者的下方可以看到神仙坐的船正在靠近洞口，而這是在漁夫乘船溯流到洞口的陶淵明《桃花源記》和"桃源圖"中熟悉的主題。

還有一個先例是李氏朝鮮時期的《夢遊桃源圖》（日本天理大學附屬圖書館藏）。朝鮮王朝的安平大君（1418—1453）有一天晚上夢遊桃花源，而他於1447年命宮廷畫家安堅（1400—1470）創作了這幅作品。六年後，安平大君由於捲入王位

繼承人之争,横遭惨死。值得注意的是這幅畫描繪的桃花源的處所。雖然桃花源上不見人影看起來頗爲詭異,但這個桃花源是處在洞窟(洞天)之中。也就是説,這幅畫描繪的桃花源也與洞天融爲一體。

2. 京都大學人文科學研究所《真誥》研究會(會讀會)

重新回到了大阪後,又能够参加京都舉行的研究會。那時我参加了在人文科學研究所定期舉行的由吉川忠夫教授和麥谷邦夫教授主持的《真誥》研究會。説起來這完全是我的私事,1995 年 1 月 17 日凌晨,我正在準備下次研究會上要發表的《真誥》譯注稿,以我所居住的神户爲中心,發生了大地震("阪神大地震")。寒舍裹包括鋼琴在内的所有物品都倒下了,書架上的書也完全被抛出,室内一片狼藉,連立足之地都没有。幸運的是,寒舍並没有倒塌,但很多鄰居都被壓在房屋下,不幸離世。即便如此,我還是堅持完成了譯注稿,幾天後,在交通還處於癱痪的狀態下,好不容易趕到京都参加研究會的發表。

後來出版的吉川忠夫、麥谷邦夫編《真誥研究:譯注篇》(《真誥》的全文譯注,京都大學人文科學研究所,2000 年)就是上述研究會的共同研究成果。《真誥》是道教史上極其重要的經典,也因爲極難索解,在此之前東西方學界都没有出版過全文譯注。有了日語版"包装"的《真誥》,要想讀懂變得容易多了。没過多久,由朱越利先生翻譯出版了中譯本(朱越利譯《真誥校注》,中國社會科學出版社,2006 年),也證明了該書的價值。

3. 對術數學的興趣

我從很早以前就對風水很感興趣,認爲應該將風水與擇日、易占、夢占、觀相等總括爲"術數"(也稱"方術"),定位爲"術數學",並重新予以評價。傳統上把中國的學術分爲道—技—術三個層次。所謂"道"之學是指經學、儒學還有諸子學等,"技"是醫學、農學、工學等技術之學,而最低層次的是"術"。"術數"是融合數術(不是作爲科學的"數學")和占術的文化。如果以飛機作比喻的話,機身是天文、地理、曆法、易、夢等等,左翼是占術(神秘主義),右翼是數理學(合理主義),三者合成一體翱翔於天際。在《漢書·藝文志》中,天文(星占)、曆譜(曆法和算術)、五行(五行占)、蓍龜(龜卜)、雜占(夢占)、刑法(家相、人相占)六類學術統稱爲"數術"(即"術數"),已經賦予了恰當的位置。

我並不是最早提倡"術數學"的人,以李零先生爲代表的衆多中國的專家學者,此前就已經以出土文獻、文物爲主要研究對象開展了相關研究,但我的目標是要把融入近世民衆文化中的那些要素提取出來,挖掘和重新評價潜藏在所謂"迷信"中的思想文化資源。經過與同好之士商議,我們申請了研究經費,由我主編出版了《術數書的基礎文獻學研究》(《術数書の基礎的文獻學的研究》正編、續編、三編,2007—2012年)報告書。另外,2013年,我在大阪市立大學任教時代的學生撰寫了術數學的相關論文,編輯出版了論文集《術的思想》(《術の思想》,風響社)獻呈給我。

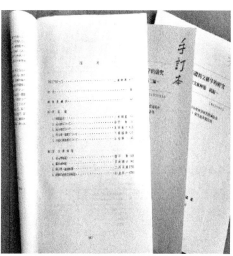

《術數書的基礎文獻學研究》

4. 對沖繩(琉球)學的興趣

這一時期我也開始關注琉球學。著名的文化人類學家渡邊欣雄教授一直從文化人類學的角度研究風水,在以沖繩爲研究領域開始風水的共同研究後,於1989年發起成立了"全國風水研究者會議",我也作爲同事加入。此後,我去沖繩超過20次,不僅是"東亞","南島"(以沖繩本島爲主的日本西南諸島)也成了我的重要研究課題。事實上,沖繩是包括道教在内的宗教和術數的寶庫。宗教方面有窪德忠先生的先驅性研究《沖繩的習俗與信仰》(《沖繩の習俗と信仰》,東京大學出版會,1974年增訂版),術數方面則屬未開拓的領域,拙著《風水、曆、陰陽先生——作爲中國文化邊緣的沖繩》(《風水·曆·陰陽師——中國文化の邊緣としての沖繩》,榕樹書林,2005年)填補了這一領域的空白。

回到沖繩風水的話題。最重要的是,

《後原 KUSHIBAL——沖繩的一個村落》
新垣正一畫

在沖繩(琉球),風水最開始是作爲科技被接受的。其中的關鍵人物是出身福建省的琉球國宰相蔡溫(1682—1761)。他曾在中國"留學"學習風水,將風水應用於城市規劃、治水、植樹造林等方面。他的"抱護"思想——由植樹造林形成"氣"的凝聚——在今天的沖繩依然以"家宅抱護""村莊抱護""海濱抱護"等形式存在。圖中所示,是我偶然參觀沖繩的啤酒廠時看到的挂在牆上的油畫,其中鮮明地畫着"家宅抱護"(守護家園不被颱風等威脅的樹木叫福木)。

此外,我對沖繩抱有強烈興趣的是"册封使錄"。所謂"册封",是中華帝國統治異民族的一種形態,具體到琉球而言,每逢新王即位,都要接受明清皇帝的册封,但這種册封只是禮儀性和名義上的統治。前往琉球宣告册封事宜的使者稱爲"册封使",由册封使記錄的出使行記稱爲"册封使錄"。原田禹雄先生收集了現存全部册封使錄,毅然以一人之力開展譯注的工作。原田先生是治療麻風病的醫學專家,但從某一時期開始沉湎於琉球研究,一邊從事醫療事業,一邊獨自埋頭從事册封使錄的譯注工作。不過,最後一種明蕭崇業、謝傑所撰《使琉球錄》,原田先生沒有辦法獨立完成譯注,因而尋求我的協助,最後是由我們兩人合作完成(榕樹書林,2011年)。至此,現存所有册封使錄的全文譯注事業終於大功告成。這也是用日語對漢籍進行"包裝"。

原田禹雄譯注的册封使錄

5. 留學上海(1987年4月以降的近半年,46歲)

正如在講座開始時所説,我是在這一時期來到上海留學。我的留學接收單位是上海大學文學院,導師祝瑞開先生每週一次專門爲我講授中國思想史。遇到我聽不懂的地方,先生都會記錄下來,我離開時便把先生的筆記帶上,回到宿舍後再重新整理謄抄在筆記本上。先生不愧是侯外廬先生的弟子,學識淵博,講課條理明晰。先生住在人民公園附近的溫州路上,留學即將結束的時期,考慮到交通也還算方便,先生讓我到他府上聽課。每次課後,師母都會準備午飯招待我。雖然師母總是謙稱"家常便飯",但的確非常好喫(那棟老舊的公寓樓現在已經消失不見了)。

空閑的時候,我就到宿舍附近的復興公園跟隨無名的氣功師學習太極拳和氣功。現在雖然盛況不再,當時"氣功熱"席捲全國,變成一種社會現象。其實,因爲氣功是中國的一種珍貴的身體文化遺産,是道教養生法的人民化、大衆化,所以在來到上海之前,我就樹立了通過自己的身體學習道教養生法的目標。我於1986年發表了論文《氣的复權——氣功和道教》(《氣の復權——氣功と道教》),也想通過學習氣功證實自己的論點。雖然最終我沒能得到所謂的"氣感",但獲得了稀有的現場體驗,也對道教感到更加親切。

彼時的上海尚保留着古舊的建築,雖然沒有如今繁華,但是人們都格外溫和、親切。另外,暑假期間,我到中國各地旅行,還去了福建省黄坑參拜朱子墓所。與1979年第一次來中國旅行不同,這次我是在中國生活,因此又有了新發現,也和許多老百姓有過交流。現在回想起來,在上海的這半年,是我一生中最自由、最充實,也最輝煌的時光。

六、大東文化大學時代
(教授,2004年4月—2012年3月,63歲—71歲)

對日本儒學的興趣

從大阪市立大學退休後,我得到在東京的大東文化大學(私立大學)的聘用,在那裏工作了八年。這所大學肇始於1923年開辦的"漢學"專科學校,培養了衆多中國學專家。在中國出版十二卷本《漢語大詞典》(漢語大詞典出版社,1986—1993年)之前,大型漢語辭典只有諸橋轍次主編的十三卷本《大漢和辭典》(大修館,1955—1960年),被昵稱爲"MOROHASHI"("諸橋"的羅馬字標記),在世界範圍內擁有廣泛的使用者。這一紀念碑性質的辭典的編纂,也得到衆多大東文化大學(當時稱"大東文化學院")相關人員的協助,主編諸橋先生在跋文中也表達了感謝之意。

回到剛纔的話題,這裏説的"漢學"的核心是日本儒學,尤其是山崎闇齋學派的儒學。如果進一步加以限定的話,就是"經日本固有的皇道及國體醇化的儒教"(1923年《大東文化學院學則》第一章總則第一條)。"皇道""國體"很難翻譯成對應的中文,總之就是天皇制。在當代的大東文化大學已經不再使用"皇道"云云的字眼,"建校的精神"表述如下:"通過教授、研究以漢學(特別是儒教)爲中心的東洋文化,在謀求其振興的同時,以期確立基於儒教的道義……"(大東文化大學《學生生活手册》)但是,據我在職期間所見,實際上無論是教師還是學生,都不認同學習"漢學"(特別是儒教)。我對此感到遺憾,爲了發掘大東文化大學的"漢學"傳統,發表了論文《大東"漢學"的側面:市村理吉和四爲齋文庫》(《大東"漢學"の一側面—市村理吉と四爲齋文庫—》,2012年)。市村理吉是舊大東文化學院的畢業生,一直守護着養父吉田英厚的有關闇齋學的藏書"四爲齋文庫"。他的周圍有許多致力於發揚闇齋學的漢學家,我在該論文中也挖掘了他在這方面的人脈關係。以此爲契機,我開始學習闇齋學。另外,需要聲明的是,我對"經皇道及國體醇化的儒教"没有絲毫興趣,這裏所説的闇齋學當然就是被"醇化"以前的闇齋學。

　　山崎闇齋(1618—1682)主張脱離明代的注釋(比如《四書大全》《五經大全》《性理大全》等),回歸到朱熹本人及其著作,同時,主張讀書與躬行(實踐)並重。闇齋不喜著述,以"述而不作"爲座右銘,他的學問是通過講義筆記的方式流傳後世。這種方式成了闇齋學派的風格。另一方面,闇齋也重視神道,開創了"垂加神道"。進入明治時代以後,闇齋學派也依然維持着命脈。我以生活在江户幕府時代末期到明治時代的地方上的闇齋學派儒者爲研究對象,發表了論文《〈朱子語類〉的讀法——關於新發田藩的一位儒者的批注》(《朱子語類の讀まれ方—新發田藩の一儒者の書き入れを巡って—》,2012年)。這位籍籍無名的儒者收藏的《朱子語類》上布滿密密麻麻的大量批注,我的論文就是分析這些批注。同時,我在該文

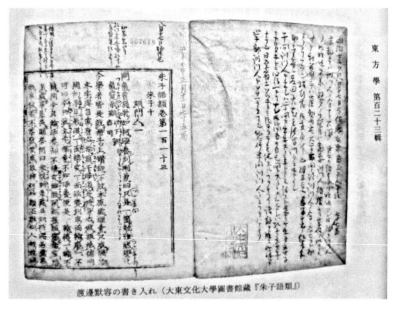

一位儒者的《朱子語類》批注

中提倡建立"批注學"。漢學的文獻首先有正文("經"),其次有作爲注釋的"注"和"疏",除此以外,讀者個人留下的批注也應該成爲研究的對象。我認爲在這些批注之中,也鐫刻着歷史和思想的複雜而微妙的信息。

七、四川大學時代
（客座教授,2012年9月—2018年10月,71歲—77歲）

1. 對巴蜀文化的關心

我從大東文化大學屆齡（70歲）退休後,因爲對自己的體力還有自信,而且能夠到中國學的本土繼續從事研究也是幸事,所以欣然接受了四川大學姜生教授的聘請。我年輕的時候沒有機會來中國留學,中年之後終於到上海短期留學,沒想到晚年又有了來中國的機會。四川大學的工作條件也很難得,只要每年到成都兩次,每次停留兩個月左右,從事授課和翻譯等工作。就這樣,承蒙四川大學和姜生教授六年的關照,我在成都的生活充實而愉快。同時,我到四川各地調查旅行,對以前毫無所知的"巴蜀文化"也有了新的認識。在這裏,暫且記下曾經到過的地方:

大足

重慶、三星堆、金沙遺址、都江堰、青城山、鶴鳴山、郫縣、德陽、羅江、綿陽、七曲山、閬中、梁平、廣元、劍閣、昭化古城、千佛崖、豐都、宜賓、李莊、樂山、蒙頂山、峨眉山、眉山、彭州、安嶽、大足……

2. 道教和科學技術

作爲在四川大學的工作任務,我翻譯了姜生、湯偉俠主編的《中國道教科學技術史（漢魏兩晉卷）》（科學出版社,2002年）。這是超過800頁的大書,雖然根據我的判斷,也有部分內容未加翻譯,但是全書的約七成內容都已譯出,日譯本（東方書店,2017年）也是超過600頁的部頭。英國的李約瑟（Joseph Needham,1900—1995）最先指出科學技術和道家、道教（歐美的用語都是Taoism）的密切關係,本書極大地推進了他的這種觀點,通過精密解讀《道藏》文獻,具體而實證性地揭示了中國宗教和科學技術的協調關係。

3. 漢代畫像石的宗教世界

目前,我與日本的年輕人組建了翻譯團隊,共同翻譯姜生教授近年出版的《漢帝國的遺産:漢鬼考》(科學出版社,2016 年)。姜生教授不斷推出力作,本書無論質與量上都堪稱是大著(590 頁),我除了敬佩之外還是敬佩。人們如何思考死後的世界,是思想史、宗教史上的重要課題,但漢代相關的文獻資料不多,難於考索。填補文獻不足造成的空白區域的是漢墓中埋藏着的畫像石。姜生教授精心收集了大量的漢畫像,從畫像石表現了漢代人死後的去向——成仙——這一獨特的角度出發進行解讀分析。在"仙"的標準上對儒教的聖人和英雄們也一視同仁,因此,以前的思想史、宗教史的框架也暫時宣告解體。姜生教授指出墓室空間在道教文獻中發展爲"太陰""南宫""朱宫"等"煉形"成仙的場所,提出了有關"道教"形成的新觀點。我預感到,從墓室到"太陰",接下來將要往"洞天"的方向發展。

4. 《不老不死的欲求》的出版

在成都期間,還有一大收穫就是 2017 年四川人民出版社出版了我的道教論文集《不老不死的欲求》。該論文集主要由四部分構成:(1) 道教與儒教的交流;(2) 經典研究;(3) 功法研究;(4) 主題研究。這並不是已經出版的日文版專著的中譯本,而是專門爲出版中文版新編的論文集。當前,日本的出版界奉行金錢至上主義,如果作者不提供出版經費,不可能出版這樣的學術專著。四川是道教的發祥地,能在這裏出版中文版道教論文集,我感到非常榮幸,也無比感激。

5. 我的"接班人"

外孫女讀漢字袖珍本

在人口老齡化大國的日本,人們經常使用"終活"一詞,意思是撰寫遺囑,整理自己的物品,爲身後事做好準備(處理掉不需要的東西有另一個詞叫"斷捨離")。年紀相仿的朋友們好像已經開始"終活",不過,我到現在什麼都還沒有做。反而是 2017 年 5 月我逗留成都期間出生的第一個外孫女,讓我忙得不亦樂乎。根據杜甫的名詩"江碧鳥逾白,山青花欲燃",我給外孫女取名爲"碧"。她與其他同齡人略有不同,相當喜歡書。她看小書的照片攝於 2018 年的夏天,這不是繪本,而是我在成都買的全是漢字的袖珍本。前些天我帶她去了動物園,她要求帶上動物圖鑑。在動物園裏,她一邊看着動物,一邊用圖鑑確認。看來,對於她來説,比起實物,圖鑑裏的動物更有真實感。我感受到了她所具備的漢學家的潛質。也就是説,我有優秀的"接班人",我有未來! 這就是我今天講座的結論。

日本漢學的"讀原典"傳統(二)
——一介老書生的回憶·老書生的治學六十年

三浦國雄 述，廖明飛 譯

1987年我坐輪船來到上海，在上海生活了半年，有過許多珍貴的體驗。在這裏，我想分享一段難忘的回憶。

有一天，我在豫園閑逛時想喫小籠包，走進了附近一家包子店，碰巧目睹了食客爲搶座位吵架。那時候服務員對他們説的話，讓我深受觸動。當時她説："因爲國家窮，所以你們纔會這樣吵架。"這句話讓我想起了清初大儒顧炎武的名言"天下興亡，匹夫有責"。當然，服務員也許並不知道顧炎武，但是，當時她給我的感覺是，在她的意識裏，不管是吵架的"匹夫"，還是包括自己在内的"匹婦"，都肩負着"天下興亡"的重任。現在的年輕人也許難以想象，當時的中國還處在艱難發展的階段，即使是上海也不像今天這樣繁榮。

一、作爲"世界學"的漢學

這次要講的是我曾經師事過的先生們的學問。作爲前提，我必須就漢學的定位提出自己的看法。結論很簡單：漢學是"世界學"。漢學在世界範圍内廣泛傳播、研習，是一門具有普遍性的學問。比如，前些年出版了西班牙各地圖書館所收藏漢籍的書目《西班牙圖書館中國古籍書志》（馬德里自治大學東亚研究中心編，上海古籍出版社，2010年），可見距離中國十分遥遠的地方也有豐富的漢籍收藏，其中還包括葉逢春"加像本"《三國志通俗演義》（埃斯科里亞爾修道院皇家圖書館藏）等珍稀版本。

在這裏我提出"漢學是世界學"的命題，並不是爲了説明中國本土纔是漢學的中心,而恰恰相反,我想强調的是中心分散在研習漢學的世界各地。當然,中國是漢字的母國,是漢學的發源地,但我認爲最好不要被"中心—邊緣"或者"主—從"的結構觀念乃至價值意識束縛。因爲接受漢學的每個地區,都有各自固有的接受和發展漢學的方式。在宏大的漢學裏,根據研究領域的不同,也可能在中國本土以外的地方研究水準反而更高。這就是所謂"世界學"的本質,也是某種必然的宿命。

日本從國家草創期開始接受漢學,發展出獨特的漢學傳統。日本漢學在江户時代已經達到很高水準,明治以降,在我們這代人的老師輩的時代,更迎來了史上最爲輝煌的時期,湧現出一大批具有世界影響力的通人碩學。我們深感幸運的是有機會親炙先生們的學問,而不是依賴傳聞。接下來我要講的,就是在這衆多的碩學之中,我曾經師事過的先生們的學問之一端。

二、京都大學人文科學研究所的"會讀"

京都大學人文科學研究所

首先介紹我年輕時工作過一段時期的京都大學人文科學研究所。這裏有開展"共同研究"(也就是集體研究,與之相對的是"個人研究")的傳統。"共同研究"的基本方式是主持人先選定某部漢籍(如《朱子語類》《真誥》等)爲研究對象,然後在研究所內外的研究者參加的共同研究會(班)上對該漢籍進行逐字逐句的細緻解讀。一般需要提前安排好每一次研究會領讀的負責人,負責人將準備好的譯注稿(把中文翻譯成現代日語並作注釋,有時候也包括文字校勘)在研究會上口頭發表,然後由全體參加人員集體討論批判,達成統一的修訂意見,負責人在此基礎上修改譯注稿,最終形成定稿。共同研究會上有時候也會穿插研究論文的發表,不過,基本上都是如上述的對漢籍的精密解讀。

在此,需要指出的事實是,其實這種讀書會的方式繼承了江户時代以來的讀原典傳統。發掘出這一傳統的是日本思想史研究專家前田勉教授,他在《江户的讀書會——會讀的思想史》(《江户の讀書會——會讀の思想史》,平凡社,2012年)一

《江戶的讀書會——會讀的思想史》　　　　　闇齋學派"講釋"資料

書中對此作出了詳細論述。在該書中,前田教授列舉了江戶時代教育和學習方法的三種方式——"素讀""講釋""會讀"。"素讀"(日語讀作 suyomi 或 sodoku)是在七八歲左右讀漢籍的初始階段,雖然不懂文義,也只管以日文訓讀的方式出聲背誦漢文經典的學習法。"講釋"是十五歲左右開始實行的教育方法,由老師淺顯易懂地講授經書中的一節。我們來看記錄闇齋學派"講釋"資料的書影。這是安政元年(1854)正月二十五日開始的井東守常(1815—1889)的講課記錄。此時他講的是《朱子語類·訓門人》(朱子有針對性地直接對各個弟子訓誡的記錄)的部分。闇齋學派特別重視閱讀《朱子語類·訓門人》,至於為什麼,只要看書影開頭的部分就能找到答案。守常在講課之前,披露的是這樣的逸事:

> 永田養庵準備回故鄉後埋頭讀書,臨行前請教闇齋先生應讀何書。闇齋先生回答:"《訓門人》,《訓門人》。"另外,幸田誠之先生也曾說:"讀《訓門人》,猶如親承朱子受業。"

現在進入正題"會讀"。正如上述,"會讀"是先由領讀的負責人對指定的閱讀文獻發表自己的解釋和讀法,然後由所有參加人員進行集體討論,共同尋求正確的解讀。在日本江戶時代,包括蘭學派在內的各個學派都十分重視"會讀"。我所關心的山崎闇齋學派也盛行"會讀",在此先介紹闇齋學派訂立的會讀規則"會約"。他們選擇的"會讀"文獻是李朝時期的李退溪(1501—1570)摘錄《朱文公文集》的書信部分而成的《朱子書節要》和《朱子語類·訓門人》,我們來看會讀《朱子語類·

訓門人》時訂立的《諸老先生訓門人會約》(此據九州大學近藤文庫本。原文爲中文,括弧内爲筆者所加注釋)。

　　一、每月四日、十九日爲集會之日。但直日有故,別定一日,必充二會之數,不可少一矣。

　　一、先輩一人爲會正。

　　一、集會者巳時(上午10點左右)至,至晡(下午3點到5點)乃退。既集,以入會之次爲序,就座拜會正,退時亦拜,如初。但有故者,雖會未既,告會正,許退。

　　一、有故不至會者,以其事可告會正。但無故而三不至者,告會正出約。

　　一、饋餉各自裹之,酒肴之類不可具。但會之始及終並歲首、歲暮許酒三行,主宜設之。

　　一、入會者,《訓門人》日宜熟讀一二條,或一二版。集會之日,質疑講習討論必究於一矣。朋友講習之間薰陶德性之意不可忘矣(可能是對競爭的警告),無用之雜言不可發(應該包括政治言論)。

　　一、每日夙起,盥漱,束髮,拂拭几案,危坐可讀之。

　　一、歲首、歲末之會及初會、終會,可着上下(公服)。但朔望着袴(和服褲裙),可對書。

　　一、同約之人互傾倒而可規過失。小則以書譙責之,大則可面責之。但三責而不悛者,告會正聽其出約。

重要的是,與我們今天爲了開展"研究"的讀書會不同,這種會讀努力追求的是切實掌握朱熹的學問,即以"躬行"爲目標。關於這一點,從上述《會約》中也不難窺見一斑。詳細情況可以參考我的中文論文《日本朱子學與〈朱子語類·訓門人〉》(《宋代文化研究》第22輯,2016年)。

三、吉川幸次郎先生(1904—1980)與讀書

與著書相比,舊時代的漢學家更加看重讀書。在京都,"讀得懂"是評價漢學家的重要標準。説"誰讀不懂某書",就幾乎等於説"誰某方面的學問不行"。因此,即便是通人碩學,專著、論文的數量也並不可觀。但是,吉川先生既博極群書,又著作等身。作爲漢學家的先生的大名響徹東西學界,達二十七卷(一卷即一册)之多的《吉川幸次郎全集》(筑摩書房。另有《遺稿集》三卷、《講演集》一卷)卓然屹立於世界漢學史上。

吉川幸次郎、三浦國雄著《朱子集》　　　　《尚書正義定本》

我進入京都大學研究生院讀書的時候，吉川先生已經退休。因此，我沒有在課堂上聆聽過先生的教誨，不敢自稱弟子。我和先生的緣分只有一次。在京都大學人文科學研究所舉行《朱子語類》共同研究會期間，提出了以《朱子集》爲書名出版《朱子語類》譯注的計畫，我有幸被選定爲先生的合著者。因爲這次合作，我得到過先生的親切指導。由這樣的我來談論吉川先生的學問，委實僭越，或不免見責於遍天下的先生的門生弟子。但如同上述"世界學"的邏輯，吉川先生已經是普遍性的存在，無論是誰都可以自由暢談先生的學問。

在我看來，吉川先生的《尚書正義》譯注，就是"讀原典"的絕佳事例。這也是京都大學人文科學研究所（當時稱"東方文化研究所"）的共同研究成果，但大量的譯注稿最終是由吉川先生整理定稿並收入《吉川幸次郎全集》第八、九、十卷（岩波書店，1940—1943 年）。這項工作是在此之前發起的共同研究課題《尚書正義定本》編纂的"副業"（吉川先生語）。《尚書正義定本》花費了六年時間纔最終完成，以綫裝本 8 冊（東方文化研究所，1939—1943 年）的輝煌業績，貢獻給國際學術界參考利用。

唐孔穎達的《五經正義》是對儒家五經及其注所作的詳細疏釋（又稱"疏""義疏"）。吉川先生以文雅的日語對其中難解的《尚書正義》作出精確的解讀、翻譯。《五經正義》中我通讀過的只有《周易正義》，開頭的部分得到過本田濟先生的指點，後來自己花了不少時間纔慢慢讀完。雖然提起"注疏"，容易讓人望而生畏，但其中展開的多層曲折而驚險的邏輯——用吉川先生的話表達就是"辭曲折而後通，義上下而彌鍊，匪惟經詁之康莊，寔亦名理之佳境"（《尚書正義定本·序》）——得到正確解讀之後的喜悅，正是閱讀漢籍的妙趣所在。不過，閱讀與翻譯畢竟是兩碼事,要翻譯《尚書正義》全書,聽着就讓人頭痛,然而先生在 36 歲時就完成了這項艱巨的工作。正如先生在《全集》第八卷的自跋中所説,他的學問是從這裏開始的。"孔穎達極盡分析、演繹、考證之能事,我學習了這些方法,運用於文學著作的研究……作爲文學批評家、文學闡釋家的我,在研究方法上,得力於此書(《尚書正義》)最多。"

雖然是題外話,不過京都中國學有在課堂上閲讀注疏的傳統。我選修過小川環樹先生(1910—1993)讀《毛詩正義》的課程——在日本大學文學部的課程設置中稱爲"演習"(擔當學生對指定的閲讀文獻發表自己的讀法和解讀後,教師和其他學生指出問題,提出各自的讀法和見解)。先生一邊聽研究生發表自己的注釋、解讀,一邊靜靜地用朱筆在自己的《毛詩正義》綫裝本上施加標點。小川先生的研究領域是中國文學和語言,著有《中國語學研究》(1977 年),另外出版了五卷本《小川環樹著作集》(筑摩書房,1997 年),也是聲名遠播的碩學。先生的弟子荒井健教授(研究唐宋詩、文學理論)稱小川先生是"真正的學者"(《シャルパンティエの夢》,朋友書店,2003 年)。

吉川先生晚年所著的一部書的書名就叫《讀書之學》(《讀書の學》,筑摩書房,1975 年)。該書所收録的先生寫給得意弟子村上哲見教授(日本宋詞研究第一人)赴任東北大學的贈别詩,引起了我的注意。吉川先生擅長用典雅的文言文寫文章(如《尚書正義定本·序》),對寫漢詩也頗自信,曾經豪言即使自己的論文不能傳世,詩作也能够流傳久遠。吉川先生所作題爲"送村上哲見之任東北大學"的詩,有如下一節:

> 何謂善讀書,當察其微冥。務與作者意,相將如形影。其道固何始,雅詁宜循省。然只一訓守,精金却得礦。

所謂"務與作者意,相將如形影",意思是正如"影"總是隨"形"而存在,讀書要緊貼作者試圖表達的意義。先生尊崇清朝考證學,似乎還曾説過"我是清朝人"。這兩句詩可以説是排除自己的主觀和成見,客觀地追求作者意圖的清朝考證學式的讀書論。但是,後面這一句又當如何理解呢?"雅詁"的"雅"是《爾雅》的"雅",意爲正確。先生説,應該遵循正確的訓詁,但是如果只篤守"一訓",就會從寶貴的金礦中只挖出石頭。以清朝考證學的立場而言,一句話、一個詞只能有唯一一種正確的解釋,而先生在這裏却批判了這種固守"一訓"的讀書法。這難道不是在提倡一種新的讀書法嗎?最近,在闡釋學方面出現了批判闡釋的"客觀性神話"的觀點,認爲讀書行爲必然具有"回歸自我的屬性"(山口久和《シノロジーの解剖(一~五)》,大阪市立大學文學部紀要《人文研究》四六、四七、四九、五二、五五)。但據我所知,吉川先生没有在上述觀點的基礎上進一步提出他的解釋理論。抑或先生晚年致力於杜詩的解讀,可能有過具體的實踐,需要向先生的弟子們詢問求證。

四、本田濟先生(1920—2009)與讀書

本田濟先生是我終生追隨的恩師。先生熟記四書五經,也許是由於自小接受了父親本田成之先生的"素讀"訓練以及"必須背下四書五經的經文"的教誨。我見過衆多世界級的博雅大家,但是在閱讀漢籍的速度和精確性方面,恐怕没有人能够與本田先生比肩。先生對初次接觸的漢籍也能毫不費力地閱讀。先生也是相比著書更加熱愛讀書,但是專著、論文的成果豐碩。先生的博士學位論文研究的是易學(《易經の思想史的研究》),曾以《易學的形成與展開》(《易學:成立と展開》,平樂寺書店,1960年)爲題出版。在京都中國學群體中流傳着狩野直喜(吉川幸次郎先生的老師)"不應該只選擇《易經》和《説文》作爲研究對象"的告誡,因此存在有意回避研究這兩部經典的風氣,而多少有點俏皮的先生敢爲人之所不爲,偏要研究《易經》。

日本自古以來就讀《易經》,在知識階層和普通民衆之間同樣受到歡迎。簡單地區分的話,就是知識階層的易學和民衆的易占術。其中,知識階層的易學有以伊藤東涯(1670—1736)《周易經翼通解》爲代表的高水準的注釋書。但知識分子也愛好易占,比如江户時代的新井白蛾(1715—1792)就是易學、易占二者兼擅的學者。

在漫長的日本易學史上,本田先生的易學研究的特色在於將歷史上某位學者的易學,看作是該人的心理和思想的反映,並結合當時的時代思潮加以綜合理解。先生的研究不是停留於闡明易的複雜的數理機制,而是從易的數理機制的"内部"視角出發進行研究的同時,也始終留意"外在"的關聯。比如,先生在《易學的形成與展開》中針對東漢虞翻的易學,通過與荀爽和鄭玄的比較,展開了如下闡述:

> 虞翻的易學在變動、倒轉卦爻方面近乎極端,在虞翻本人而言,可能僅僅只是貼近對經文的理解的結果,但總覺得無意識中反映了三國時代波譎雲詭的政治氛圍。我這樣説,也許有人會反問荀爽易學也使用升降變動卦爻的方法。荀爽和鄭玄都恰好生活在東漢末清流、濁流黨爭時期。鄭玄基本上不問政治,拒絶接受任何人的徵聘。他沉潜經學,甚至傳説他家裏的婢女都通曉經書(《世説新語·文學》)。而荀爽早年雖然未入仕途,但晚年投入暴虐的董卓的麾下,還暗中圖謀剷除董卓,熱心參與政治(《後漢書》本傳)。鄭玄的易學采用了衆多方法而不變動卦爻,荀爽采用變動卦爻的方法而不像虞翻那樣極端,他們在易學研究方法上的差異,也與身處政治鬥争圈外和圈内的個人性格及其背後的環境不同有關。

我被先生這樣一种人性化的理解方式所吸引。另外,先生也以《易》(朝日新聞社,1966年)爲書名出版了《周易》的全文譯注。該譯注本以清朝李光地等奉敕撰《周易折中》爲底本,譯文以朱熹《周易本義》的解釋爲主,程頤《易程傳》的解釋爲輔,平易明白,爲專家和普通愛好者的廣泛讀者群提供了第一個既具有學問高度又容易閱讀的日語版《易經》。先生晚年還完成了程頤《易程傳》全文譯注的工作(《易經講座》,斯文會,2007年)。《易程傳》受到朱熹的猛烈批判,但依我看,該書是中國易學史上所謂"義理易"的巔峰之作。

《東洋思想研究》

先生的代表作是《東洋思想研究》(創文社,1987年)。在日本,"東洋"相當於"東亚"的同義詞,近800頁的大著是先生的論文的集大成。開頭部分是中國思想的總論,其次是有關先秦至清朝各個時代的論文,最後是關於日本儒學的論文,整體上自然而然形成了思想通史的形態。當然,其中也有討論易學的名篇《王船山的易學》和《惠棟與焦循》,但是大部分論文都与易學無關。像這樣有能力俯瞰中國思想整體的漢學家,在日本漢學史上也屈指可數。

本書包含史學思想和道教的論文,但没有涉及宋明理學和佛教的論文,體現了京都中國學的學問趨向,同時,也可以看出先生的學問好尚。先生既不喜歡嚴肅乏味的經學,也反感一本正經的宋明理學。縱觀全書,不難發現,初期的論文以社會學的觀點爲重點,到了後期,社會學的觀點只是輔助,而突出了對人性的關懷。後期《讀皮子文藪》《讀潛研堂文集》和《讀雕菰集》等冠以"讀……集"爲題的論文逐漸增加,是將個人作爲一個整體來把握的嘗試。當然,在這種情況下,如果不讀完文集的全部內容,先生就不會輕易下筆作文。

先生雖然是思想史家,但也喜愛讀詩。在研究生的課堂上,先生選了錢謙益《有學集》的詩的部分作爲研讀文獻,讓我們這些選課的同學痛苦不堪。先生在注釋明清人散文的選集《近世散文集》(朝日新聞社,1971年)中承擔了清代部分的執筆工作,總體來説先生喜歡清朝學者。先生指出,与禁欲主義的宋代道學家不同,清朝的考證學者肯定人的欲望(《主情の説》),而且是知識的享樂主義者(《袁隨園の哲學》)。説到"清朝考證學",給人的印象是從事這門學問的學者都很刻板無趣,先生的上述看法,無疑給這種固定觀念帶來衝擊。先生與清朝人在上述方面有很大的共鳴,而我也從先生的這種好尚中,感受到了人情味和洗練的都市性,產生了强烈的共鳴。其實,先生本人就是"肯定人欲的""知識的享樂主義者",對先生而言,閲讀漢籍不是苦行,而是無上的愉悦。

五、島田虔次先生(1917—2000)與讀書

島田虔次先生從青年時代開始就自覺以成爲"讀者(讀書之人)"爲志向。因爲某種機緣,先生的藏書全部歸韓國的東國大學(校本部在首爾),也出版了厚重的藏書目録。在那裏,不僅收藏有專業的漢籍,還有先生年輕時讀過的漢籍以外的書籍。前些年我有機會訪問東國大學,拜觀了島田文庫,發現了一條寶貴的批注。1945 年(28 歲)先生回到故鄉廣島期間,讀完了文德爾班(Windelband)《歷史和自然科學 關於道德的起源》的日譯本後,在該書的空白處寫滿了感想,其中有這樣一句話:"即使一生以'讀者'終老,又有何可遺憾的呢?"先生的弟子狹間直樹教授(中國近世史)把先生的藏書印交給了我保管,將

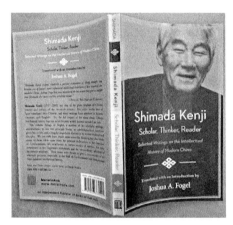

傅佛果《島田虔次:學者、思想家、讀者》

來我也打算捐贈給東國大學,其中有一枚印"島田虔次讀",很好地體現了先生的"讀者"抱負。近年,在美國出版了傅佛果(Joshua A. Fogel)《島田虔次:學者、思想家、讀者》(*Shimada Kenji: Scholar, Thinker, Reader*,莫文亞細亞出版,2014 年)一書,是擇取先生著述中的精華編譯而成,著者傅佛果在書名中使用了"讀者"(Reader)一詞。

從年輕時起,先生不僅嗜讀漢籍,也沉迷於閲讀歐美的哲學、文學、歷史著作。先生擅長英語和法語,因此有時候也直接閲讀英、法原著。比如,我確認過的島田文庫保管的法語版《安德列·紀德論》(George Guy-Grand, *ANDRE GIDE*,紀德是法國小説家,1947 年獲諾貝爾文學獎),先生閲讀時畫了許多綫條作標記。京都中國學有親炙法蘭西文化和法國漢學的傳統,小島祐馬(中國哲學,本田濟先生的老師)、宫崎市定(中國史)、川勝義雄(中國史、道教史)、興膳宏(中國文學)等先生們都對法國漢學深致敬意。我曾聽一位精通法語的人説震驚於島田先生居然知道連自己都不知道的法語。(另外,接下來要提到的入矢義高先生除了英語、漢語之外,還學習過德語,憧憬德意志文化。)

島田先生從年輕時起就醉心於王陽明和陽明學，熟讀《傳習錄》和《明儒學案》。剛纔提到藏書印，先生還有一枚印的印文是"讀黃齋"，這也是先生的書齋名，可以想見先生對《明儒學案》編者黃宗羲的崇敬之情。先生曾說幾乎讀完了黃宗羲的所有著作，在此先介紹關於《明儒學案》的一個重要事實。在先生的藏書中，有一部江户時代後期"陽朱陰王"（表面上是朱子學，本質上是陽明學）的儒者佐藤一齋（1772—1859）手澤本《明儒學案》，該書現在並不在東國大學，而是收藏在京都大學人文科學研究所，且書中有島田先生的批注。饒有趣味的是，佐藤一齋和島田先生的批注恰好形成鮮明的對比。一齋在欄外自由奔放地寫上"痛快""動静一貫工夫，未必在静坐"等評論意見，而島田先生一邊斜眼看着一齋的批注，一邊自始至終參照鄭氏二老閣本《明儒學案》進行校勘，用工整的小字記錄下文字的異同。在這裏，也生動地凸顯了先生作爲"讀者"的一面。曾經聽吉川忠夫教授（六朝史、中國精神史）提及，每次見到島田先生，都會被問到"現在在讀何書？"

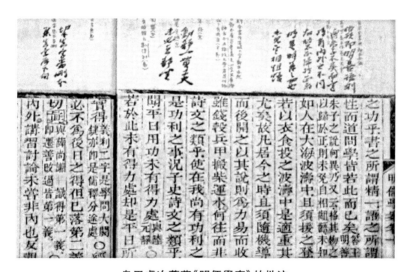

島田虔次舊藏《明儒學案》的批注

　　先生的本科畢業論文也是討論陽明學。經過我在東國大學的查閱，可以確認論文題目是《陽明學的人概念和自我意識的展開及其意義》（《陽明學に於ける人間概念・自我意識の展開と其意義》），全文大約 3 万字。這是 1941 年（24 歲）先生向京都大學提交的論文。其中有先生的自署"十三年（1938）入學 東洋史專攻 島田虔次"。這篇論文的關鍵字或者說核心是"吾"。以論文標題的語言來表達的話就是"人概念和自我意識"。在王陽明的思想體系中，"吾"是作爲一切尺度的"良知之吾"（良知的自我）而被發現。這是具備完整的"天理"的"聖人"之"吾"，換言之，就是"肯定現實的原理""政治道德的最終根源"，所以在王陽明的思想體系中,"吾"和政治與道德——社會不存在矛盾和對立。但是,到了陽明後學的泰州學派,浸染了"庶民的風氣",主張肯定"人欲",而與社會——"名教"水火不容。在此,可以看到"自我意識的展開",而在該"展開"中出現了李贄,他的"童心説"標誌着"真正意義上的自我,即與社會矛盾對立的個人的誕生"。這裏所謂的"個人"也可以説是"人欲的個人",但重要的是"個人"是作爲社會的批判者出現,島田先生引入西歐的語境,在這樣的自我之中發現了"近代精神"(後述先生的著作則改稱"近代思維")。就這樣,先生以"吾"的展開鮮明地論述了從王陽明到李贄的思想史演變。先生的理解方式,並非將"吾"視爲自滿自足的封閉體,而是不斷將"吾"置於社會中加以觀察,從與社會的關係中把握"吾",是一種富有生氣的動態理解。先生的這種以"内"(吾、自我)和"外"(社會)的鬥爭來把握思想史的方法論,與其説在本科畢業論文的階段就已經出現,毋寧説是作爲該論文的框架被使用,令人驚歎。這一框架也運用於《朱子學和阳明學》(《朱子學と陽明學》,岩波書店,1967年)一書,此書雖然是入門書,但作爲專業書來説,水平也相當高。

本科畢業論文《陽明學的人概念和自我意識的展開及其意義》

這篇本科畢業論文還有許多值得驚歎的地方。這也關乎根本性的評價。在當時(1940年代)的國際中國學界,基於文獻資料追蹤王陽明——泰州學派——李贄這一陽明學系譜,並進行再評價的嘗試,實屬空前的壯舉。

這篇畢業論文提交七年後的1948年,先生在任職的地方城市的書齋,完成了《中國近代思維的挫折》(《中國における近代思惟の挫折》,筑摩書房,1949年初版,1970年再版)一書的撰寫。正如先生在序文中所交代的"擴充了引用的書證,增加了叙述的波瀾,至於根本宗旨,則與七年前的論文相差無幾",此書是在前述本科畢業論文的基礎上改訂而成,這也着實令人驚歎。不過,本書的分量大增,字數达30万字,較畢業論文增加了10倍,新增撰寫了第四章《一般性考察——近代士大夫的生活與意識》(《一般的考察——近代士大夫の生活と意識》)。同時,敘述也精彩紛呈,充分發揮了七年間苦心鑽研的水準。更爲重要的是公開出版的重大意義。公開出版後,本書給衆多的中國學研究者帶來巨大震撼,一致認爲是必讀書,成爲戰後日本中國思想史、歷史學界最具影響力的強勢著作之一。先生的著作大多保持着長久的生命力(如《朱子學と陽明學》,截至2012年已經重版40多次),近年本書由井上進教授加入補注,作爲平凡社"東洋文庫"的一种出版(2003年)。"東洋文庫"是以日文版的形式收錄亚洲各地區的代表性古典名著的一大叢書。島田先生的著作收入該叢書,意味着成了今後長期閱讀的陽明學研究的"經典"。

需要補充說明的是本書中使用的"挫折"一詞。這是畢業論文裏没有而在公開出版的書裏纔出現的詞,應該是七年間先生反復揣摩醖釀而來的觀點。李贄作爲從王陽明——泰州學派發展而來的"吾"的必然歸結,背負着"名教罪人"之名被彈劾,不得不在獄中自我了結。先生使用"挫折"一詞,當然是基於這樣的事實和思想的脈絡。對此,溝口雄三教授(中國思想)針鋒相對,認爲如果按照島田先生那樣以歐洲式的框架來理解這段思想史,確實必然得出"挫折"的結論,但若以"中國本身固有"的邏輯來理解,那就不是"挫折"而是"展開"。除此以外,先生提出了中國史上何謂"近代"等中國思想史研究上的種種重要問題,都是本書的價值所在。

六、入矢義高先生(1910—1998)與讀書

入矢義高先生

入矢義高先生在中國學的諸多領域積累了卓越的研究成果,在此僅從"閱讀/讀書"的角度出發,重點介紹先生的禪學研究。而先生的禪學研究的起點是俗語(白話)研究。

入矢先生提交給京都大學的本科畢業論文是《公安派的文學理論研究》(《公安派の文學理論について》),听说碩士學位論文研究的是郭沫若,但我都還没有機會拜讀。據我所知,1939年(29歲)先生進入東方文化研究所(京都大學人

文科學研究所的前身）工作，參與吉川幸次郎先生主持的元曲研究項目，從此開始了對俗語的研究。據先生回憶，當時與現在的條件完全不同，連便利的工具書和索引都沒有，況且元曲這種文學中的小道，更沒有注釋書和參考文獻（只有《西廂記》有明人的注釋），從哪裏以什麼方法入手研究，完全如五里霧中，只能全力以赴一種一種地研究《元曲選》百種。最開始的一年間，先生也不看報，不問白天黑夜，都與元曲爲伴，完全是蠻幹。

當時研究所除了《元曲選》外，還舉辦了《朱子語類》（島田虔次先生也參加了）和韓愈詩的會讀會，先生曾説："讀書的快樂是從此時培養出來的。"另外，先生曾提到自己對當時吉川幸次郎先生反復説的一句話印象深刻——"讀書除了要把握書中説了什麼，同時，還應該理解是怎麼説的。"以上據入矢義高《自己と超越——禪・人・ことば》，岩波書店，1986年）

入矢先生的藏書現收藏於東京的禪寺龍雲寺（臨濟宗妙心寺派），我去年（2018）曾經前往拜觀。但是，這裏保管的並非先生的全部藏書，而只是有關禪學、白話研究的書籍，以及先生的文稿、草稿等。這裏插一段題外話，在先生生前，弟子們曾私下談論，如果出版先生的全集，就需要把先生的藏書全部拍照出版。之所以這麼説，是因爲先生讀過大量的漢籍，並且讀過後都會在欄外或者在浮簽上以獨特的小字寫入批注，表達自己的見解。對此，我曾到先生位於比叡平（滋賀縣大津市）的住宅實地確認過。

回到先生俗語研究的話題。我在龍雲寺發現了題爲《元曲語彙》的稿本，是老舊的油印本（俗稱蠟版）。雖然説"發現"，但並不是我第一個發現，專家們應該早就知曉此事。根據《凡例》可知，這是將人文科學研究所元曲研究室編制完成的約3萬張《元曲選》卡片以注音字母的順序排列而成，就其基本性質而言，應該認爲是

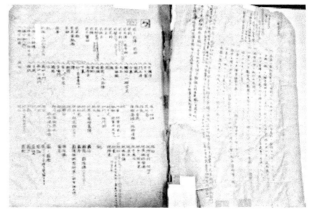

入矢義高先生《元曲語彙》稿本

詞彙集,而不是例句集。不過,先生照例在該稿本上寫滿了朱墨筆批注。記得我在人文科學研究所擔任助手的時候,裝着《元曲選》卡片的箱子放置在一個大房間裏,經常有元曲專家前來調閱。

除此之外,在人文科學研究所還保存着先生主持編纂的俗語例句集,姑且命名爲《近世俗語語彙》。該例句集按照注音字母的順序記載例句,有時候一個俗語詞彙下面還會列舉出多個例句,由多達幾萬張的數量龐大的文稿構成。雖然現在出現了好幾種電子辭典之類的檢索工具,可以立刻查找到例句,但是,這樣的精心力作就此埋沒的話,實在可惜。

説先生的腦子裏裝着所有的近世俗語,也並不爲過。先生被稱爲"行走的電腦",實際上,我曾經好幾次當場目擊先生瞬間判斷出某個詞是俗語還是文言的情景。先生曾以《禪語徒然》(《禪語つれづれ》,入矢義高《求道と悦樂—中國の禪と詩—》所收,岩波書店,1983年)爲題,爲容易誤解的俗語撰寫了詳盡的釋義。題目雖然是輕快的隨筆風格,但内容完全不同,一直是閱讀禪宗語録的必讀指南。比如,先生列舉了馬祖禪的核心綱領——"即心是佛"和"是心是佛",指出二者都是"心是佛"的意思,"是佛"的"是"是"である"意義上的係詞(文語的"爲"),而開頭的"即心"和"是心"的"即"和"是"都"具有強烈規定和從正面提出後續名詞爲立言的主題的功能",前者("即心")可以理解爲"心本身""正是心",而後者("是心")与前者意思雖然相同,但与前者相比語氣較弱。我們學習外語,不論如何精進上達,但到最後階段的"語感"總是難以學到位,而先生則對"語感"的把握達到了相當的高度(其實先生還舉了"即心即佛"爲例,論述了三者微妙的差異,在此從略)。

只是收入《禪語徒然》的詞彙並不多,後來終於滿足了學界和宗門(禪宗界)的期待,在古賀英彦氏(佛教學、禪學)的協助下,先生完成了《禪語辭典》(思文閣出版,1991年)的編纂。這部辭典的釋義自不必説,例句也有不少頗堪玩味。這裏且舉一例。關於"只麽",《禪語辭典》給出了明晰的釋義:"'只是……'的意思。'麽'是接尾詞,無意義。不是'只管'的意思。也寫作'只没''只物''只摩'。""只没""只物""只摩"都分别列舉了例句,這裏僅介紹"只没"的例句(以下的引用稍有省略)。

> 有一人高塠阜上立。有數人同伴路行,遥見高處人立,遞相語言,此人必失畜生。有一人云,失伴。……又問……緣何高立塠上。答:<u>只没</u>立。(《歷代法寳記》)

大家不覺得站在山崗上的人"只没立"的回答意味深長嗎?一群人結伴同行看到有個人孤零零站在山崗上,有人猜測他丢了牛羊,有人則懷疑他跟伙伴走散了,所以纜站在高處四顧尋找。有人直接上前詢問,他却回答"只是站着",並無其他理由。其實這裏也反映了思想問題,獨自站在山崗上的這個人拒絕自己的行爲被賦予任何意義。

那麽,當時在中國的研究狀況又是怎樣的呢? 對此,入矢先生曾說:"在中國研究佛典和禪宗語録的語法的學者十分罕見。"先生批判其中著名的語法學家吕叔湘的論文《釋〈景德傳燈録〉中"在""著"二助詞》對"在"字的詞源索解"存在很多不合邏輯和誤解的地方"(前揭《禪語つれづれ》)。另外,當俗語研究的標志性成果——張相《詩詞曲語辭匯釋》(中華書局,1953年)——出版后,先生馬上就撰寫了措辭嚴厲的書評(《中國語學研究會會報》二九,1954年)。

但是,先生的禪宗語録研究決非止步於語言研究的範疇,而是在精准地掌握俗語的同時,上升到把握禪的本質,體現了先生學問的博大與新穎。於是,先生傾注心力重新解讀唐代的禪宗語録。衆所周知,在日本特别是在禪寺,閱讀禪宗語録有着悠久的傳統,但是日本的禪門缺乏區分俗語與文言的意識,如果實事求是地說,那就是誤讀泛濫。不過,先生在1991年的講演録《無著道忠的禪學》(收入入矢義高《空花集》,思文閣出版,1992年)中對江户時代臨濟宗學僧無著道忠(1653—1744)的《葛藤語箋》("葛藤"指禪宗中難解的語句和公案)却給予了高度評價。

先生對日本禪門的批判,不止於這種語言學上的問題。日本的禪門理所當然地重視坐禪。日本曹洞宗的開山祖師道元禪師(1200—1253)倡導"只管打坐",這一教義至今仍然作爲禪門修行的要義得到遵守。也許先生針對的不是坐禪的修行法本身,而是反對不坐禪就不能理解禪的觀點。事實上,先生曾經這樣寫道:"奉行'禪超越語言、文字'的體驗至上主義,一直盤腿坐着,並不是真正的禪。"(《禪と文學》,收入前揭《求道と悦樂》)先生所用的不是身心修行的宗教徒的方法,而是通過語言的回路探索禪的真諦。與其說因爲先生不是宗教徒而是學者,倒不如說先生識破了禪的奧妙是"語言"。提倡"不立文字,以心傳心"的禪,其實在結構上蘊藏着矛盾。"不立文字,以心傳心"本身就已經依靠語言,唐代以降,禪僧們大量的言論作爲語録留存下來。先生將唐代禪僧鏡清的"出身猶可易,脱體道還難"(《祖堂集》卷一〇,又《碧巖録》第四十六則"鏡清雨滴聲")當作自己的座右銘。這句話的意思是"開悟('出身')毋寧說是容易的,困難的是將開悟本身原原本本地表達出來('脱體')"。請看先生在《中國的禪與詩》(前揭《求道と悦樂》所收)中對鏡清這句話的解釋:

> 誠然冷暖自知,但是僅僅是知道並不夠,還需要通過自己的語言表達所知,從而使"知"客體化。經過這個反省的過程,重新確認獲得"知"的自己與該"知"之間的關係——可以說,不經過自我檢驗的鍛煉,覺悟和美就不能真

正内化爲自己之物,也不能向外人表達和展示。

這只是先生用自己的話對鏡清的語言作出的解釋,不應該認爲在這些話背後也有先生如何用語言表達自己悟道的糾葛。雖說如此,我也不認爲先生完全是以旁觀者或者研究者的身份進行解說。正如上述,先生不是以悟道爲目標的宗教徒,而是探究真相的學者,但是,先生通過對唐代禪家表達悟道的語言的分析,與他們的"悟道"產生共鳴,並共享了悟道。正如上述,先生有一部題爲《求道與悦樂——中國的禪與詩》(《求道と悦樂——中國の禪と詩》)的著作。這裏所說的"求道",首先是以悟道爲志向的禪家的事業,雖然知道先生不會同意在那裏也有先生自己的投影——不過,在該書的序文中先生說:"很有可能被看成是我要把自己當作求道者呈現出來,這讓我感到不適"——但是,在我看來,入矢先生只能看成是究明學問的求道者。

雖然已經講了很多,最後,我想向大家介紹入矢先生對幾則禪宗語錄的解讀來結束我的講座。禪宗語錄確實是匪夷所思的文獻,基本上沒有注釋,只是簡短的問答和說法的赤裸裸的集合。禪宗問答從一開始就拒絕佛教教理,等待優等生式回答的是師傅的棒和喝(大聲叱責)。那種狀態恰似孤身一人置身於荒無人煙之地思考如何生存時的緊迫。在這一點上,即使同樣是語錄,禪宗語錄與在師徒之間共享"理"或"道理"的《朱子語類》就完全不同。日語中的"禪問答"一詞,意思是莫名其妙的問答,其實某種意義上可謂切中要害。比如,問師父"如何是佛?"可能徒弟只會聽到師父"麻三斤"這樣讓人摸不着頭腦的回答。簡直"荒謬"("言語道斷")!但是,入矢先生始終想把被"語言""道斷"的空無回歸到"語言"。不過,在此請允許我引用比較"有道理"的禪問答吧。

《臨濟錄》是入矢先生年輕時學習中國禪的契機,現在引用其中一段文字,比較舊解和先生新解的不同。

　　　　○你欲得識祖佛麼。只你面前聽法底是。學人信不及,便向外馳求。(《臨濟錄·示衆》)

　　【舊解】你們是想知道祖師和佛嗎?你們在那裏聽說法的<u>那人</u>就是。但是你們對此不够相信,所以總會向外求索。

(朝比奈宗源譯注,岩波文庫,1935年)

　　【新解】你們是想見祖佛嗎?現在在我的面前聽法的你正是祖佛。因爲你們對此不够相信,所以總會向外求索。

(入矢義高譯注,岩波文庫,1989年)

在舊解中,"祖佛"(不是"祖師"和"佛"的意思)和"你"之間是有距離的。可以確定"那人"是"祖佛",而重要的"你"和"祖佛"的關係曖昧不明。但是,在此臨濟想要表達的正是"你"即"祖佛"。這是臨濟禪的核心,所以必須按照入矢先生的讀法進行解讀。入矢先生有如下注釋:"'你'和'面前聽法底'是同位語,並不是'在你面前聽法的人'的意思。"

最後,介紹一則令我最爲感動的入矢先生的解讀。對象文本是《龐居士語録》的下面一節:

〇居士因辭藥山,山命十禪客相送至門首。(居)士乃指空中雪曰:好雪!片片不落別處。有全禪客曰:落在甚處?士遂與一掌(打一巴掌)……

這裏的"居士"是指龐居士(?—808)。"居士"是在家佛教徒的稱呼。龐居士被稱爲"東土維摩",在偏僻鄉村的陋室中與妻子度過了一生。"藥山"是藥山惟儼和尚(745—828),嗣法石頭希遷,是中國禪宗史上的傑出禪僧。

先生在《龐居士語録》(筑摩書房,1973年)中解讀如下:

歷來將"好雪!片片不落別處"讀作"好雪片片,不落別處",純粹是誤讀。"好雪!"是感歎之語,"不落別處"是指一片一片的雪花都恰好落在了應該落在的地方。此時,居士看到雪的所有的一片一片雖無心而似有意般着落於該着落的位置,爲這樣的精彩感動不已。居士的發言不是針對滿地的白雪或者映入眼簾的一色銀裝素裹的世界,更不是着眼于在清净的"平等無差別"的世界中呈現了雪片的差異。居士看得出神的只是一片一片的雪花宛如神迹般飄落的樣子本身。

不管讀幾遍都讓我無比感動。爲何可以對短短八個字作出如此出色的解讀呢?在此,不僅體現了語言學的、學問的力量,更體現出入矢先生偉大的人格力量。

【要旨】拙文は前篇と後篇とから成る。 前篇では、筆者の60年に亘る漢學生涯を、1.「出自」、2.「大阪市立大學時代」、3.「京都大學時代」、4.「東北大學時代」、5.「大阪市立大學時代」、6.「大東文化大學時代」、7.「四川大學時代」の6時期に分けて記述する。

1では、中學校の教師をしていた叔父以外に親戚に知識人は居らず、その叔父の家から本を借りて讀んだこと等が回想される。 2では、大阪市立大學文學部に入學して、そこで生涯の漢學の師・本田濟先生から漢學の手ほどきを受けたこと、また、魯迅の唯一の日本人弟子・増田渉先生の思い出が語られる。 3では、大學院博士課程から京都大學に進學し、そこで新しい學問的刺激を受け、漢學の世界が廣がったことが語られる。 最も大きな出來事は、人文科學研究所で始まったばかりの『朱子語類』研究會に參加し、島田虔次先生から朱子學を教わったことである。 また、當時京都の妙心寺(日本臨濟宗の總本山）で開かれていた禪録の研究會にも參加し、入矢義高先生、柳田聖山先生から禪録の讀み方を教わったことも生涯に亘る學恩であった。 4の東北大學には助教授として赴任し、5年間勤務したが、ここでは金谷治先生の知遇を受け、種々教えていただいた。 また、この時代に初めて中國を訪問したことも大きな經驗であった。 41歲になって本田濟先生から母校の大阪市立大學に呼び戻され、ここで20年餘り勤務することになる。 この時代には道教への關心が強まり、「洞天福地小論」という、最初の道教論文を發表した。 また、人文科學研究所で進められていた『真誥』研究會にも參加した。 風水をはじめとする術數學への關心もこの時代に芽生え、科學研究費を取得して若い人たちの協力を得て、『術數書の基礎的文獻學的研究』（全3冊）を刊行した。 沖縄は術數學が榮えた地域であるが、同學の士と一緒に風水を中心とした琉球學を探究したのもこの時期のことであった。 沖縄には20數回通って、フィールドと文獻（家文書の發掘）との兩面からアプローチした。 後半期には册封録にも關心を抱いて、この道のオーソリティである原田禹雄先生のお手傳いをして、先生と一緒に蕭崇業の『使琉球録』の翻譯を刊行した。 この大阪時代には、1987年、大學からサバティカルをいただいて上海に約半年間留學したことも大きな經驗であった。 學んだことはたくさんあるが、上海では當時空前のブームであった氣功を實地に體驗したことは大きな財産になった。 次の大東文化大學には70歲まで約8年間、勤務した。 この大學は、儒教を建學の精神とする傳統ある大學であるが、そこで「市村理吉」という古い卒業生を發掘し、彼を通して山崎闇齋派の儒學というものを研究した。 ここを定年退職すると、中國四川大學の姜生教授から招聘され、約6年間、成都と日本の自宅を往還する生活が始まった。 この間、姜生・湯偉俠主編『中國道教科學技術史 漢魏兩晋卷』の翻譯を完成させた。 勤務の餘暇には、四川省の各地を旅行し、中國史や中國文化における四川（巴蜀）の重要さを實地に認識できたことは大きな收穫であった。

　後篇は、筆者が直接師事した先生方の漢學の一端を「讀書」という觀點から述べたものである。 その先生とは、吉川幸次郎、本田濟、島田虔次、入矢義高の四先生である。 この中で教場で直接教えを受けたのは本田濟先生だけであるが、そのほかの先生方からは、研究會やその他の機會に親しく教えを受けた。 すべて筆者が恩師と仰ぐ大先達である。 日本の漢學――特に筆者が教えを受けたいわゆる「京都シナ學」は何よりも原典の「讀書」を重んじた。 原典を正しく讀めるかどうかでその人の學問を測るという風氣は今でも繼承されている。吉川幸次郎先生は『讀書の學』という本を刊行されており、とりわけ「讀書」の意味を問い續けられた碩學である。先生の學問の出發點は、孔穎達の『尚書正義』の定本づくりと、その餘得と云うべき該書の全譯注であった。先生は清朝考證學を崇敬されていたが、後年の自作の詩中に「一訓だけを後生大事に守るだけなら、せっかくの金鉱から石ころを掘り出す羽目になる」という表現が見られ、これを「創造的讀書」と言い切ってしまうのは憚られるものの、晩年の先生が新しい讀書論を構想されていた可能性は否定できない。本田濟先生は易學の專家として知られるが、しかしその讀書範圍は極めて廣かった。そのなかでも特に清朝人の著作を好まれた。といっても、ガチガチの考證學ではなく、人欲肯定的な知的享樂主義者の作品を好まれたのは、先生御自身がそういうお人柄であったからである。先生にとって漢籍を讀むことは、苦行などではなく大きな愉悦なのであった。

　　島田虔次先生は、御自身の藏書印に「島田虔次讀」とか「讀黃齋」などと刻まれるほど讀書を重んじられたが、特に後者の印刻のように黃宗羲を好まれた。先生の主著『中國における近代思惟の挫折』は卒業論文が基になっているが、ここで先生は『明儒學案』を讀み込まれて、王陽明―泰州學派―李卓吾の思想的系譜を「吾」という觀點から鮮やかに捉えられた。本書は、中國近世思想史を解明した古典的名著として今なお讀み繼がれている。入矢義高先生は明代文學から出發され、そちらの方面でも卓越した業績を殘されたが、先生の學問の方向を決定づけたのは、若い頃、人文科學研究所で吉川先生の元曲研究のプロジェクトに参加されたことであった。ここで先生は徹底的に俗語（白話）研究に取り組まれ、やがて禪録研究へと進んで行かれて、從來の宗門での讀み方が白話を無視した誤讀の多いことに氣づかれ、禪録の讀み直しを推進して行かれた。その結果、唐代を中心とする禪録がまったく新しい面貌をもって現代に蘇ることになった。それは先生の白話に對する深い造詣や學問的力量だけでなく、先生の人間力のなせるわざと言うほかはないものであり、「讀書」というものの新しい可能性を切り拓かれた業績は限りなく深く大きい。

唐宋禪宗語録研究論文目録稿

鈴木史己

前　言

　　本目録稿是正在籌備出版的《唐宋漢語文獻目録》的一部分。由遠藤光曉、竹越孝兩位教授主編的《清代民國漢語文獻目録》（首爾：學古房，2011年）、《元明漢語文獻目録》（上海：中西書局，2016年）二書已問世，此次將籌劃出版上溯一個時代的《唐宋漢語文獻目録》。2016年12月24日，"中古近代漢語工作坊"在浙江大學漢語史研究中心召開，會前花費半年時間編成《唐宋漢語文獻目録（稿）》提供給與會者。筆者負責"禪宗語録、儒家語録"這一章節，目前已基本完成此章節的修改和補充工作。在《俗語言研究》復刊之際，經這一系列目録的主編者遠藤光曉、竹越孝兩位教授的許可，將"禪宗語録"部分的稿本轉載於此，以饗從事禪宗研究的專家。禪宗語録的研究成果浩如烟海，此目録也難免有遺漏或錯誤之處，懇請海内外專家學者不吝賜教。

　　本目録的結構如下：編寫凡例；參考書目；1. 總論；2. 六祖壇經；3. 神會語録；4. 祖堂集；5. 景德傳燈録；6. 五燈會元；7. 碧巖録；8. 其他。

編　寫　凡　例

　　1. 此目録是以唐宋禪宗語録的語言研究爲對象的綜合性研究文獻目録，收録2019年5月以前公開的研究文獻。
　　2. "參考書目"收録查找原始資料和研究文獻時使用的書目與網頁。
　　3. "總論"收録與該領域全體有關的研究文獻，其他部分收録各個文獻的原始資料與研究文獻。

4."原始資料"部分分爲現存文本、影印本、排印本、翻譯、辭典、索引、文本研究等類。現存文本部分按版本排列,並寫明該文本的所藏單位及其圖書號碼,【　】内爲補充信息。

5."研究"部分收錄該文獻的語言研究論著,按發表年份順序排列,其記述方式如下:

　　[單行本]:著編者名(刊行年)《書名》(叢書名),出版地:出版社。
　　[雜誌收錄論文]:著者名(刊行年)論文名,《雜誌名》卷(號):頁。
　　[單行本收錄論文]:著者名(刊行年)論文名,編者名《書名》(叢書名)頁,出版地:出版社。
　　[學位論文]:著者名(提出年)《論文名》,大學與學位種類。
　　部分論文所載的頁碼不明,姑且從略。

參 考 書 目

【原始資料參考書目】

　　中國國家圖書館・中國國家數字圖書館(http://www.nlc.cn/)
　　京都大學人文科學研究所全國漢籍データベース(http://www.kita.zinbun.kyoto-u.ac.jp/)
　　NACSIS Webcat(http://webcat.nii.ac.jp/)
　　駒澤大學圖書館編(1962)《新纂禪籍目錄》,東京:駒澤大學圖書館。
　　田中良昭(1969,1971,1974,1976)敦煌禪宗資料分類目錄初稿,《駒澤大學佛教學部研究紀要》27:1—17;29:1—18;32:30—49;34:1—24。
　　田中良昭(1969)敦煌禪宗資料項目別一覽,《曹洞宗研究員研究生研究紀要》1:1—10。
　　柳田聖山(1972)禪籍解題,西谷啓治、柳田聖山編《禪家語錄Ⅱ》(世界古典文學全集)445—514,東京:筑摩書房;殷勤譯(1995)禪籍解題(一)敦煌禪籍,《俗語言研究》2:131—152;殷勤譯(1996)禪籍解題(二)唐代禪籍,《俗語言研究》3:186—211;將寅譯(1998)禪籍解題(三)宋代禪籍(一),《俗語言研究》5:160—188。
　　篠原壽雄、田中良昭(1982)敦煌禪籍(漢文)研究概史,《東京大學文學部文化交流研究施設研究紀要》5:23—41。

田中良昭(1989)敦煌禪籍の研究狀況と問題點,《駒澤大學佛教學部論集》20:500—514。

田中良昭(1994)敦煌の禪籍,《禪學研究入門》,東京:大東出版社。

田中良昭撰,殷勤譯(1996)《禪籍解題(一)敦煌禪籍》補遺(一),《俗語言研究》3:212—222。

《俗語言研究》編輯部(1996)《禪籍解題(一)敦煌禪籍》補遺(二),《俗語言研究》3:223。

田中良昭、程正(2008)敦煌禪宗文獻分類目錄(1)燈史類,《駒澤大學禪研究所年報》20:250—280;(2009—2011)敦煌禪宗文獻分類目錄(2)語錄類(1)—(3),《駒澤大學禪研究所年報》21:280—304,22:316—350,23:252—274;(2011)敦煌禪宗文獻分類目錄(2)語錄類(4)六祖壇經,《駒澤大學佛教學部論集》42:379—402;(2012)敦煌禪宗文獻分類目錄(2)語錄類(5),《駒澤大學佛教學部論集》43:499—536。

田中良昭、程正(2014)《敦煌禪宗文獻分類目錄》,東京:大東出版社【書評:衣川賢次(2019)終わりし道の標べに 書評 田中良昭、程正編著《敦煌禪宗文獻分類目錄》,《駒澤大學禪研究所年報》30:77—86】。

【研究文獻參考書目】

日本國立情報學研究所 CiNii(http://ci.nii.ac.jp)

中國知網 CNKI(http://www.cnki.net)

DBpia(http://www.dbpia.co.kr/)

韓國教育學術情報院 RISS(http://www.riss.kr/index.do)

臺灣期刊論文索引系統(http://readopac.ncl.edu.tw/nclJournal/)

臺灣博碩士學位論文知識加值系統(http://ndltd.ncl.edu.tw/)

張鵬麗(2009)禪宗語錄語言研究述略,《南京理工大學學報(社會科學版)》(4):59—62。

周裕鍇(2009)《禪宗語言研究入門》,上海:復旦大學出版社。

袁賓、康健(2010)《禪語大詞典》,武漢:崇文書局。

王閏吉(2011)《祖堂集》研究綜述,《東亞文獻研究》8:137—158。

聶娟娟、王琳(2014)禪宗典籍及近代漢語中疑問代詞的研究綜述,《美與時代(下)》(2):106—108。

明生主編,廣東省佛教協會編(2014)《六祖慧能與〈壇經〉論著目錄集成》(共建廿壹世紀海上絲綢之路書系;六祖慧能文庫 目錄卷1),廣州:廣東人民出版社、臺北：萬卷樓圖書公司。

林芳藝(2017)禪宗語錄詞彙研究綜述,《現代語文(語言研究版)》(4)：12—16。

鈴木史己(2018)禪宗語錄、儒家語錄詞彙語法研究概觀,《中文學術前沿》12：102—111。

1. 總論
◎ 辭典、索引

安藤文英、神保如天(1915)《禪學辭典》,東京：無我山房；(1958)東京：正法眼藏注解全書刊行會。

山田孝道編(1915)《禪宗辭典》,東京：光融館；(1974)東京：國書刊行會。

中川澀庵編(1935)《禪語字彙》,東京：興正會出版部；(1956)東京：森江書店。

駒澤大學禪學大辭典編纂所編(1978)《禪學大辭典》全2冊,東京：大修館書店；(1985)《新版禪學大辭典》,東京：大修館書店。

柴野恭堂編(1980)《禪語慣用語俗語要典》,京都：思文閣出版。

平田精耕(1988)《禪語事典》,京都：PHP研究所。

袁賓(1990)《禪宗著作詞語匯釋》,南京：江蘇古籍出版社【書評：衣川賢次(1992)袁賓《禪宗著作詞語匯釋》,《中國圖書》3月號,東京：內山書店；何迂譯(1993)評《禪宗著作詞語匯釋》,《古籍整理出版情況簡報》268：10—15】。

入矢義高監修,古賀英彥編(1991)《禪語辭典》,京都：思文閣出版【書評：芳澤勝弘(1993)書評《禪語辭典》,《花園大學研究紀要》25：108—113】。

禪文化研究所編(1991—1993)《禪語辭書類聚》全3冊,京都：禪文化研究所。

李維琦(1993)《佛經釋詞》,長沙：嶽麓書社【書評：劉曉南(1994)中古漢語詞彙研究的新拓展——評《佛經釋詞》,《古漢語研究》1994(1)：74—77；段觀宋、李傳書(1999)俗語詞研究的新拓展——讀《佛經釋詞》《佛經續釋詞》,《長沙電力學院學報(社會科學版)》1999(3)：125—126；尹福(2001)佛經津梁,辭典資源——談李維琦先生《佛經釋詞》《佛經續釋詞》,《古漢語研究》2001(1)：6—8】。

袁賓(1994)《禪宗詞典》,武漢：湖北人民出版社。

李哲教、一指、辛奎卓(1995)《禪學辭典》,漢城：佛地社。

李維琦(1999)《佛經續釋詞》,長沙：嶽麓書社【書評：方一新、王雲路(1999)評《佛經續釋詞》,《語言研究》1999(2)：191—197；董志翹、陳文傑(1999)讀李維琦先生近作《佛經續釋詞》,《古漢語研究》1999(2)：43—45；段觀宋、李傳書

(1999)俗語詞研究的新拓展——讀《佛經釋詞》《佛經續釋詞》,《長沙電力學院學報(社會科學版)》1999(3):125—126;尹福(2001)佛經津梁,辭典資源——談李維琦先生《佛經釋詞》《佛經續釋詞》,《古漢語研究》2001(1):6—8】。

袁賓(1999)《禪語譯注》,北京:語文出版社。

桂洲道倫、湛堂令椿、大藏院、芳澤勝弘編注(1999)《諸錄俗語解》,京都:禪文化研究所。

李維琦(2004)《佛經詞語匯釋》,長沙:湖南師範大學出版社【書評:曾昭聰、張婷(2005)佛經詞彙研究的重要成果——《佛經詞語匯釋》評介,《漢語史研究集刊》8:457—463】。

袁賓、康健(2010)《禪語大詞典》,武漢:崇文書局。

◎研究

Henri Maspero(馬伯樂)(1914)Sur quelques textes anciens de chinois parlé, *Bulletin de l'Ecole Française d'Extréme Orient*, 14(4):1-36;(1944)晚唐幾種語錄中的白話,《中國學報》北京 C,1卷1期:73—91;English translation with foreword and index by Yoshitaka Iriya, Ruth F. Sasaki, Burton F. Watson. (1954) On Some Texts of Ancient Spoken Chinese. Mimeographed. 京都大學人文科學研究所 824‖M‐1171011536.【書評:B. Laufer(1915)The prefix a- in the Indo-Chinese Languages, *Journal of the Royal Asiatic Society of Great Britain & Ireland* (*New Series*), 47:757-780.】

高名凱(1948)唐代禪家語錄所見的語法成分,《燕京學報》34:49—84;(1990)《高名凱語言學論文集》134—163,北京:中華書局【書評:入矢義高(1951)高名凱氏の《唐代禪家語錄に見える語法成分》を讀む,《中國語學研究會會報》2:1—5】。

朱自清(1948)禪家的語言,《世間解》7;(1982)《朱自清古典文學論集》,上海:上海古籍出版社。

太田辰夫(1953)唐代文法試探,*Azia gengo kenkyu*5;(1988)《中國語史通考》109—141,東京:白帝社;江藍生、白維國譯(1991)《漢語史通考》74—87,重慶:重慶出版社。

柳田聖山(1967)《初期禪宗史書の研究》,京都:法藏館;(2000)《柳田聖山集》6,京都:法藏館。

入矢義高(1967—1968)禪語つれづれ,《講座 禪》1—8月報,東京:筑摩書房;(1983)《求道と悦樂——中國の禪と詩》,東京:岩波書店;(2012)《增補 求

道と悦樂——中國の禪と詩》(岩波現代文庫)123—170,東京: 岩波書店;蔡毅譯(1996)禪語談片,《俗語言研究》3: 30—52。

入矢義高(1968)中國の禪と詩,《講座　禪》5,東京: 筑摩書房;(1983)《求道と悦樂——中國の禪と詩》,東京: 岩波書店;(2012)《增補　求道と悦樂——中國の禪と詩》(岩波現代文庫)75—94,東京: 岩波書店。

早川通介(1968)禪宗語錄にあらわれた重複形式(碧巖集・景德傳燈錄を資料として),《愛知學院大學論叢　一般教育研究》16(4): 769—809。

柳田聖山(1969)禪宗語錄の形成,《印度學佛教學研究》18(1): 39—47。

入矢義高(1974)禪問答というもの,《太陽》1974年7月,東京: 平凡社;(1983)《求道と悦樂——中國の禪と詩》,東京: 岩波書店;(2012)《增補　求道と悦樂——中國の禪と詩》(岩波現代文庫)97—102,東京: 岩波書店。

入矢義高(1978)表詮と遮詮,《禪語錄》(世界の名著18)月報,東京: 中央公論社;(1986)《自己と超越——禪・人・ことば》,東京: 岩波書店;(2012)《增補　自己と超越——禪・人・ことば》(岩波現代文庫)13—19,東京: 岩波書店。

中村信幸(1979)"坐斷"という語について,《宗學研究》21: 179—184。

入矢義高(1980)敦煌寫本の禪文獻と鈴木先生のことなど,《鈴木大拙全集》(再版)第3卷月報,東京: 岩波書店;(1986)《自己と超越——禪・人・ことば》,東京: 岩波書店;(2012)《增補　自己と超越——禪・人・ことば》(岩波現代文庫)213—219,東京: 岩波書店。

入矢義高(1980)禪と文學,《別冊　太陽　禪》1980年6月,東京: 平凡社;(1983)《求道と悦樂——中國の禪と詩》,東京: 岩波書店;(2012)《增補　求道と悦樂——中國の禪と詩》(岩波現代文庫)3—9,東京: 岩波書店。

入矢義高(1980)雨垂れの音,《古田紹欽著作集》第3卷月報,東京: 講談社;(1983)《求道と悦樂——中國の禪と詩》,東京: 岩波書店;(2012)《增補　求道と悦樂——中國の禪と詩》(岩波現代文庫)103—106,東京: 岩波書店。

楊聯陞(1982)禪宗語錄中之"聻",《清華學報》14(1/2): 299—306。

伍華(1982)《唐宋禪宗語錄的疑問句研究》,中山大學碩士學位論文。

入矢義高(1983)麻三斤,《禪學研究》62: 1—8;(1986)《自己と超越——禪・人・ことば》,東京: 岩波書店;(2012)《增補　自己と超越——禪・人・ことば》(岩波現代文庫)88—94,東京: 岩波書店;蔡毅、劉建譯(1995)禪語散論——"乾屎橛""麻三斤",《俗語言研究》2: 7—13。

田中良昭(1983)《敦煌禪宗文獻の研究》,東京: 大東出版社。

楊新瑛(1984)禪宗公案的基本法則及語言價值,《慧炬》242—243: 8—12。

郝慰光(1984)《唐朝禪宗語錄語法分析》,輔仁大學碩士學位論文。

入矢義高(1985)驢事と馬事,《ブディスト》24;(1986)《自己と超越——禪・人・ことば》,東京:岩波書店;(2012)《增補　自己と超越——禪・人・ことば》(岩波現代文庫)20—22,東京:岩波書店。

入矢義高(1985)乾屎橛,《圖書》1985年7月;(1986)《自己と超越——禪・人・ことば》,東京:岩波書店;(2012)《增補　自己と超越——禪・人・ことば》(岩波現代文庫)95—103,東京:岩波書店;蔡毅、劉建譯(1995)禪語散論——"乾屎橛""麻三斤",《俗語言研究》2:7—13。

柳田聖山(1985)語錄の歴史——禪文獻の成立史的研究,《東方學報　京都》57:211—663;(2001)《禪文獻の研究　上》(《柳田聖山集》2)3—526,京都:法藏館。

梁曉虹(1987)談談源於佛教的成語幾種構成形式——讀禪宗傳燈錄劄記,《九江師專學報(哲學社會科學版)》1987(Z1):24—28。

楊曾文(1987)日本學者對中國禪宗文獻的研究和整理,《世界宗教研究》1987(1):113—125。

ドミエヴィル(P. Demiêville.),林信明編譯(1988)《ポール・ドミエヴィル禪學論集》(國際禪學研究所研究報告1),京都:花園大學國際禪學研究所。

郭在貽(1988)禪宗著作詞語匯釋序,《杭州大學學報》1988(2):88—89。

袁賓(1988)禪宗著作裏的口語詞,《語文月刊》1988(1):11—12。

袁賓(1988)說疑問副詞"還",《語文研究》1988(2):26—28。

袁賓(1988)疑問副詞"可"字探源,《語文月刊》1988(3):17。

袁賓(1988)禪宗語錄的修辭特色,《修辭學習》1988(2):18—20。

江藍生(1988)"舉似"補說,《古漢語研究》1988(1):40—44;(2007)《近代漢語探源》266—274,北京:商務印書館。

徐正考(1988)唐五代選擇疑問句系統初探,《吉林大學學報》1988(2):72—76。

袁賓(1989)再談禪宗語錄中的口語詞,《語文月刊》1989(3):12—13。

入矢義高(1990)語錄の言葉と文體,《禪學研究》68:1—19;李壯鷹譯(1994)禪宗語錄的語言與文體,《俗語言研究》創刊號:4—18。

袁賓(1990)禪宗著作詞語釋義,《詞典研究叢刊》11:61—96。

江藍生(1990)疑問副詞"可"探源,《古漢語研究》1990(3):44—50。

馮春田(1990)"X么(摩)"類詞語的内部結構分析,《東岳論叢》1990(6):37—42。

朱慶之(1991)關於疑問語氣助詞"那"來源的考察,《古漢語研究》1991(2):24—28。

袁賓(1991)《中國禪宗語錄大觀》,南昌:百花洲文藝出版社。

袁賓(1991)禪宗的語言觀,《中文自學指導》1991(4)。

袁賓(1991)禪宗著作詞語釋義,《中國語言學報》4:174—184。

袁賓(1992)禪宗著作裏的兩種疑問句——兼論同行語法,《語言研究》1992(2):58—64。

入矢義高(1992)ことばと禪,《中國——社會と文化》7;(1986)《自己と超越——禪・人・ことば》,東京:岩波書店;(2012)《增補　自己と超越——禪・人・ことば》(岩波現代文庫)243—259,東京:岩波書店。

衣川賢次(1992—1993)古典の世界——禪の語錄を讀む(1)—(3),《中國語》1992年11月號—1993年1月號,東京:内山書店;蔡毅譯(1994,1995,1996)禪宗語錄導讀(一)—(三),《俗語言研究》創刊號:41—45,2:114—118,3:133—137。

曲彥斌(1994)關於禪籍俗語言的民俗語源問題,《俗語言研究》創刊號:101—107。

汪維輝(1994)試釋"席帽""棺木裏瞠眼""調直",《俗語言研究》創刊號:116。

關長龍(1994)"東壁打西壁"之方言啓示獻例,《俗語言研究》創刊號:117。

滕志賢(1994)試釋"看樓打樓"等,《俗語言研究》創刊號:117。

王繼如(1994)說"席帽",《俗語言研究》創刊號:120—122。

入矢義高(1994)己靈をも重んぜず,《松ヶ岡文庫研究年報》8;(1986)《自己と超越——禪・人・ことば》,東京:岩波書店;(2012)《增補　自己と超越——禪・人・ことば》(岩波現代文庫)297—308,東京:岩波書店。

田中良昭編(1994)《禪學研究入門》,東京:大東出版社。

榮新江、鄧文寬(1994)有關敦博本禪籍的幾個問題,《敦煌學輯刊》1994(2):5—16。

索仁森撰,李吉和譯(1994)敦煌漢文禪籍特徵概觀,《敦煌研究》1994(1):109—120。

于谷(袁賓)(1995)《禪宗語言和文獻》,南昌:江西人民出版社。

田中良昭撰,楊富學譯(1995)敦煌漢文禪籍研究略史,《敦煌學輯刊》1995(1):116—131。

入矢義高(1995)好事は無きに如かず,《禪文化研究所紀要》21;(1986)《自己と超越——禪・人・ことば》,東京:岩波書店;(2012)《增補　自己と超越——禪・人・ことば》(岩波現代文庫)309—317,東京:岩波書店。

馮春田(1995)唐宋禪宗文獻的"V 似"結構,《山東社會科學》1995(6):94—97。

張育英(1995)談禪宗語言的模糊性,《蘇州大學學報(哲學社會科學版)》1995(3):93—95。

鮑鵬山(1995)語言之外的終極肯定——談禪宗的語言觀,《江淮論壇》1995(4):107—112。

張勇(1995)説佉伓,《俗語言研究》2:108—110。

袁津琥(1995)"鬧藍"試釋,《俗語言研究》2:111—113。

王鍈、方一新、陳伍雲(1995)"甕口",《俗語言研究》2:122—124。

王鍈(1995)"婆",《俗語言研究》2:124。

蔣宗許(1995)"幸自可憐生",《俗語言研究》2:125—128。

胡從曾(1995)"落帶手不長",《俗語言研究》2:128—129。

王鍈(1995)"般次",《俗語言研究》2:129—130。

李壯鷹(1996)禪語解讀——"頭白"與"頭黑",《北京師範大學學報(社會科學版)》1996(2):49—55。

張美蘭(1996)禪宗語錄中的數字語,《文教資料》1996(6):98—104。

段觀宋(1996)禪籍俗語詞零札,《俗語言研究》3:53—54。

邢東風(1996)禪宗言語問題在禪宗研究中的位置,《俗語言研究》3:110—118。

芳澤勝弘撰,殷勤譯(1996)"麻三斤"再考,《俗語言研究》3:138—151;(1996)《禪文化》160:134—147。

蔣宗許(1996)釋"鬧籃",《俗語言研究》3:165—166。

王鍈(1996)"東壁打西壁",《俗語言研究》3:168—169。

劉瑞明(1996)"截耳卧街",《俗語言研究》3:170。

王鍈、馮春田(1996)"果裏"("可矅"),《俗語言研究》3:171—172。

段觀宋、袁津琥(1996)"心造",《俗語言研究》3:173。

王鍈、馮春田、袁津琥(1996)"吃沈底",《俗語言研究》3:174—176。

劉瑞明、王鍈、袁津琥(1996)"不可事須""大曾""稍曾",《俗語言研究》3:177—179。

王鍈、馮春田、劉瑞明、段觀宋(1996)"諺贍""詢夬",《俗語言研究》3:180—182。

劉瑞明、段觀宋(1996)"圉達""圉拷",《俗語言研究》3:183—184。

江藍生(1996)禪問答的傳意,《語言與傳意》,香港:香港和平圖書、海峰出版社;(2007)《近代漢語探源》401—411,北京:商務印書館。

劉瑞明(1996)禪籍詞語校釋的再討論,《俗語言研究》3:152—164。

Gurevich Isabella S. (1996) On the Historical Grammar of the Colloquial Chinese Language of the Tang Dynasty (based on the Chan-Buddhist yulu 語錄),《禪文化研究所紀要》22:1—43。

段觀宋(1997)禪籍詞語校釋辯,《俗語言研究》4:121—128。

樊維綱(1997)試釋"羅睺羅兒"——兼及"摩睺羅",《俗語言研究》4:18—25。

徐時儀(1997)"心造",《俗語言研究》4:129。

袁津琥(1997)再談關於"鬧藍"一詞的訓釋,《俗語言研究》4:130—132。

沈亦軍(1997)"鬧藍"不是象聲詞——與袁津琥先生商榷,《俗語言研究》4:133—134。

徐時儀(1997)不離文字與不立文字——談言和意,《上海師範大學學報》1997(4):131—136。

張美蘭(1997)禪宗語言的非言語表達手法,《中國典籍與文化》1997(4)。

張美蘭(1998)《禪宗語言概論》,臺北:五南圖書出版公司。

入矢義高撰,蔡毅譯(1998)說"師心",《俗語言研究》5:1—8。

周裕鍇(1998)宋代詩學術語的禪學語源,《俗語言研究》5:9—22。

梁曉虹(1998)禪宗詞語辨析(一),《禪學研究》3:209—214。

梁曉虹(1998)禪宗典籍中的"子"的用法,《古漢語研究》1998(2):51—55。

曹廣順(1998)試說近代漢語中的"～那?作摩?",《語言學論叢》20:108—116。

歐陽駿鵬(1998)禪宗語言障文字障的修辭學分析,《雲夢學刊》1998(2):73—74。

歐陽駿鵬(1998)禪學與修辭學的幾個問題,《中國語研究》40:20—25。

歐陽駿鵬(1998)不得體的得體——以禪宗語言交際爲例,《遼寧師範大學學報》1998(3):57—59。

具熙卿(1998)《宋代禪宗語錄被動式語法研究:以被字句、爲字句爲例》,台灣政治大學碩士學位論文。

周裕鍇(1999)《禪宗語言》,杭州:浙江人民出版社【書評:蔣宗福(2000)沉潛研索 金針度人——周裕鍇先生《禪宗語言》讀後,《宗教學研究》2000(4);張子開(2000)系統地、多角度地研究中國禪宗語言的開拓性之作——評周裕鍇《禪宗語言》,《漢字文化》2000(4):49—52,39;賴皆興(2002)評[周裕鍇]《禪宗語言》,《新世紀宗教研究》1(2):160—162】。

李廣明(1999)從天水方言看禪錄中"懜㦬""狼藉"詞義——兼論漢語詞"梵漢雙源"現象,《唐都學刊》1999(1):57—58,82。

徐默凡(1999)禪宗語言觀的現代語言學解釋,《華夏文化》1999(2):36—37。

馬國強(1999)禪宗妙喻漫談,《修辭學習》1999(6):24—25。

楊玉華(1999)語錄體與中國古代白話學術,《四川大學學報(哲學社會科學版)》1999(3):108—112。

송인성(1999)唐宋禪宗語錄에 나타난 몇 가지 語基調查,《中國語文學》34:609—637。

江藍生編,黎翠珍、張佩瑤譯(1999)《禪宗語錄一百則》,北京:中國對外翻譯出版公司。

周碧香(1999)隋唐五代漢文佛典中的助詞"個",《圓光佛學學報》7:171—212。

疏志強(2000)淺析禪宗語言的"言有所爲"現象,《修辭學習》2000(4):46—47。

周裕鍇(2000)以俗爲雅:禪籍俗語言對宋詩的滲透與啓示,《四川大學學報(哲學社會科學版)》2000(3):73—80。

郭維茹(2000)試論禪宗語錄反映的情態體系,《中國文學研究》14:223—247。

段觀宋(2000)禪籍中"得"的用法,《東莞理工學院學報》2000(2):45—48;《長沙電力學院學報(社會科學版)》2000(4):103—105。

郭維茹(2000)《句末助詞"來"、"去":禪宗語錄之情態體系研究》,台灣大學碩士學位論文。

袁賓(2001)唐宋禪錄語法研究,《覺群·學術論文集》1,北京:商務印書館。

段觀宋(2001)禪宗語錄疑難詞語考釋,《東莞理工學院學報》2001(1):52—55。

疏志強(2001)《禪宗修辭研究》,復旦大學博士學位論文。

王錦慧(2001)晚唐五代佛典在語法史上的價值,《語文學報》7:113—132。

佐藤錬太郎(2001)解說·禪語錄に見える口語表現への語學的アプローチ,末木文美士編,碧巖錄研究會譯《現代語譯 碧巖錄》上卷,東京:岩波書店。

邢東風(2001)禪宗語言研究管窺,《世界宗教文化》2001(1):40。

陸永峰(2001)禪宗語言觀及其實踐,《揚州大學學報(人文社會科學版)》2001(6):32—35。

崔宰榮(2001)唐宋時期新興被動句,《中國言語研究》13:201—233。

金軍鑫(2002)禪宗語言的幾個特點,《修辭學習》2002(4):16—17。

疏志强(2002)淺析禪宗罵詈語,《修辭學習》2002(1):9—10。

宋寅聖(2002)唐宋禪宗語錄의 몇 가지 口語助詞【Some Collogquial Particles in the Zen Dialogues During the Tang-Song Dynasty】,《中國語文論叢》22:29—50。

肖蘭萍(2002)唐宋禪宗語錄中的隱性選擇疑問句式初探,《漢語史研究集刊》5:442—447。

方立天(2002)禪宗的"不立文字"語言觀,《中國人民大學學報》2002(1):34—44。

王錦慧(2002)禪宗語錄中的句末助詞"來",《含章光化——戴璉璋先生七秩哲誕論文集》579—626。

徐時儀(2003)禪宗"不立文字"的語言觀考探,覺醒主編《覺群佛學》,北京:宗教文化出版社。

衣川賢次(2003)禪籍の校讐學,《田中良昭博士古稀記念論集 禪學研究の諸相》243—272,東京:大東出版社;(2003)禪籍的校讐學,《中國俗文化研究》1:218—231。

歐陽駿鵬(2003)禪宗語言觀初探,《船山學刊》2003(2):79—81。

肖蘭萍(2003)唐宋禪宗語錄特指問句末尾的"來",《漢語史研究集刊》6:151—155。

肖蘭萍(2003)《唐宋禪宗語錄特指問句研究》,四川大學碩士學位論文。

雷漢卿(2003)禪籍口語同義詞略說,《中國俗文化研究》1:136—149。

蔣宗福(2003)敦煌禪宗文獻校讀劄記,《中國俗文化研究》1:150—156。

蔣宗福(2003)敦煌禪宗文獻詞語劄記,項楚主編《新世紀敦煌學論集》471—485,成都:巴蜀書社。

林麗(2003)《禪宗語言中的比喻研究》,四川大學碩士學位論文。

李濤賢(2003)《禪宗俗諺初探》,四川大學碩士學位論文。

張勝珍(2004)禪宗的譬喻,《五臺山研究》2004(4):31—37。

疏志强(2004)試論禪宗修辭的非邏輯性,《浙江師範大學學報(社會科學版)》2004(1):75—78。

疏志强(2004)試論禪宗修辭的理解,《湖北師範學院學報(哲學社會科學版)》2004(3):81—84。

疏志强(2004)禪宗修辭中的特殊問答方式,《修辭學習》2004(3):45—47。

周裕鍇(2004)禪籍俗諺管窺,《江西社會科學》2004(2):42—47。

雷漢卿(2004)禪籍俗語詞札記,《江西社會科學》2004(2):48—52。

劉曉珍(2004)禪宗對俳諧詞的影響,《中南大學學報(社會科學版)》2004(6):

782—785。

蘇俊波(2004)也談"……處去來",《古籍整理研究學刊》2004(5):95—97。

鄧海榮(2004)禪宗語錄詞語劄記二則,《西南民族大學學報(人文社科版)》2004(3):436—438。

韓維善(2004)《五種禪宗語錄中的虛詞研究》,西北師範大學碩士學位論文。

蔣宗福(2004)敦煌禪宗文獻與語文辭書,《漢語史研究集刊》7:125—145。

盧烈紅(2005)禪宗語錄詞義劄記,《中國典籍與文化》2005(1):59—61;(2006)《簡帛語言文字研究》2(第七屆全國古代漢語學術研討會暨簡帛文獻語言研究國際學術研討會論文集),成都:巴蜀書社。

盧烈紅(2005)佛教文獻中"何"系疑問代詞的興替演變,《語言學論叢》31:242—264。

疏志强(2005)淺論禪宗修辭的機趣性原則,《語文研究》2005(4):39—41。

袁賓、張秀清(2005)禪錄詞語"專甲"與"某專甲"源流考釋,《中國語文》2005(6):557—560。

雷漢卿、馬建東(2005)禪籍詞語選釋,《天水師範學院學報》2005(6):71—74。

雷漢卿(2005)禪籍詞語選釋,《漢語史研究集刊》8:211—221。

鮑瀅(2005)禪語劄記一則,《漢語史研究集刊》8:481—483。

鞠彩萍(2005)禪籍點校匡補,《語言科學》2005(3):81—89。

郭維茹(2005)禪宗語錄的情態標記——句尾詞"來"和"去",《清華學報》35(1):147—187。

任珊(2005)禪宗語言中的會話修辭,《淮陰師範學院學報》2005(3):376—378,382。

劉愛玲(2005)禪籍諺語活用現象探析,《佳木斯大學社會科學學報》2005(5):50—51。

陳海葉(2005)唐宋禪宗語錄:社會語言學的研究路徑,《覺群學術論文集》,北京:宗教文化出版社。

林永澤(2005)唐五代禪宗語錄을 通해 본 "殺"과 "死",《中國學研究會學術發表會》6:17—32。

于淑健(2005)《大正藏》第八十五卷字詞考辨,《哈爾濱工業大學學報(社會科學版)》2005(6):112—116。

張宜民(2005)《言語幽默的語言學詮釋》,合肥工業大學碩士學位論文。

王啓濤(2006)"厶甲"的使用以及"厶"表"專"義見於隋唐,《中國語文》2006

(3):267。

盧烈紅(2006)大力加強禪宗語錄句法研究,《21世紀的中國語言學(二)》,北京:商務印書館。

雷漢卿(2006)禪籍詞語選釋,《語言科學》2006(4):102—107。

雷漢卿、孫豔(2006)禪籍詞語考釋,《宗教學研究》2006(1):58—62。

馮春田(2006)疑問代詞"作勿"、"是勿"的形成,《中國語文》2006(2):135—141,192。

譚偉(2006)從用典看禪宗語言的複雜性,《漢語史研究集刊》9:65—78。

王群(2006)唐宋禪宗文獻"自X"類詞的歷史形成,《齊魯學刊》2006(3):89—91。

范春媛(2006)智慧禪語——禪宗典籍諺語語義探析,《佛教文化》2006(6):56—59。

于淑健(2006)《大正藏》第八十五卷(敦煌卷)詞語校釋,《寧夏大學學報(人文社會科學版)》2006(2):36—38;《新疆師範大學學報(哲學社會科學版)》2006(1):116—119。

焦毓梅、于鵬(2006)禪宗公案話語的修辭分析,《求索》2006(12):181—183。

焦繼順、孔令玲(2006)禪宗語言觀與語用原則的語言文化解讀,《職業時空》2006(21):38。

강용중(2006)釋禪宗語錄和《朱子語類》所見的"走作",《中國文學研究》32:361—383。

劉愛玲(2006)《禪籍諺語研究》,南京師範大學碩士學位論文。

小川隆(2007)《語錄のことば——唐代の禪》,京都:禪文化研究所【書評:ディディエ・ダヴァン,飯島孝良譯(2011)書評 小川隆著《神會——敦煌文獻と初期の禪宗史》(臨川書店・唐代の禪僧2007年)《語錄のことば——唐代の禪》(禪文化研究所2007年)《臨濟錄——禪の語錄のことばと思想》(岩波書店・書物誕生2008年),《駒澤大學禪研究所年報》23:1—13】。

中鉢雅量(2007)唐宋口語釋義拾遺(3)—唐代禪語錄を中心として—,《名古屋外國語大學外國語學部紀要》32:1—26。

范春媛(2007)《禪籍諺語研究》,南京師範大學博士學位論文。

范春媛(2007)禪籍俗語語義研究,《蘭州學刊》2007(2):204—205。

具熙卿(2007)《唐宋五種禪宗語錄助詞研究》,中國文化大學博士學位論文。

王錦慧(2008)說禪宗語錄中動相補語"却"與"將"的用法,《第三屆漢文佛典語言學國際學術研討會論文集》。

周碧香(2008)五代禪籍"V 諸"的詞彙化,《第三屆漢文佛典語言學國際學術研討會論文集》。

疏志強(2008)《禪宗修辭研究》,濟南:山東文藝出版社。

張鵬麗(2008)《唐宋禪宗語錄疑問句研究》,南京大學博士學位論文。

雷漢卿(2008)禪籍"驢胃""驢胄""驢肘"辨,《宗教學研究》2008(4):54—55。

田春來(2008)釋唐宋禪錄裏的"只如",《漢語史學報》8:216—225。

張子開、張琦(2008)禪宗語言的種類,《宗教學研究》2008(4):56—70。

王景丹(2008)禪宗文本的語言學闡釋,《雲南社會科學》2008(4):137—140。

王曉豔(2008)"怎么"的形成過程,《文學教育(上)》2008(4):154。

雷冬平、胡麗珍(2008)說禪宗語錄中的"格外",《湘潭大學學報(哲學社會科學版)》2008(2):154—156。

小川隆(2008—2017)禪宗語錄入門讀本(1)—(32),《禪文化》209:91—100;210:118—126;211:32—39;212:147—154;213:106—113;214:92—99;215:52—59;217:138—145;218:85—92;219:143—150;220:65—72;221:143—150;222:47—54;223:143—150;224:38—45;225:143—150;226:81—88;229:114—122;230:53—61;231:118—126;232:59—66;234:88—95;235:101—108;236:85—92;238:102—110;240:64—71;241:97—104;242:129—137;243:92—99;244:118—125;245:123—130;246:59—66。

劉愛玲(2008)淺談禪籍諺語的常規意義變體,《黑龍江教育學院學報》2008(9):133—135。

雷漢卿(2009)《禪籍方俗詞研究》,成都:巴蜀書社。

雷漢卿(2009)語文辭書收詞釋義漏略禪籍新義例釋,《合肥師範學院學報》2009(2):27—32。

何小宛(2009)禪錄詞語釋義商補,《中國語文》2009(3):269—271。

張子開(2009)語錄體形成芻議,《武漢大學學報(人文科學版)》2009(5):517—521。

張鵬麗(2009)唐宋禪宗語錄特殊選擇疑問句考察,《南京師範大學文學院學報》2009(3):174—179。

范春媛(2009)禪籍諺語之妙用,《江西社會科學》2009(4):248—250。

張鵬麗、陳明富(2010)唐宋禪宗語錄特殊特指疑問句考察,《漢語史研究集刊》13:1—13。

溫振興(2010)唐宋禪籍中的呵斥歎詞"咄",《漢語史研究集刊》13:

203—213。

鞠彩萍(2010)禪宗語錄中的同義成語,《常州工學院學報(社科版)》2010(4): 57—61。

鞠彩萍(2010)禪籍詞語拾零五則,《古籍研究》55: 47—51。

蒲紅江(2010)禪與語言還原,明生主編《禪和之聲——2009 年廣東禪宗六祖文化節學術研討會論文集》463—472,北京:宗教文化出版社。

康莊(2010)論禪宗副語言及其交際功能,《西北大學學報(哲學社會科學版)》2010(3): 82—85。

哈磊(2010)宋代目錄書所收禪宗典籍,《四川師範大學學報(社會科學版)》2010(3): 43—48。

小川隆(2011)《語録の思想史:中國禪の研究》,東京:岩波書店;何燕生譯(2014)《語録的思想史:解析中國禪》,上海:復旦大學出版社【書評:易丹韻(2012)小川隆《語録思想史》評述,《人文宗教研究》3;A. Welter. (2012) Goroku no shisōshi: Chūgoku Zen no kenkyū 語録の思想史—中國禪の研究. By Ogawa Takashi 小川隆. Tokyo: Iwanami Shoten, 2011; xvi 450, plus 26 pages of indices and charts. ISBN 10: 4000229087; 13: 9784000229081. *International Journal of Asian Studies* 9(2): 257-261】。

雷漢卿(2011)禪語脞説,《漢語史研究集刊》14: 316-327。

雷漢卿(2011)試論禪籍方俗詞的甄別——兼論漢語方俗詞的甄別,《古漢語研究》2011(3): 52—62,95—96。

雷漢卿(2011)試論禪宗語言比較研究的價值——以詞彙研究爲例,《語言科學》2011(5): 551—560。

具熙卿(2011)唐宋代禪宗語錄中助詞"却"的分析——以《祖堂集》、《景德傳燈録》、《五燈會元》爲例,法鼓佛教學院主編《漢文佛典語言學:第三屆漢文佛典語言學國際研討會論文集》231—252,臺北:法鼓文化事業股份有限公司。

周碧香(2011)五代禪籍"V 諸"的詞彙化探析——從古漢語"諸"説起,法鼓佛教學院主編《漢文佛典語言學:第三屆漢文佛典語言學國際研討會論文集》253—284,臺北:法鼓文化事業股份有限公司。

詹緒左、崔達送(2011)禪宗文獻中的同義介詞"擗""騫""攔",《古漢語研究》2011(3): 63—71,96。

王閏吉(2011)《禪録詞語釋義商補》商補,《中國語文》2011(5): 472—475。

徐琳(2011)禪籍俗語語義探析,《晉陽學刊》2011(2): 142—143。

徐琳(2011)唐宋禪籍俗語中的民俗文化蘊含,《文化學刊》2011(6):

100—105。

康健(2011)禪錄代禪隱指用法探析,《寧夏大學學報(人文社會科學版)》2011(3):23—27。

盧烈紅(2011)禪宗語錄中帶語氣副詞的測度問句,《長江學術》2011(3):95—101,120。

張鵬麗(2011)唐宋禪宗語錄中疑問詞語"何""云何""如何"發展演變考察,《西華師範大學學報(哲學社會科學版)》2011(3):36—41。

戴爾·懷特(2011)公案史——中國佛教思想中的語言轉換,《中國禪學》5:193—203。

范春媛(2011)禪宗人稱稱謂"××漢"考察,《寧夏大學學報(人文社會科學版)》2011(1):66—69。

薛春華(2011)《禪宗語錄熟語研究》,上海師範大學碩士學位論文。

孔慶友(2011)《禪宗語境探析》,曲阜師範大學碩士學位論文。

譚世寶(2012)略論唐至遼宋禪宗對悉曇文字及漢語言文學研究之貢獻,黃夏年主編《禪學與佛教文化研究》134—152,鄭州:大象出版社。

雷漢卿(2012)禪籍俗成語淺論,《語文研究》2012(1):40—45。

徐琳(2012)《唐宋禪籍俗語研究》,四川大學博士學位論文。

盧烈紅(2012)談談禪宗語錄語法研究的幾個問題,《武漢大學學報(人文科學版)》2012(4):98—104。

鞠彩萍(2012)淺談禪宗稱謂中的借稱,《法音》2012(2):36—41。

鞠彩萍(2012)釋禪籍詞語"絡索"、"(隨)搂搜",《漢字文化》2012(2):31—35。

鞠彩萍(2012)禪宗語錄"(××)漢"稱呼語的語義語用分析——兼論"漢"的歷史來源及情感傾向,《常州工學院學報(社科版)》2012(2):63—69。

李豔琴(2012)禪籍戰事格鬥俗語分類及其宗門含義,《宜春學院學報》2012(9):58—61。

張鵬麗(2012)唐宋禪宗語錄"VP-Neg-VP"式正反疑問句研究,《泰山學院學報》2012(1):88—92。

張鵬麗(2012)唐宋禪宗語錄新生疑問詞語考察,《西華大學學報(哲學社會科學版)》2012(2):47—52。

張鵬麗(2012)唐宋禪宗語錄疑問語氣詞"麼(摩)"考察,《漢字文化》2012(1):49—52。

顧軍(2012)"如麻似粟"補釋,《廣西民族師範學院學報》2012(5):88—89。

小川隆(2013)"只管"ということ,《春秋》552:22—25。

盧烈紅(2013)禪宗語錄中選擇問句的發展,《東亞文獻研究》11。

張文冠(2013)"吃嘹"補釋,《漢語史研究集刊》16:366—372。

李旭(2013)禪錄詞語釋義劄記,《漢語史研究集刊》16:329—339。

李旭(2013)以禪錄證"好不"肯定式未必現於南宋,《江西省語言學會2013年年會論文集》。

王閏吉(2013)唐宋禪錄疑難語詞考釋四則,《語言研究》2013(3):12—14。

李豔琴(2013)禪籍衙門俗語宗門義管窺,《宜春學院學報》2013(8):50—52,159。

余雁舟(2013)禪宗語錄詞語劄記,《浙江萬里學院學報》2013(1):46—50。

鞠彩萍(2013)禪宗文獻帶"子"稱謂現象考察,《法音》2013(6):29—35。

沈氏雪娥(2013)禪籍方俗詞三題,《欽州學院學報》2013(1):33—37。

康健(2013)唐宋禪錄中的"則(即)不可(無)"特色句式,《西華師範大學學報(哲學社會科學版)》2013(6):93—98。

胡静書(2014)論禪宗典籍中"勿"的"没有"義用法,《東亞文獻研究》13。

詹緒左(2014)禪籍疑難詞語考(下),《漢語史研究集刊》18:301—321。

陳家春(2014)禪籍詞語兼位現象例釋,《安徽理工大學學報(社會科學版)》2014(4):71—76。

何小宛(2014)禪籍諺語的語言特性,《現代語文(語言研究版)》2014(11):33—36。

鞠彩萍(2014)禪籍詈稱的語義類別及語用效力,《求索》2014(10):142—146。

鞠彩萍(2014)釋禪籍稱謂"杜拗子""勤巴子""梢郎子",《寧夏大學學報(人文社會科學版)》2014(3):29—31,36。

鞠彩萍(2014)唐宋禪籍詈稱的深層文化折射研究,《河南社會科學》2014(5):105—109。

龔元華、曾良(2014)禪籍文獻詞語考釋舉例,《語言研究集刊》12:270—276。

張鵬麗(2014)唐宋禪宗語錄特殊正反疑問句考察,《魯東大學學報(哲學社會科學版)》2014(2):57—65。

雷漢卿(2014)近代俗語詞研究與禪宗文獻整理漫議,《燕趙學術》2014(1):1—11。

雷漢卿、王長林(2014)禪錄方俗詞解詁,《閩江學刊》2014(4):88—93。

李豔琴、徐譜悦(2014)禪籍賭博貨貿俗語宗門義舉隅,《宜春學院學報》2014

(7): 6—8,20。

張雙(2014)《禪宗會話中隐喻現象的語用學研究》,廣東外語外貿大學碩士學位論文。

龔元華(2015)《禪籍語錄字詞研究》,廈門大學博士學位論文。

李豔琴、李豪傑(2015)禪籍俗語語義層次及其分類,《宜春學院學報》2015(10): 12—15,117。

任連明、孫祥愉(2015)禪籍俗諺語修辭運用探析,《賀州學院學報》2015(4): 48—53。

任連明、孫祥愉(2015)論禪籍文獻在辭書編撰中的重要價值,《遼東學院學報(社會科學版)》2015(6): 55—60。

尚磊明(2015)"匊匊"辨,《漢字文化》2015(2): 61。

王長林(2015)禪語"君子可八"釋義商兑,《語言研究》2015(1): 99—100。

王長林(2015)禪宗文獻語詞析疑,《漢語史研究集刊》19: 213—224。

康健(2015)唐宋禪錄中的"是即/則是"句式及其演變,《漢語史研究集刊》19: 142—162。

王勇、王長林(2015)禪籍點校獻疑,《勵耘語言學刊》2015(2): 292—302。

鞠彩萍(2015)禪籍方所詞語無標記轉指稱謂現象考察,《常熟理工學院學報》2015(3): 87—92。

鞠彩萍(2015)禪錄俗語詞"央庠""丁一卓二"考,《天中學刊》2015(2): 106—109。

鞠彩萍(2015)禪錄俗語詞"風後先生"解讀,《勵耘語言學刊》2015(2): 69—79。

小川隆(2016)《"禪の語錄"導讀》(禪の語錄 20),東京: 筑摩書房。

祁從舵(2016)《唐宋禪錄句式研究》,北京: 中國社會科學出版社。

高婉瑜(2016)論禪籍表時間的"次",《語言研究集刊》16: 205—217。

王聰(2016)《唐宋禪宗語錄是非問句研究》,吉林大學碩士學位論文。

李豔琴(2016)禪宗文獻飲食類詞語宗門義管窺,《宜春學院學報》2016(10): 16—19。

高列過(2016)試論禪宗語錄對漢譯佛經語言的改造——以四則禪宗詞語為例,《中國語言文學研究》2016(1): 104—115。

付義琴、趙家棟(2016)禪宗語錄語詞考辨三則,《漢字文化》2016(6): 33—36。

王長林(2016)禪籍"勃窣"拾詁,《勵耘語言學刊》2016(2): 179—188。

王長林、李家傲(2016)禪録俗語詞"風後先生"商詁,《勵耘語言學刊》2016(3):97—104。

譚偉(2016)禪宗語言在傳播中的異變,《漢語史研究集刊》21:273—288。

盧烈紅(2016)語體語法:從"在"字句的語體特徵説開去,《長江學術》2016(4):95—99。

盧烈紅(2016)禪家會話過程中轉移話題的藝術,《華中學術》2016(2):182—189。

向德珍、李磊(2016)禪宗文獻中以"(即/則)是"收尾的選擇問和特指問句,《寧夏大學學報(人文社會科學版)》2016(4):8—11。

霍永壽(2016)概念的建構與解構:禪宗語言哲學研究的基本維度,《西安外國語大學學報》2016(2):14—17。

高婉瑜(2016)試論禪宗語言的理據性——以玄沙師備的説法爲例,《東亞文獻研究》17:125—139。

何小宛(2017)《禪宗語録詞語研究》,北京:中國文史出版社。

雷漢卿、李家傲(2017)禪籍"漏逗"考論,《勵耘語言學刊》27:224—237。

詹緒左、周正(2017)禪籍疑難詞語考四則,《古漢語研究》2017(2):12—17,103。

陳偉英(2017)論禪宗語言交際的終極合作,《浙江大學學報(人文社會科學版)》2017(2):115—125。

李豔琴(2017)禪籍俗語宗門義探析——以關涉著名人物的俗語爲例,《東亞文獻研究》20:115—128。

向德珍、姚祥琳(2017)近代漢語裏煞句的"好"字,《寧夏大學學報(人文社會科學版)》2017(4):18—22。

劉振英(2017)唐宋禪宗語録體的文體特徵和多元包容性,《貴州工程應用技術學院學報》2017(5):74—79。

祁偉(2017)禪宗語録中"漏逗"的幾種用法,《新國學》15:49—64。

盧烈紅(2017)禪宗語録"著"字祈使句的發展及相關問題析論,《閩江學刊》2017(6):38—45。

雷漢卿、王長林(2018)《禪宗文獻語言論考》,上海:上海教育出版社。

高婉瑜(2018)《禪籍詞語研究》,臺北:新學林出版股份有限公司。

雷漢卿、李家傲(2018)禪籍詞語考辨四則,《中國語言文學研究》23:1—8。

王長林(2018)禪籍"茅廣""高茅"的詞義及其理據,《語言研究》2018(1):101—105。

王長林(2018)禪宗文獻字詞剳記,《古漢語研究》2018(1):15—20。

衣川賢次(2018)趙州云く、大宜は東北の角、小宜は僧堂の後,《禪文化》248: 83—93。

周正(2018)禪籍"拍盲"考辨,《漢語史研究集刊》24: 261—269。

2. 六祖壇經
◎原始資料
· 現存文本
　　敦煌本
　　　　S. 5475【完整本,大英博物館藏】。
　　　　敦博077號【完整本,敦煌市博物館藏】。
　　　　旅順博物館藏本【完整本】。
　　　　北8024(岡48)【北京圖書館藏】。
　　　　北敦8958(有79)【北京圖書館藏】。
　　興聖寺本。
　　金山天寧寺本【東北大學附屬圖書館藏】。
　　大乘寺本【石川縣美術館藏】。
　　高麗傳本【大德四年(1300)開版】。
　　明版南藏本。
　　明版正統本。
　　金澤文庫本。
　　西夏文六祖壇經【北京圖書館、龍谷大學圖書館藏】。
· 影印本
　　矢吹慶輝(1930)《鳴沙餘韻》,東京:岩波書店。
　　柳田聖山(1976)《六祖壇經諸本集成》(禪學叢書之七),京都:中文出版社。
　　黃永武主編(1984)《敦煌寶藏》108,臺北:新文豐出版公司。
　　任繼愈主編(1993)《中國佛教叢書·禪宗編》,南京:江蘇教育出版社。
　　(1999)《甘肅藏敦煌文獻》第6卷,蘭州:甘肅人民出版社。
　　柳田聖山、椎名宏雄(2001)《唐代禪籍拾遺集成》(禪學典籍叢刊別卷),京都:臨川書店。
　　郭富純、王振芬整理(2011)《旅順博物館藏敦煌本六祖壇經》,上海:上海古籍出版社。
　　椎名宏雄編(2013)《語錄1》(五山版中國禪籍叢刊6),京都:臨川書店。
　　中世禪籍叢刊編集委員會編(2016)《中國禪籍集2》(中世禪籍叢刊9),京都:

臨川書店。

· 校訂本

丁福保(1919)《六祖壇經箋注》,上海:上海醫學書局;(1963)廣州:廣東人民出版社;(1969)臺北:維新書局;(1979)臺北:天華出版事業股份有限公司;(1988)臺北:文津出版社;(2009)臺北:佛陀教育基金會;(2012)濟南:齊魯書社【趙飛鵬(2012)丁福保及其《六祖壇經箋注》,《臺大佛學研究》23:121—159】。

(1928)《大正新修大藏經》卷48,東京:大正新修大藏經刊行會。

鈴木貞太郎、公田連太郎(1934)《敦煌出土六祖壇經》,東京:森江書店。

鈴木貞太郎、公田連太郎(1934)《興聖寺本六祖壇經》,東京:森江書店。

宇井伯壽(1941)《第二禪宗史研究·壇經考》,東京:岩波書店。

鈴木大拙(1942)《韶州曹溪山六祖師壇經》,東京:岩波書店。

駒澤大學禪宗史研究會校錄(1969)《慧能研究》,東京:大修館書店。

唐一玄(1970)《六祖壇經注釋》,高雄:佛光文化事業有限公司。

石井修道(1980)惠昕本《六祖壇經》の研究:定本の試作と敦煌本との對照,《駒澤大學佛教學部論集》11:96—138。

石井修道(1981)惠昕本《六祖壇經》の研究(續):定本の試作と敦煌本との對照,《駒澤大學佛教學部論集》12:68—132。

郭朋(1981)《〈壇經〉對勘》,濟南:齊魯書社。

郭朋(1983)《壇經校釋》(中國佛教典籍選刊),北京:中華書局;(1987)《壇經校釋》,臺北:文津出版社。

石俊、樓宇烈、方立天、許抗生、樂壽明編(1983)《中國佛教思想資料選編》第2卷第4冊,北京:中華書局。

詹勵吾(1985)《六祖壇經流行本敦煌本合刊》,臺北:慧炬出版社。

張火慶導讀(1987)《六祖壇經》,臺北:金楓出版社。

郭朋(1987)《壇經導讀》,成都:巴蜀書社。

山田大應(1987)《增注六祖壇經》,臺北:新文豐出版社。

退翁性徹(1988)《敦煌本壇經》,韓國:海印寺藏經閣。

金知見(1989)校注敦煌六祖壇經,《六祖壇經의世界》,首爾:民族社。

宋紹年(1990)六祖壇經,劉堅、蔣紹愚《近代漢語語法資料彙編 唐五代卷》71—116,北京:商務印書館。

東方佛學院(1991)《〈六祖壇經〉注釋》,高雄:佛光出版社。

楊曾文(1993)《敦煌新本〈六祖壇經〉》,上海:上海古籍出版社【書評:陳士強(1994)評《敦煌新本〈六祖壇經〉》,《世界宗教研究》1994(3)】。

印順法師(1993)《精校敦煌本壇經》,臺北：正聞出版社。

潘重規(1994)《敦煌壇經新書》,臺北：佛陀教育基金會【鄧文寬(2004)重讀《敦煌壇經新書》——紀念潘重規先生逝世一周年,《敦煌學》25：589—596；姚孝彥(2011)潘著《敦煌壇經新書》管見,《法光》257：2—3】。

演培(1994)《六祖壇經》,中壢：圓光印經會。

佛光大藏經編修委員會(1994)《佛光大藏經　禪藏》21,高雄：佛光出版社。

潘重規(1995)《敦煌壇經新書附冊》,臺北：佛陀教育基金會。

黃柏權(1996)《六祖壇經注釋》,廣州：廣東高等教育出版社。

鄧文寬(1997)《大梵寺佛音——敦煌莫高窟〈壇經〉讀本》,臺北：如聞出版社【書評：方廣錩(1998)《大梵寺佛音——敦煌莫高窟〈壇經〉讀本》評介,《敦煌研究》1998(1)：182—185】。

周紹良(1997)《敦煌寫本壇經原本》,北京：文物出版社。

孟東燮(1997)敦煌本《壇經》について,《禪學研究》75：1—67。

方廣錩輯校(1997)《敦煌佛教經錄輯校》,南京：江蘇古籍出版社。

鄧文寬、榮新江(1998)《敦博本禪籍錄校》,南京：江蘇古籍出版社。

李申合校,方廣錩簡注(1999)《敦煌壇經合校簡注》,太原：山西古籍出版社。

歐文樂(1999)《敦煌本六祖壇經校釋》,臺北：自印本。

潘重規(2001)《敦煌壇經新書及附冊》,臺北：佛陀教育基金會。

楊曾文(2001)《新版敦煌新本六祖壇經》,北京：宗教文化出版社【鄧文寬(2003)評《敦煌新本六祖壇經》,《〈六祖壇經〉研究》5,北京：中國大百科全書出版社】。

方廣錩(2002)敦煌本《壇經》首章校釋疏義,《中國禪學》1：98—114；(2003)釋如禪主編《〈六祖壇經〉研究》5：10—41,北京：中國大百科全書出版社。

林光明、蔡坤昌、林怡馨編譯(2004)《楊校敦博本六祖壇經及其英譯》,臺北：嘉豐出版社。

鄧文寬(2005)《六祖壇經：敦煌〈壇經〉讀本》,瀋陽：遼寧教育出版社。

黃連忠(2006)《敦博本六祖壇經校釋》,臺北：萬卷樓圖書股份有限公司。

唐思鵬(2006)《六祖壇經新注》,北京：華文出版社。

石剛(2007)《六祖壇經今注》,北京：首都經濟貿易大學出版社。

方廣錩等(2008)敦煌本《壇經》校釋疏義　前言・標題章・第一章・第二章,《藏外佛教文獻》10：329—415。

方廣錩等(2008)敦煌本《壇經》校釋疏義　第三章・第四章・第五章,《藏外佛教文獻》11：311—372。

方廣錩等(2008)敦煌本《壇經》校釋疏義　第六章・第七章・第八章,《藏外佛教文獻》12：361—418。

洪修平、白光注評(2010)《壇經》,南京：鳳凰出版社。

郭富純、王振芬整理(2011)《旅順博物館藏敦煌本六祖壇經》,上海：上海古籍出版社。

陳王庭(2011)敦煌本《壇經》校釋疏義第九章,《藏外佛教文獻》2011：371—392。

伍小劼(2011)敦煌本《壇經》校釋疏義第十章,《藏外佛教文獻》2011：393—401。

方廣錩(2011)敦煌本《壇經》校釋疏義　第十一章—第十二章,《藏外佛教文獻》2011：402—423。

方廣錩(2011)敦煌本《壇經》校釋疏義　第十二章,黃夏年主編《中國禪學研究》上(第二屆黃梅禪宗文化高峰論壇論文集)112—121,鄭州：中州古籍出版社。

江泓、夏志前點校(2011)《壇經四古本》,廣州：羊城晚報出版社。

比爾・波特,呂長清譯(2012)《六祖壇經解讀》,海口：南海出版公司。

李申校釋,方廣錩簡注(2018)《敦煌壇經合校譯注》,北京：中華書局。

・日譯本

柳田聖山(1972)六祖壇經,西谷啓治、柳田聖山編《禪家語錄Ⅰ》(世界古典文學全集)67—180,東京：筑摩書房。

柳田聖山(1974)《禪語錄》(世界の名著　續3),東京：中央公論社；(1978)《禪語錄》(世界の名著18),東京：中央公論社。

中川孝(1976)《六祖壇經》(禪の語錄4),東京：筑摩書房。

田上太秀(1983)六祖壇經,塚本善隆編《中國佛教集》325—348,町田：玉川大學出版部。

中川孝(1995)《六祖壇經》(タチバナ教養文庫),東京：たちばな出版。

佐藤悦成(1995,1996)《敦煌新本六祖壇經》試譯(一二),《禪研究所紀要》23：177—200；24：167—193。

佐藤悦成(1996)《敦煌新本六祖壇經》,全國曹洞宗青年會事務局。

中島志郎(2006)《六祖壇經》(第3期禪語錄傍譯全集2),東京：四季社。

・中譯本

釋聖印(1980)《〈六祖壇經〉今譯》,臺北：天華出版社。

釋能學(1981)《六祖法寶壇經白話譯本》,高雄：新超峰寺。

尹協理(1992)《白話金剛經・壇經》,石家莊：河北人民出版社；(1995)臺北：

大行出版社。

　　許傳德(1992)《白話六祖壇經》,蘭州:甘肅人民出版社。

　　魏道儒(1992)《白話壇經》,西安:三秦出版社。

　　郭明文注解(1993)《〈六祖壇經〉白話直說》,臺北:明齋出版社。

　　北京社會科學研究院宗教研究所(1994)《六祖壇經》(白話佛教經典6),臺北:博遠出版社。

　　林凡音(1994)《六祖法寶壇經》白話譯義,《廣東佛教》1994(40)。

　　李申釋譯(1997)《六祖壇經》,高雄:佛光出版社。

　　李中華注釋,丁敏校閱(1997)《新譯六祖壇經》,臺北:三民書局。

　　黃連忠(1997)《釋禪波羅蜜譯注》,高雄:佛光出版社。

　　潘桂明譯注(2000)《壇經全譯》,成都:巴蜀書社。

　　錢育渝(2001)六祖法寶壇經今譯,錢育渝《原禪》,貴陽:貴州人民出版社。

　　齊義農編譯(2003)《壇經》,蘭州:甘肅文化出版社。

　　鍾明譯(2005)《壇經》,呼和浩特:遠方出版社。

　　徐文明注譯(2008)《六祖壇經》,鄭州:中州古籍出版社。

　　尚榮譯注(2010)《壇經》,北京:中華書局;(2012)臺北:聯經出版公司。

　　魏道儒(2010)《壇經譯注》,北京:中華書局。

　　魏建中譯注(2012)《壇經》,濟南:山東畫報出版社。

　　王孺童譯注(2013)《壇經釋義》,北京:中華書局。

　　李明注譯(2016)《六祖壇經》,長沙:嶽麓書社。

　　王孺童(2018)《壇經諸本精校釋義》(《王孺童集》8),北京:宗教文化出版社。

·英譯本

　　Wong Mou-lam. (1930) *Sutra Spoken by the Sixth Patriarch Wei Lang on the High Seat of the Gem of Law*, Shanghai: Yu Ching Press; (1944) *The Sūtra of Wei Lang (or Hiu-neng) translated from the Chinese by Wong Mou-lam*, edited by Christmas Humphreys, London: Luzac and Company.

　　Dwight Goddard. (1932) Sutra of the Sixth Patriarch, *A Buddhist Bible: The Favorite Scriptures of the Zen Sect*: 214–316, Thetford.

　　W. Chan. (1963) *The Platform Scripture*, *The basic Classics of Zen Buddhism*, New York: St. John's University Press.

　　P. B. Yampolsky. (1967) *The platform Sutra of the Sixth Patriarch*, New York and London: Columbia University Press.

　　林光明、蔡坤昌、林怡馨編譯(2004)《楊校敦博本六祖壇經及其英譯》,臺北:

嘉豐出版社。

·法譯本

C. Toulsaly. （1992）*Sixieme Patriache/Sutra de la Plate-forme*，Paris：Librairie You Feng.

·德譯本

E. Rousselle.（1930-1936）Sūtra des Sechsten Oatriarchen，*Sinica* vol. V-XI.

Ursula Jarand.（1989）*Das Sutra des Sechsten Patriarchen*，München：O. W. Barth Verlag.

·文本研究

胡適(1929)記北宋本的《六祖壇經》，《文史叢刊》1929(1)；(1934)《文史叢刊(山東大學)》1934(1)：22。

羅福成(1930)《六祖大師法寶壇經》殘本釋文，《北平圖書館館刊》1930(3)。

胡適(1930)神會與六祖壇經，《神會和尚遺集：胡適校敦煌唐寫本》73—90，上海：亞東圖書館；(1968)《神會和尚遺集：胡適校敦煌唐寫本(附胡先生晚年的研究)》73—90，臺北：胡適紀念館。

胡適(1930)《壇經》考之一——跋曹溪大師別傳，《國立武漢大學文哲季刊》1930(1)：33—43；(1935)《胡適論學近著》1，上海：商務印書館；柳田聖山編(1975)《胡適禪學案》，臺北：正中書局；(1983)《壇經校釋》，北京：中華書局；(1986)《胡適作品集》16，臺灣：遠流出版公司；(1993)《胡適說禪》，北京：東方出版社；(1997)《胡適學術文集·中國佛學史》，北京：中華書局；(1999)楊曾文、杜斗城主編《中國敦煌學百年文庫·宗教卷》4；(2003)《胡適全集》4，合肥：安徽教育出版社【黃德遠(1993)《〈壇經〉考》質疑——讀胡適《壇經考之一》，《中國人民大學學報》1993(2)；譚宇權(1995)評胡適壇經考證，《中國文化月刊》185：69—91】。

陳寅恪(1932)禪宗六祖傳法偈之分析，《清華大學學報(自然科學版)》1932(2)；(1999)楊曾文、杜斗城主編《中國敦煌學百年文庫·宗教卷》4。

松本文三郎(1932)六祖壇經の書誌學的研究(上下)，《禪學研究》17：29—60，《禪學研究》18：31—78；(1933,1934)《正法輪》1933：766—782，《正法輪》1934：784—786。

胡適(1934)跋日本京都堀川興聖寺藏北宋惠昕本壇經影印本——《壇經》考之二；柳田聖山編(1975)《胡適禪學案》，臺北：正中書局；(1999)楊曾文、杜斗城主編《中國敦煌學百年文庫·宗教卷》4。

胡適(1935)壇經考之二——記北宋本的《六祖壇經》，《胡適論學近著》1，上海:商務印書館;(1976)《六祖壇經研究論集》(現代佛教學術叢刊 1)11—28,臺北:大乘文化出版社;(1986)《胡適作品集》16,臺灣:遠流出版公司;(1993)《胡適說禪》,北京:東方出版社;(1997)《胡適學術文集・中國佛學史》,北京:中華書局;(2003)《胡適全集》4,合肥:安徽教育出版社。

今長谷蘭山(1935)六祖壇經研究資料,《禪學研究》23:25—28。

李嘉言(1935)《六祖壇經》德異刊本之發現,《清華學報(新)》1935(2):483—490。

鈴木大拙(1936)加賀大乘寺所藏《六祖壇經》と《一夜碧巖》について,《支那佛教史學》1(3):23。

大久保道舟(1937)大乘寺本を中心とせる六祖壇經の研究,《駒澤大學佛教學會學報》8:57—84。

久野芳隆(1937)流動性に富む唐代の禪宗典籍—敦煌出土本に於ける南禪北宗の代表的作品—,《宗教研究》新 14(1):117—144。

川上天山(1938)西夏語譯六祖壇經について,《支那佛教史學》2(3):61—66;(1976)柳田聖山《六祖壇經諸本集成》(禪學叢書之七)433—438,京都:中文出版社。

鈴木大拙(1938)六祖壇經に關する二三の意見,《大谷學報》19(1):18。

黑田亮(1940)朝鮮流通六祖壇經の形式に就いて,《朝鮮舊書考》,東京:岩波書店。

宇井伯壽(1941)壇經考,《第二禪宗史研究》1—116,東京:岩波書店;楊曾文選譯(2003)《壇經》考,釋如禪主編《〈六祖壇經〉研究》4:259—278,北京:中國大百科全書出版社。

羅香林(1944)《壇經》之筆受者問題,《唐代文化史研究》,重慶:商務印書館;(1946)《唐代文化史研究》,上海:商務印書館;(1960)《無盡燈》1960(6);(1976)《六祖壇經研究論集》(現代佛教學學術叢刊 1)269—276,臺北:大乘文化出版社;(1992)《唐代文化史研究》,上海:上海文藝出版社;(1999)楊曾文、杜斗城主編《中國敦煌學百年文庫・宗教卷》4。

松本文三郎(1944)六祖壇經の研究,《佛教史雜考》87—168,大阪:創元社;許洋主譯(1980)《六祖壇經》之研究,《佛光學報》5:219—266。

陳銘樞(1947)六祖壇經述義,《京滬周刊》1947(10):7—9。

周連寬(1950)六祖壇經考證,《嶺南學報》1950(2):105—124,125—144。

鈴木大拙(1951)六祖壇經、慧能及慧能禪について,《禪思想史研究第二》325—380,東京:岩波書店;(1968)《鈴木大拙全集》2:310—361,東京:岩波書店。

中川孝(1953)六祖壇經の異本に就いて,《印度學佛教學研究》2(1):155—156。

羅時憲(1959)六祖壇經管見,《新亞書院學術年刊》1:1—23。

無心(1961)六祖壇經版本志異,《人生月刊》13(4)。

柳田聖山(1967)《初期禪宗史書の研究》,京都:法藏館;(2000)《柳田聖山集》第6卷,京都:法藏館。

中川孝(1968)敦煌本六祖壇經の問題點,《印度學佛教學研究》17(1):324—327。

高永霄(1968)《六祖壇經》研究略見,《香港佛教》92:12—15。

曾普信(1968)六祖壇經考—1—,《臺灣佛教》22(2):9—14,19;六祖壇經考—2—,《臺灣佛教》22(3):17-20。

中川孝(1970)六祖壇經興聖寺本の傳承に就いて,《印度學佛教學研究》19(1):246—250。

印順(1971)壇經之成立及其演變,《中國禪宗史》237—280,臺北:正聞出版社;(1999)《中國禪宗史》191—225,南昌:江西人民出版社;伊吹敦譯(1997)《壇經》の成立と變遷,《中國禪宗史—禪思想の誕生—》295—344,東京:山喜房佛書林。

中川孝(1973)六祖壇經異本の源流,《印度學佛教學研究》21(2):802—805。

椎名宏雄(1975)金山天寧寺舊藏《六祖壇經》について,《印度學佛教學研究》23(2):788—792。

楊鴻飛(1975)壇經の研究—編著者について—,《印度學佛教學研究》24(1):333—336。

郭泗海(1975)六祖壇經讀後,《慧炬》133:20—22。

吳怡(1975)《六祖壇經》疏義,《鵝湖》1(6):39—42。

張曼濤(1976)《六祖壇經研究論集》(現代佛教學術叢刊1),臺北:大乘文化出版社。

柳田聖山撰,羅麗馨譯(1977)六祖壇經諸本集成解說,《食貨月刊》7(4):184—188。

里道德雄(1979)六祖獦獠考(一)—その問題點,《禪文化研究所紀要》11:23—43。

石井修道(1979)伊藤隆壽氏發見の真福寺文庫所藏の《六祖壇經》の紹介:惠昕本《六祖壇經》の祖本との關連,《駒澤大學佛教學部論集》10:74—111。

柳田聖山(1980)敦煌本《六祖壇經》の諸問題,篠原壽雄、田中良昭編《敦煌佛典と禪》(講座敦煌 8)19—50,東京:大東出版社。

石井修道(1980)惠昕本《六祖壇經》の研究:定本の試作と敦煌本との對照,《駒澤大學佛教學部論集》11:96—138。

石井修道(1981)惠昕本《六祖壇經》の研究(續):定本の試作と敦煌本との對照,《駒澤大學佛教學部論集》12:68—132。

楊惠南(1981)壇經的作者及其中心思想,《"國立"編譯館館刊》10(2):127—146。

嚴靈峰(1982)《六祖壇經》版本的流傳,《東方雜誌》1982(6):28—34。

净慧(1982)關於慧能得法偈初探——兼論《壇經》的版本問題,《法音》1982(2)。

净慧(1984)"敦煌寫本"是否最古《壇經》,《內明》151:21—25。

柳田聖山撰,楊曾文譯(1984)《六祖壇經諸本集成》解題,《世界宗教資料》1984(2)。

柳田聖山撰,楊曾文譯(1984)《六祖壇經諸本集成》説明,《法音》1984(1)。

小川隆(1985)敦煌本《六祖壇經》の惠能傳に關する一試論,《駒澤大學大學院佛教學研究會年報》18:44—49。

小川隆(1986)敦煌本《六祖壇經》と《歷代法寶記》,《宗學研究》28:175—178。

長嶋孝行(1986)現存する《六祖壇經》の五本、七册の對較と考察,《印度學佛教學研究》35(1):106—108。

羅義俊(1986)當代關於《壇經》作者的一場爭論——兼評胡適禪宗研究方法上的若干失誤,《世界宗教研究》1986(4)。

小川隆(1987)敦煌本《六祖壇經》の成立について,《駒澤大學大學院佛教學研究會年報》20:20—27;(1989)敦煌本《六祖壇經》の成立について(之二),《駒澤大學大學院佛教學研究會年報》22:9—18;(1990)試論六祖壇經之成書經過,《佛光山國際禪學會議實錄——六祖壇經之宗教與文化探討》132—144,高雄:佛光出版社。

小川隆(1987)敦煌本《六祖壇經》における般若について,《印度學佛教學研究》35(2):140—142。

田中良昭(1988)《〈壇經〉研究》考—特に最近のテキスト研究を中心として—,《鎌田茂雄還曆記念論文集 中國の佛教と文化》291—313,東京:大藏出版;(2009)《敦煌禪宗文獻の研究》2:171—193,東京:大東出版社;English translation by Koichi Shinohara(1991)Recent Developments in the Textual-Critical

Study of the Platform Scripture, Koichi Shinohara and Gregory Schopen ed, *From BENARES To BEIJING: Essays on BUDDHISM and CHINESE RELIGION*, New York-London：MOSAIC PRESS.

ドミエヴィル(P. Demiêville.),林信明編譯(1988)靈なる鏡,《ポール・ドミエヴィル禪學論集》(國際禪學研究所研究報告1),京都：花園大學國際禪學研究所。

禪和子(1988)略談《六祖壇經》流傳海外的不同版本,《香港佛教》341：22—24。

楊曾文(1989)中日的敦煌禪藉研究和敦博本《壇經》《南宗定是非論》等文獻的學術價值,《中日佛教研究》,北京：中國社會科學出版社;(1997)《中日佛教學術會議論文集》(1985—1995),北京：中國社會科學出版社;(1999)楊曾文、杜斗城主編《中國敦煌學百年文庫・宗教卷》2,蘭州：甘肅文化出版社;(2003)釋如禪主編《〈六祖壇經〉研究》4：100—108,北京：中國大百科全書出版社;麥谷邦夫譯(1987)中日兩國の敦煌禪藉研究—及び敦煌縣博物館本《壇經》《南宗定是非論》等の文獻の學術的價值,《中外日報》10月23日：10—12。

楊曾文(1989)敦博本壇經的學術價值,金知見編《六祖壇經의世界》35—49,首爾：民族社。

郭朋(1989)《壇經》校釋序,張錫坤主編《佛教與東方藝術》,長春：吉林教育出版社;(2011)《郭朋佛學論文選集》,北京：社會科學文獻出版社。

净慧(1989)關於《壇經》的版本源流問題——慧能得法偈初探,《香港佛教》1989年8月;(2003)《〈六祖壇經〉研究》3,北京：中國大百科全書出版社。

楊曾文(1990)敦博本壇經及其學術價值,《佛光山國際禪學會議實錄——六祖壇經之宗教與文化探討》157—158,高雄：佛光出版社。

李雪濤(1990)關於敦煌本《壇經》的幾個問題——與郭朋先生的商榷,《内明》220：11—15。

田中良昭(1991)北京本《六祖壇經》について,《宗學研究》33：275-280;(2009)《敦煌禪宗文獻の研究》2：209—224,東京：大東出版社。

田中良昭(1991)敦煌本《六祖壇經》諸本の研究—特に新出の北京本の紹介—,《松ヶ岡文庫研究年報》5：9—38;(2009)《敦煌禪宗文獻の研究》2：195—208,東京：大東出版社。

楊曾文撰,高洪譯(1992)慧能と《六祖壇經》に關する3つの問題,《禪研究所紀要》21：15—25。

楊曾文(1992)《六祖壇經》諸本的演變和慧能的禪法思想,《中國文化》1992

(6):24—37。

潘重規(1992)敦煌六祖壇經讀後管見,《中國文化》1992(2);《敦煌學》19:1—13;(1999)楊曾文、杜斗城主編《中國敦煌學百年文庫·宗教卷》2。

沖本克己撰,李德龍譯(1992)敦煌出土的藏文禪宗文獻的內容,《國外藏學研究譯文集》8。

史金波(1993)西夏文《六祖壇經》殘頁譯釋,《世界宗教研究》1993(3):90—100;(2003)釋如禪主編《〈六祖壇經〉研究》4:84—99,北京:中國大百科全書出版社。

余崇生(1993)慧能禪與《壇經》版本,《獅子吼》32(7):21—26。

演慈(1994)壇經的筆受及其版本(上下),《內明》264:22—30;265:23—28。

高橋秀榮(1995)金澤文庫保管《六祖壇經》について,《宗學研究》37:274—279。

木村隆德撰,李德龍譯(1995)敦煌出土藏文禪宗文獻的性質,《國外藏學研究譯文集》12。

周紹良(1995)敦煌本《六祖壇經》是慧能的原本——《敦博本禪籍錄校》序,《敦煌吐魯番研究》1:301—311,北京:北京大學出版社;(1998)鄧文寬、榮新江《敦博本禪籍錄校》1—26,南京:江蘇古籍出版社;(2003)釋如禪主編《〈六祖壇經〉研究》4:25—40,北京:中國大百科全書出版社。

伊吹敦(1995)敦煌本《壇經》の形成,《印度學佛教學研究》44(1):77—81。

伊吹敦(1995)敦煌本《壇經》の形成—惠能の原思想と神會派の展開—,《論叢アジアの文化と思想》4:1—266。

方廣錩(1996)禪藏與敦煌禪籍,《禪與東方文化》121—138,北京:商務印書館國際有限公司。

周紹良(1997)敦煌寫本《壇經》之考定,《敦煌寫本〈壇經〉原本》175—192,北京:文物出版社;(1999)楊曾文、杜斗城主編《中國敦煌學百年文庫·宗教卷》2。

鄧文寬(1997)近年敦煌本《六祖壇經》整理工作評介,《周紹良先生欣開九秩慶壽文集》196—207,北京:中華書局;(2003)釋如禪主編《〈六祖壇經〉研究》4:240—258,北京:中國大百科全書出版社。

伊吹敦(1997)敦煌本《壇經》是否爲傳授本,《六祖慧能思想研究——"慧能與嶺南文化"國際學術研討會論文集》(學術研究叢書)305—313,廣州:學術研究雜誌社。

方廣錩撰,神野恭行譯(1998)敦煌《壇經》新出殘片跋,《禪學研究》76:49—55。

楊曾文(1999)《唐五代禪宗史》,北京:中國社會科學出版社。

任繼愈(1999)敦煌《壇經》寫本跋,楊曾文、杜斗城主編《中國敦煌學百年文庫・宗教卷》2;(2005)《任繼愈禪學論集》,北京:商務印書館。

錢穆(1999)神會與壇經,楊曾文、杜斗城主編《中國敦煌學百年文庫・宗教卷》4。

錢穆(1999)略述有關六祖壇經之真偽問題,楊曾文、杜斗城主編《中國敦煌學百年文庫・宗教卷》4。

李富華(1999)《惠能與〈壇經〉》,珠海:珠海出版社。

吳平(1999)《壇經》版本源流考,《廣東佛教》1999(4)。

近藤章正(1999)《六祖壇經》の一考察,《印度學佛教學研究》48(1):203—205。

近藤章正(2000)《六祖壇經》と神會,《駒澤大學大學院佛教學研究會年報》33:19—30。

方廣錩(2001)關於敦煌本《壇經》,郝春文編《敦煌文獻論集——紀念敦煌藏經洞發現一百周年國際學術研討會論文集》481—499,瀋陽:遼寧人民出版社;(2003)釋如禪主編《〈六祖壇經〉研究》4:188—210,北京:中國大百科全書出版社。

孟東燮(2002)德異本《六祖壇經》の研究——特に高麗初刻本の發現にちなんで,《禪學研究》81:69—121。

張子開(2002)敦煌寫本《六祖壇經》的題名,《宗教學研究》2002(3):43—53。

張勇(2002)唐五代禪宗修習的典籍——以敦煌寫本《六祖壇經》爲考察範圍,《普門學報》2002(10):71—87。

椎名宏雄(2002)唐代禪籍の宋代刊行について,鈴木哲雄編《宋代禪宗の社會的影響》,東京:山喜房佛書林。

李富華(2002)《壇經》的書名、版本與內容,《中國禪學》1:89—97。

釋如禪主編(2003)《〈六祖壇經〉研究》全5冊,北京:中國大百科全書出版社。

方廣錩(2003)關於敦煌本《壇經》的幾個問題,《田中良昭博士古稀記念論文集 禪學研究の諸相》43—58,東京:大東出版社。

何照清(2003)《壇經》研究方法的反省與拓展——從《壇經》的版本考證談起,《中國禪學》2:97—111,北京:中華書局;(2011)《楊惠南先生七十壽慶論文集》311—340,臺北:Airiti Press Inc.。

何照清(2003)《在般若與如來藏之間——從〈壇經〉諸本及相關文獻探討〈壇經〉屬性》,輔仁大學博士學位論文。

杜斗城、梁紅(2003)敦煌三種禪籍的有關問題,《曹溪禪研究》3:142—149。

徐文明(2003)《壇經》諸版本考釋與六祖思想新論,《曹溪禪研究》2:499—515,北京:中國社會科學出版社。

中嶋隆藏(2004)明刻《六祖壇經》二種について——台灣"國家圖書館"所藏明永樂間刊本と房山石經本,《禪學研究》82:1—27。

周春生、韋光燕(2004)休休庵本《壇經》版本考,《世界宗教研究》2004(4):37—40。

林崇安(2004)六祖壇經的祖本及其演變略探,《法光雜誌》172;(2004)《林崇安佛學論文選集》119—126,內觀教育基金會。

鄧文寬(2005)敦煌本《六祖壇經》的整理與研究——在中國國家圖書館的演講,《敦煌與絲路文化學術講座》438—466,北京:北京圖書館出版社。

付義(2005)《壇經》版本管窺,《宗教學研究》2005(1):144—146。

黃連忠(2006)敦博本六祖壇經文獻學考察及其學術價值的再衡定,《佛教史與佛教藝術:明復法師圓寂一周年紀念研討會》。

黃連忠(2006)百年來敦煌寫本六祖壇經的發現與研究之論評,《佛學百年國際學術研討會論文集》;(2008)《佛學百年》390—407,武漢:武漢大學出版社。

馬德(2006)敦煌冊子本《壇經》之性質及抄寫年代試探,《敦煌吐魯番研究》9。

存德(2006)敦煌遺書《六祖壇經》的幾個文本,《廣東佛教》2006(10)。

邱敏捷(2006)《壇經》的作者與版本——印順與胡適及日本學者相關研究觀點之比較,《第六屆"印順導師思想之理論與實踐"學術會議論文集》;(2010)《臺南大學人文研究學報》41(2):13—41。

鄭湧(2007)《壇經》的作者、版本及其它,覺醒主編《覺群佛學》,北京:宗教文化出版社。

黃連忠(2007)敦煌寫本六祖壇經的發現與文字校訂方法芻議,《法鼓佛學學報》1:71—102。

黃連忠(2007)敦博本六祖壇經文字校正與白話譯釋的方法論,《敦煌學輯刊》4:97—113。

蔣宗福(2007)敦煌《壇經》相關問題考辨,《宗教學研究》2007(4):83—91。

方廣錩(2007)敦煌本《壇經》錄校三題,《禪與人間佛教學術研討會論文集》;(2008)《藏外佛教文獻》10:419—442。

張偉然(2007)《壇經》中慧能"不識文字"的修辭意義——兼及相關的《壇經》版本問題,明生主編《禪和之聲——"禪宗優秀文化與構建和諧社會"學術研討會論文集》490—496,北京:宗教文化出版社。

洗立群(2007)敦煌禪文獻與禪宗史研究,明生主編《禪和之聲——"禪宗優秀文化與構建和諧社會"學術研討會論文集》522—532,北京:宗教文化出版社。

李强(2007)敦煌禪宗《壇經》與佛教詩歌辭曲勘證,鄭炳林、樊錦詩、楊富學主編《敦煌佛教與禪宗學術討論會文集》,西安:三秦出版社。

陳清香(2007)六祖圖像與壇經版本,《慧炬》513:3—7。

沈氏雪娥(2008)《壇經》版本考,《安徽文學(下半月)》2008(8):347—348。

許嘉村(2008)《〈壇經〉版本考》,臺北"中央大學"碩士學位論文。

李嘉言(2009)《六祖壇經》德異刊本之發展,《普門學報》54:283—293。

胡聰賢(2009)On Authorship of the Platform Sutra,《亞東學報》29:355—363。

翁彪(2010)敦煌寫本校理臆説——以敦煌本《壇經》為例,《百年敦煌文獻整理研究國際學術討論會論文集(下册)》。

白光(2010)試探敦煌出土五種漢文寫本《壇經》的先後親疏關係,《普門學報》59:1—32。

張紅立(2011)《〈六祖壇經〉版本及得法偈辨析》,東北師範大學碩士學位論文。

王振芬(2011)旅博本《壇經》的再發現及其學術價值,《敦煌吐魯番研究》12:367—380,上海:上海古籍出版社。

上山大峻(2011)敦煌發現的吐蕃禪文獻研究——領域及其前景的一個評論,吴言生主編《中國禪學》5:431—443,北京:中國社會科學出版社。

李明山(2011)關於《壇經》作者的論争與思考,《韶關學院學報》2011(11)。

吴平(2012)20世紀有關《壇經》作者問題的一樁公案,黄夏年主編《中國禪學》6:431—434,鄭州:大象出版社。

候沖(2012)讀旅博本《壇經》三得,黄夏年主編《中國禪學研究上》91—111,鄭州:中州古籍出版社。

方廣錩(2012)敦煌遺書整理的回顧與展望,《法音》2012(7)。

白光(2012)《〈壇經〉版本譜系及其思想流變研究》,南京大學博士學位論文。

白光(2012)旅博本《壇經》之實録及與英博本、敦博本親疏關係之研究,《中國禪學》6:475—500,鄭州:大象出版社。

白光(2013)《〈壇經〉版本譜系及其思想流變研究》,北京:宗教文化出版社。

黄連忠(2013)旅博本六祖壇經的學術價值及其録文整理研究,《六祖禪》2013(2):43—51;明生主編《禪和之聲——2011—2012廣東禪宗六祖文化節學術研討會論文集(上)》14—36,廣州:羊城晚報出版社。

林世田、楊學勇、劉波(2013)敦煌早期禪宗典籍,《敦煌佛典的流通與改造》,

蘭州：甘肅教育出版社。

崔峰(2013)敦煌本《壇經》内容及其產生的社會背景探析,《禪和之聲2013——六祖惠能圓寂 1300 周年學術研討會論文集》。

哈磊(2015)德異本《壇經》增補材料之文獻溯源考證,《宗教學研究》2015(4)：104—114。

王震(2015)《敦煌本〈壇經〉爲"傳宗簡本"考》,蘭州大學碩士學位論文。

白光(2015)《六祖壇經》版本及其注解研究概述,《中國社會科學報》2015 年 12 月 22 日。

陳禹彤(2016)《〈六祖壇經〉版本及其演變之研究》,華梵大學碩士學位論文。

洪修平、白光(2016)《壇經》版本及其與南宗禪發展之互動研究,《佛教文化研究》2016(1)：30—46,387—388,2。

羅二紅(2016)《旅順博物館藏敦煌寫本〈壇經〉研究》,雲南師範大學碩士學位論文。

白光(2017)現存法海集記《壇經》的版本譜系研究,《中國典籍與文化》2017(1)：9—13,2。

馬俊(2017)《壇經》版本與南禪思想演變關係考論,《宜春學院學報》2017(5)：1—6。

古勝亮(2017)敦煌本《壇經》の編輯：傳法表現および偈の重複からみた形成史の推定,《集刊東洋學》116：118—132。

侯沖(2018)契嵩本《壇經》新發現,《世界宗教研究》2018(4)：54—66。

白光(2018)洪武六年本《壇經》的學術價值——兼述"契嵩本"《壇經》的版本譜系,《文獻》2018(5)：88—99。

尹鮮昊(2018)高麗本《六祖壇經》の一考察：知訥の著書・跋文を參考として,《駒澤大學大學院佛教學研究會年報》51：172—150。

古賀英彦(2018)神會と敦煌本壇經の祖統説,《禪文化》248：66—82。

秦晉楠(2019)旅順博物館藏敦煌抄本《壇經》古標點淺議,《平頂山學院學報》2019(1)：89—94。

◎研究

高增良(1990)《六祖壇經》中所見的語法成分,《語文研究》1990(4)：33—38。

潘重規(1992)敦煌寫本《六祖壇經》中的"獦獠",《中國唐代學會會刊》1992(3)1—11；(1994)《中國文化》9：162—168；(2003)釋如禪主編《〈六祖壇經〉研究》5：206—216,北京：中國大百科全書出版社。

潘重規(1992)敦煌《六祖壇經》讀後管見,《中國文化》7:48—55;(2003)釋如禪主編《〈六祖壇經〉研究》4:144—164,北京:中國大百科全書出版社;(2009)《普門學報》54:193—215。

古賀英彥(1993)壇經雜識,《禪學研究》71:67—84。

古賀英彥(1994)六祖壇經研究枝談,《佛教史學研究》37(1):1—19。

鄧文寬(1994)英藏敦煌本《六祖壇經》通借字芻議,《敦煌研究》1994(1):79—86;(2003)釋如禪主編《〈六祖壇經〉研究》4:191—205,北京:中國大百科全書出版社。

蒙默(1995)《壇經》中"獦獠"一詞讀法——與潘重規先生商榷,《中國文化》1995(1);(2003)釋如禪主編《〈六祖壇經〉研究》5:228—232,北京:中國大百科全書出版社。

衣川賢次(1996)《敦煌新本六祖壇經》補校,《俗語言研究》3:69—85。

鄧文寬(1996)敦博本《六祖壇經》書寫形式和符號發微,《出土文獻研究》3:228—233;(2003)釋如禪主編《〈六祖壇經〉研究》5:271—281,北京:中國大百科全書出版社。

鄧文寬(1996)敦博本《六祖壇經》"獦獠"芻議,《敦煌吐魯番學耕耘錄》7:219—232,臺北:新文豐出版股份有限公司。

鄧文寬(1997)《壇經校釋》訂補,《文史》42:83—104;(2003)釋如禪主編《〈六祖壇經〉研究》5:42—81,北京:中國大百科全書出版社。

陳寶勤(1997)《六祖壇經》範圍副詞研究,林有能主編《六祖慧能思想研究——"慧能與嶺南文化"國際學術研討會論文集》333—347,廣州:學術研究雜誌社。

古賀英彥(1997)《敦煌本六祖壇經》研究雜記,《禪學研究》75:1—15。

張勇(1997)敦煌寫本《六祖壇經》校讀瑣記,《六祖慧能思想研究——"慧能與嶺南文化"國際學術研討會論文集》(學術研究叢書)298—304,廣州:學術研究雜誌社。

張新民(1997)敦煌寫本《壇經》"獦獠"詞義新解,《貴州大學學報》1997(3):84—88。

鄧文寬(1998)敦煌本《六祖壇經》口語詞釋,《敦煌吐魯番研究》3:97—103,北京:北京大學出版社。

張子開(1998)敦煌寫本《六祖壇經》校讀拾零,《四川大學學報(哲社版)》1998:65—71;(2003)釋如禪主編《〈六祖壇經〉研究》5:148—162,北京:中國大百科全書出版社。

李申(1998)三部《壇經》校本讀後,《禪學研究》3：36—55,南京：江蘇古籍出版社;(2003)釋如襌主編《〈六祖壇經〉研究》5：104—140,北京：中國大百科全書出版社。

鄧文寬(2000)英藏敦煌本《六祖壇經》的河西特色——以方音通假爲依據的探索,《1994年敦煌學國際研討會文集·宗教文史卷上》105—119,蘭州：甘肅民族出版社;(2003)釋如襌主編《〈六祖壇經〉研究》5：174—190,北京：中國大百科全書出版社。

玄宗女貴蓮(2000)《〈壇經〉判斷句研究》,廣西師範大學碩士學位論文。

陳年高(2001)敦博本《壇經》的人稱代詞,《淮陰師範學院學報(哲學社會科學版)》2001(2)：269—274。

阮氏排(2001)《〈壇經〉的疑問句研究》,廣西師範大學碩士學位論文。

王文杰(2001)《〈六祖壇經〉虛詞研究》,中正大學碩士學位論文。

陳寶勤(2002)從虛詞的使用看敦煌本《壇經》的成書時代,《新國學》4：117—129。

張子開(2002)敦煌寫本《六祖壇經》中的修辭,《綏化師專學報》2002(2)：50—54。

張子開(2003)敦煌本《六祖壇經》的修辭,《敦煌研究》2003(1)：55—60。

張澤寧(2004)《六祖壇經》中助動詞得、須、可、敢、能的使用法,《廣東廣播電視大學學報》2004(1)：78—80。

邱湘雲(2004)六祖壇經及其語言研究考述,《問學》7：1—27。

謝潔瑕(2004)《六祖壇經》中的副詞研究,《中國語文通訊》71：35—43。

唐元發(2005)《壇經》中的"于"字用法分析,《廣西師範學院學報(哲學社會科學版)》2005(1)：118—120。

陳年高(2006)敦博本《壇經》的動補結構,《淮陰師範學院學報(哲學社會科學版)》2006(3)：389—393,420。

謝潔瑕(2006)《六祖壇經》中的副詞研究,《嶺南師範學院學報》2006(4)：115—119。

王曉俊(2007)《壇經》複音詞初探,《湖北廣播電視大學學報》2007(10)：135—136。

王夢純(2007)《六祖壇經》中"是"字判斷句的考察,《語文教學與研究》2007(2)：55—57。

林永澤(2007)敦博本《六祖壇經》前置詞研究,《中國學研究》39：33—61。

吳士田(2007)《敦煌〈壇經〉寫本俗字研究》,安徽師範大學碩士學位論文。

方廣錩(2008)敦煌本《壇經》錄校三題,《藏外佛教文獻》10：419—442。

馬梅玉(2008)《六祖壇經》中的兼語式與現代漢語中的兼語式的比較,《語文學刊》2008(10)：142—144。

姚紅衛(2009)《六祖壇經》句式運用探究,《惠州學院學報(社會科學版)》2009(5)：79—83。

吳士田(2009)敦煌寫本《壇經》中的書寫符號,《河北青年管理幹部學院學報》2009(2)：47—50。

吳士田(2010)敦煌《壇經》寫本的代用字,《高等函授學報(哲學社會科學版)》2010(2)：49—51,57。

陳年高(2010)敦博本《壇經》的被字被動句,《淮陰師範學院學報(哲學社會科學版)》2010(6)：784—786。

張鵬麗、陳明富(2010)《六度集經》與《六祖壇經》判斷句比較研究,《寧夏大學學報(人文社會科學版)》2010(1)：22—27。

李婧(2010)《敦煌本〈壇經〉語言研究》,上海師範大學碩士學位論文。

余梅(2010)《〈壇經〉偏正結構研究》,西南大學碩士學位論文。

魯立智(2010)《壇經校釋》釋義匡補,《文史博覽》2010(8)：17—19。

張舒翼(2011)《敦煌本〈六祖壇經〉連詞研究》,河南大學碩士學位論文。

張子開(2013)敦煌寫本《六祖壇經》中的修辭,《六祖禪》2013(4)：43—54。

王閏吉(2013)"獦獠"的詞義及其宗教學意義,《漢語史學報》13：257—268。

譚世寶(2013)"獦獠"的音義形考辨,《敦煌研究》2013(6)：50—59。

盛卉(2013)《六祖壇經》正反疑問句研究,《文學界(理論版)》2013(1)：160—161。

吕佩(2014)《〈六祖壇經〉双音節複合詞語義構詞法研究》,山西師範大學碩士學位論文。

朱瑩瑩(2016)《六祖壇經》代詞用法初探,《湖北科技學院學報》2016(6)：49—52。

吳士田(2017)敦煌寫本《壇經》的繁化俗字,《長春大學學報》2017(5)：39—43。

李申(2017)敦煌《壇經》幾處校勘和標點問題,《五臺山研究》2017(3)：10—13。

鍾安林(2018)認知視角下《六祖壇經》中的比喻分析,《當代外語研究》2018(3)：100—104。

荊寶瑩(2018)敦煌本《壇經》介詞研究,大連外國語大學碩士學位論文。

3. 神會語録
◎原始資料
・現存文本

《南陽和尚問答雜徵義》
P.3047【法國國家圖書館藏】。
S.6557【大英博物館藏】。
日本石井光雄舊藏本。
Дx4530【俄羅斯科學院東方研究所聖彼得堡分所藏】。
《南陽和上頓教解脱禪門直了性壇語》
P.2045【法國國家圖書館藏】。
8376號(寒81)【北京圖書館藏】。
S.2492【大英博物館藏】。
S.6977【大英博物館藏】。
敦博077號【敦煌市博物館藏】。
Дx942【俄羅斯科學院東方研究所聖彼得堡分所藏】。
Дx1920【俄羅斯科學院東方研究所聖彼得堡分所藏】。
Дx1921【俄羅斯科學院東方研究所聖彼得堡分所藏】。
《菩提達磨南宗定是非論》
P.3047【法國國家圖書館藏】。
P.3488【法國國家圖書館藏】。
P.2045【法國國家圖書館藏】。
S.7907【大英博物館藏】。
敦博077號【敦煌市博物館藏】。

・影印本

胡適(1930)《神會和尚遺集：胡適校敦煌唐寫本》,上海：亞東圖書館；(1968)《神會和尚遺集：胡適校敦煌唐寫本(附胡先生晚年的研究)》,臺北：胡適紀念館。

鈴木大拙解説(1932)《敦煌出土神會録》,東京：石井光雄刊。

鈴木貞太郎、公田連太郎(1934)《敦煌出土荷澤神會禪師語錄》,東京：森江書店；(1968)《禪思想史研究第三》(《鈴木大拙全集》卷3),東京：岩波書店。

柳田聖山、椎名宏雄(2001)《唐代禪籍拾遺集成》(禪學典籍叢刊別卷),京都：臨川書店。

・校訂本

鈴木大拙(1935)神會和尚の《壇語》と考ふべき敦煌出土本につきて,《大谷

學報》16(4):1—30;(1936)《校刊少室逸書及解説》,大阪:安宅佛教文庫;(1968)《禪思想史研究第三》(《鈴木大拙全集》卷3),東京:岩波書店。

胡適(1958)新校定的敦煌寫本神會和尚遺著兩種,《"中央研究院"歷史語言研究所集刊》29;(1968)《神會和尚遺集:胡適校敦煌唐寫本(附胡先生晚年的研究)》,臺北:胡適紀念館;(1986)《大藏經補編》25,新北:華宇出版社;(1988)《禪宗全書》36,臺北:文殊文化有限公司。

胡適(1960)神會和尚語錄的第三個敦煌寫本:《南陽和尚問答雜徵義:劉澄集》,《"中央研究院"歷史語言研究所集刊》外編第4種;(1968)《神會和尚遺集:胡適校敦煌唐寫本(附胡先生晚年的研究)》,臺北:胡適紀念館。

石俊、樓宇烈、方立天、許抗生、樂壽明編(1983)《中國佛教思想資料選編》第2卷第4册,北京:中華書局。

宋紹年(1990)神會語錄,劉堅、蔣紹愚《近代漢語語法資料彙編 唐五代卷》33—70,北京:商務印書館。

林俊甫編輯(1992)《荷澤神會大師語錄》(菩提叢書75),臺北:菩提印經會。

楊曾文(1996)《神會和尚禪話錄》,北京:中華書局【書評:馮巽(1998)評《神會和尚禪話錄》,《中山大學學報(社會科學版)》1998(2):134—137】。

邢東風(1996)《神會語錄》(中國佛教經典寶藏精選白話版禪宗類23),高雄:佛光山宗務委員會。

鄧文寬、榮新江(1998)《敦博本禪籍錄校》,南京:江蘇古籍出版社。

· 日譯本

篠原壽雄(1973)荷澤神會のことば—譯注《南陽和上頓教解脱禪門直了性壇語》—,《駒澤大學文學部研究紀要》31:1—33。

篠原壽雄(1974)荷澤神會のことば 第二—譯注《菩提達摩南宗定是非論》—,《駒澤大學 文化》創刊號:101—170。

中村信幸(1974)《南陽和上頓教解脱禪門直了性壇語》翻譯,《駒澤大學大學院佛教學研究會年報》8:137—146。

篠原壽雄(1976)荷澤神會のことば 第二(承前)—譯注《菩提達摩南宗定是非論》—,《駒澤大學 文化》2:79—124。

鈴木哲雄(1989)南陽和尚問答雜徵義,《大乘佛典中國·日本編11 敦煌Ⅱ》,東京:中央公論社。

中村信幸(1989)南陽和上頓教解脱禪門直了性壇語,《大乘佛典中國·日本編11 敦煌Ⅱ》,東京:中央公論社。

田中良昭(1989),菩提達磨南宗定是非論,《大乘佛典中國·日本編11 敦煌

Ⅱ》,東京: 中央公論社。

唐代語錄研究班(2006)《神會の語録　壇語》,京都: 禪文化研究所。

· 中譯本

邢東風(1996)《神會語錄》(中國佛教經典寶藏精選白話版禪宗類23),高雄: 佛光山宗務委員會;(2016)北京: 東方出版社。

· 英譯本

W. Liebenthal. (1952) The Sermon of Shen-hui, *Asia Major*, *new series*, Ⅲ, ii: 132-155.

· 法譯本

J. Gernet. (1949) Entretiens du maître de Dhyāna Chen-houei du Ho-tsö (668-760), *Publications de l'Ecole Française d'Extréme Orient*(31), Hanoi；花園大學祖錄研究會(1958)《フランス語譯荷澤神會禪師語錄》,京都: 花園大學。

· 文本研究

J. Gernet. (1951) Biographie du maître de Dhyāna Chen-houei du Ho-tsö (668-760), *Journal Asiatique*, 239(1): 29-68.

J. Gernet. (1954) Compément aux Entretiens du maître de Dhyāna Chen-houei (668-760), *Bulletin de l'Ecole Française d'Extréme Orient*, 44(2): 453-466.

P. Demiêville. (1961) Deux Documents de Touen-houang sur le Dhyāna chinois,《塚本善隆博士頌壽記念佛教史學論集》1—27,京都: 塚本博士頌壽記念會;(1973) *Choix d'études bouddhiques*, 320-346, Leiden；林信明譯(1981)《神會語錄》とチベット宗論—中國禪に關する二つの敦煌資料,《禪學研究》60: 129—164；林信明編譯(1988)《ポール・ドミエヴィル禪學論集》(國際禪學研究所研究報告1),京都: 花園大學國際禪學研究所。

柳田聖山(1967)《菩提達摩南宗定是非論》について,《初期禪宗史書の研究》103—117,京都: 法藏館;(1999)《柳田聖山集　第6卷》,京都: 法藏館。

鈴木哲雄(1969)荷澤神會論,《佛教史學研究》14(4): 36—52。

篠原壽雄(1970)胡適先生の《神會語錄の版本》について,《宗教學論集》4: 79—94。

印順(1971)《中國禪宗史》,臺北: 正聞出版社;(1999)《中國禪宗史》,南昌: 江西人民出版社;伊吹敦譯(1997)《中國禪宗史—禪思想の誕生—》,東京: 山喜房佛書林。

長嶋孝行(1978)《神會語錄》のお手本,《印度學佛教學研究》26(2): 834—836。

竹内弘道(1981)荷澤神會考——基本資料の成立について,《宗學研究》23：249—252。

竹内弘道(1981)《南宗定是非論》の成立について,《印度學佛教學研究》29(2)：124—125。

柳田聖山(1985)語錄の歷史——禪文獻の成立史的研究,《東方學報　京都》57：211—663；(2001)《禪文獻の研究》(《柳田聖山集》2)3—526,京都：法藏館。

鈴木哲雄(1985)荷澤神會とその影響,《唐五代禪宗史》321—369,東京：山喜房佛書林。

竹内弘道(1986)神會と宗密,《印度學佛教學研究》34(2)：13—17。

尾崎正善(1990)《神會語錄》に關する一考察,《駒澤大學佛教學部論集》21：357—370。

尾崎正善(1991)《問答雜徵義》考,《曹洞宗研究員研究生研究紀要》22：127—142。

高堂晃壽(1993)《南陽和上頓教解脫禪門直了性壇語》における三學,《インド哲學佛教學研究》1：83—98。

德重寬通(1995)《神會語錄》の成立に關する一考察,《印度哲學佛教學》10：220—235。

商志醰(1996)敦煌唐寫本神會著述綜錄,洛陽市文物工作隊編《洛陽考古四十年——一九九二年洛陽考古學術研討會論文集》,北京：科學出版社。

古賀英彥(1996)壇經神會原本へ,《花園大學文學部研究紀要》28：27—47。

西口芳男(1997)神會にかかわる敦煌寫本の一斷片——禪學點描八,《禪文化》165：119—122。

西口芳男(1999)神會の辯明—《菩提達摩南宗定是非論》—禪學點描十,《禪文化》171：42—46。

楊曾文(1999)《唐五代禪宗史》,北京：中國社會科學出版社。

田中良昭(2001)神會研究と敦煌遺書——付神會研究著作目錄(特集　禪の現代的意義を考える),《駒澤大學禪研究所年報》12：23—48。

高堂晃壽(2001)《菩提達摩南宗定是非論》の諸問題——その增廣の意味するもの,《江島惠教博士追悼論集：空と實在》575—591,東京：春秋社。

陳盛港(2002)再論獨孤沛之《菩提達摩南宗定是非論》,《佛學研究中心學報》7：115—146。

榮新江(2003)唐代禪宗的西域流傳,《田中良昭博士古稀記念論文集　禪學研究の諸相》59—68,東京：大東出版社。

陳盛港(2004)論《神會語錄》之編集年代及編集者劉澄的背景,《普門學報》21：227—247。

程正(2005)俄藏敦煌文獻中に發見された禪籍について,《禪學研究》83：17—45。

中西久味(2005)《俄藏敦煌文獻》禪籍資料初探,《比較宗教思想研究》5：61—78。

林世田、楊學勇、劉波(2013)敦煌早期禪宗典籍,《敦煌佛典的流通與改造》,蘭州：甘肅教育出版社。

◎研究

中村信幸(1978)神會語錄の疑問文,《曹洞宗研究員研究生研究紀要》10：75—86。

唐代語錄研究班(1998)《南陽和上頓教解脫禪門直了性壇語》補校,《俗語言研究》5：39—46。

中村信幸(2003)神會の語錄に見える〈看〉と〈見〉,《田中良昭博士古稀記念論文集　禪學研究の諸相》79—114,東京：大東出版社。

小川隆(2007)《神會——敦煌文獻と初期の禪宗史》(唐代の禪僧2),京都：臨川書店【書評：ディディエ・ダヴァン,飯島孝良譯(2011)書評　小川隆著《神會——敦煌文獻と初期の禪宗史》(臨川書店・唐代の禪僧,2007年)《語錄のことば——唐代の禪》(禪文化研究所,2007年)《臨濟錄——禪の語錄のことばと思想》(岩波書店・書物誕生,2008年),《駒澤大學禪研究所年報》23：1—13】。

蘇少瑞(2010)《敦煌本神會語錄〈菩提達摩南宗定是非論〉語言研究》,上海師範大學碩士學位論文。

4. 祖堂集
◎原始資料
・現存文本

韓國慶尚南道伽耶山海印寺藏原版
　　《影印高麗大藏經》所據本。
　　花園大學圖書館藏本。
　　東京大學東洋文化研究所藏本【朝鮮總督府用海印寺所藏高麗版本摺製】。
・影印本
　　(1965)《佛教史學論叢：曉城趙明基博士華甲記念》,首爾：曉城趙明基博士華甲記念佛教史學論叢刊行委員會【書評：李弘稙(1965)佛教史學論叢(曉城趙明基博士華甲記念) 1965 年 5 月刊 4·6 版 p.678 附　祖堂集景印,《歷史學報》29：167—175】。

(1972)《祖堂集》(禪學叢書唐代資料編),京都：中文出版社,臺北：廣文出版社。

(1976)《影印高麗大藏經》第 45 冊(補遺),首爾：東國大學校。

(1987)《祖堂集》,臺北：新文豐出版社。

(1993)《祖堂集》,南京：江蘇古籍出版社。

(1993)《祖堂集》,北京：中國藏學出版社。

(1993)《祖堂集》,北京：全國圖書館文獻微縮複製中心。

(1994)《祖堂集》(基本典籍叢刊),京都：禪文化研究所。

(1994)《祖堂集》,上海：上海古籍出版社。

(2002)《續修四庫全書》第 1285 冊,上海：上海古籍出版社。

(2004)《高麗大藏經》第 78 冊,北京：綫裝書局。

(2005)《藏外佛經》第 18 冊,合肥：黃山書社。

(2011)《祖堂集》(佛學名著選刊),上海：上海古籍出版社。

· 校訂本

柳田聖山(1989—1992)訓注祖堂集(卷五),《禪文化》132—144。

劉堅、胡雙寶、白維國(1990)祖堂集,劉堅、蔣紹愚《近代漢語語法資料彙編唐五代卷》450—564,北京：商務印書館。

佛光大藏經編修委員會(1994)《佛光大藏經　禪藏》15—16,高雄：佛光出版社。

吳福祥、顧之川點校(1996)《祖堂集》,長沙：嶽麓書社。

張華點校(2001)《祖堂集》,鄭州：中州古籍出版社。

古賀英彥(2003)《訓注祖堂集》,京都：花園大學國際禪學研究所。

孫昌武、衣川賢次、西口芳男點校(2007,2010 改訂版)《祖堂集》全 2 冊(中國佛教典籍選刊),北京：中華書局。

張美蘭(2009)《祖堂集校注》,北京：商務印書館。

李豔琴、郭淑偉、巖紅彥(2011)《祖堂集　五燈會元校讀》,成都：巴蜀書社。

· 日譯本

柳田聖山(1974)《禪語錄》(世界の名著　續 3),東京：中央公論社；(1978)《禪語錄》(世界の名著 18),東京：中央公論社。

柳田聖山譯(1990)《祖堂集》(大乘佛典中國日本篇 13),東京：中央公論社

【書評：小川隆(1992)《祖堂集》柳田聖山譯注,《花園大學研究紀要》24：209—216】。

丘山新、衣川賢次、小川隆(2000)《祖堂集》牛頭法融章疏證—《祖堂集》研究會報告之一—,《東洋文化研究所紀要》139：39—83。

松原朗、衣川賢次、小川隆(2000)《祖堂集》鳥窠和尚章と白居易—《祖堂集》研究會報告之二—,《東洋文化研究所紀要》140：59—122。

土屋昌明、衣川賢次、小川隆(2001)懶瓚和尚《樂道歌》考—《祖堂集》研究會報告之三—,《東洋文化研究所紀要》141：125—195。

禪文化研究所唐代語錄研究班(2011,2013)《祖堂集》卷七雪峰和尚章譯注(上下),《禪文化研究所紀要》31：199—286；32：13—138。

禪文化研究所唐代語錄研究班(2014)《唐末五代轉型期の禪宗——九、十世紀福建禪宗の思想史的動向(一)〈祖堂集〉卷七雪峰和尚章譯注》,衣川賢次(私家版)。

禪文化研究所唐代語錄研究班(2016)《祖堂集》卷一〇譯注(一),《禪文化研究所紀要》33：55—189。

禪文化研究所唐代語錄研究班(2019)《祖堂集》卷一〇譯注(二)鏡清和尚章(一),《禪文化研究所紀要》34：335—371。

· 中譯本

菩提學社主編(1988)《禪宗雋語錄：祖堂集白話句解》(文津佛學叢書),臺北：文津出版社。

馮作民(1996)《禪語錄》,臺北：星光出版社。

葛兆光(1996)《祖堂集》(佛光經典叢書、中國佛教經典寶藏精選白話版),臺北：佛光出版社；(2018)《祖堂集》(中國佛學經典寶藏禪宗類 22),北京：東方出版社。

· 韓譯本

東國譯經院(1983)《祖堂集(完譯本)》,首爾：東國大學校。

法藏注解(1999)《祖堂集注解》,首爾：東國大學校。

· 文本研究

穴山孝道(1933)高麗版《祖堂集》と禪宗古典籍,《東洋學苑》2：23—50。

橫井聖山(1953)《祖堂集》の資料價值,《禪學研究》44：37—80。

柳田聖山(1964)祖堂集の本文研究,《禪學研究》54：11—87。

P. Demieville. (1970) Le Recueil de la Salle des Patriarches〈Tsou-t'ang tsi〉,〈T'oung Pao〉LVI. Livr：4-5；陳祚龍(1971)戴密微(法文)《考究〈祖堂集〉源流》

之譯介,《新中國評論》41(6):10—14;(1973)戴密微著法文《考究〈祖堂集〉源流》之譯(有序並跋),《海潮音》54(7):9—10;(1973)戴密微著法文《考究〈祖堂集〉源流》之譯—續完—,《海潮音》54(8):5—7。

悟翁(1972)禪宗寶籍《祖堂集》之發現及印行,《"國立"編譯館館刊》1972(3):231—235。

柳田聖山(1975)《祖堂集》에 關하여,《韓國宗教》2:151—152。

椎名宏雄(1979)《祖堂集》の編成,《宗學研究》21:66—72。

ドミエヴィル(P. Demieville.), 林信明譯(1981)《祖堂集》の世界,《花園大學研究紀要》12:81—115;(1988)《祖堂集》成立の事情,《ポール・ドミエヴィル禪學論集》(國際禪學研究所研究報告1),京都:花園大學國際禪學研究所。

柳田聖山撰,俊忠譯(1983)關於《祖堂集》,《法音》1983(2):30—32。

石井修道(1986)泉州福先招慶院の净修禪師省僜と《祖堂集》,《駒澤大學佛教學部研究紀要》44:155—197。

柳田聖山(1988)祖堂集解題,《曉堂趙明基博士追慕佛教史學論文集》77—122,首爾:東國大學校出版部。

楊曾文(1999)《唐五代禪宗史》,北京:中國社會科學出版社。

更凌(1999)中國第一部禪史——《祖堂集》,《香港佛教》1999(11):9—11。

陳耀東、周静敏(2000)《祖堂集》及其輯佚,《唐代文學研究——中國唐代文學學會第十屆年會暨國際學術研討會論文集》9;(2001)《祖堂集》及其輯佚,《文獻》2001(1):91—104。

梁天錫(2000)《祖堂集》通考——宋代麗僧補編早期佛教禪宗燈錄研究之一,《能仁學報》7:27—76。

梁天錫(2001)《祖堂集》續考——宋代麗僧補編佛教禪宗早期燈錄研究之三,《能仁學報》8:30—58。

文正義(2002)《祖堂集》與《全唐詩》的輯佚及補訂,覺醒主編,《覺群》編輯委員會編《覺群・學術論文集》2:356—388,北京:商務印書館。

宋寅聖(2002)言語側面에서의《祖堂集》新羅高麗禪師部分의 後代編入與否【從語言的角度探討《祖堂集》新羅、高麗禪師部分之後世添加與否】,《韓國禪學》2:333—372。

高榮燮(2002)高麗新開版《祖堂集》集成者研究【Study on compilers of new wood engraving Jodangjip in Korea】,《韓國佛教學》31:171—198。

金成恩(2003)《〈祖堂集〉撰述에 關한 研究:東國僧傳記를 中心으로》【《祖堂集》撰述問題研究:以東國僧傳記爲中心】,東國大學校碩士學位論文。

徐立(2007)《祖堂集》校勘數則,《科教文匯(中旬刊)》2007(12):194。

陳尚君(2008)《祖堂集》與唐詩研究,《漢唐文學與文獻論考》206—211,上海:上海古籍出版社。

김은숙(2008)《〈祖堂集〉研究》,東國大學校碩士學位論文。

詹緒左、何繼軍(2009)《祖堂集》的文獻學價值,《古籍整理研究學刊》2009(3):11—18。

衣川賢次(2010)泉州千佛新著諸祖師頌と祖堂集——附省僜(文僜)禪師をめぐる泉州の地理,《禪學研究》88:75—113;朗潔譯(2010)《泉州千佛新著諸祖師頌》與《祖堂集》,《中正大學中文學術年刊》15:1—31。

文正義(2016)論文僜與省僜及静、筠二禪師之關係——與柳田聖山商榷其《關於〈祖堂集〉》說,《法音》2016(1):52—55。

· 辭典、索引

太田辰夫(1962)《〈祖堂集〉口語語彙索引》,京都:朋友書店。

古賀英彦(1978)《祖堂集》人名索引,《禪文化研究所紀要》10:1—26。

柳田聖山(1980)《祖堂集索引》全3冊,京都:京都大學人文科學研究所【書評:椎名宏雄(1984)柳田先生編《祖堂集索引》,《駒澤大學佛教學部論集》15:313—320】。

鈴木哲雄(1994)《祖堂集》對照《景德傳燈録》,《禪研究所紀要》22:249—500。

禪文化研究所(1994)《祖堂集索引》,京都:禪文化研究所。

◎ 研究

中村信幸(1978)《臨濟録》·《祖堂集》中にみえる"在"の用法について,《論集》7:131—144。

中村信幸(1979)"較些子"考,《論集》9:93—101。

太田辰夫(1982)《唐宋俗字譜:祖堂集之部》,東京:汲古書院。

孫錫信(1983)《祖堂集》中的疑問代詞,《語文論叢》2:122—129,上海:上海教育出版社;(1997)《漢語歷史語法叢稿》10—21,上海:漢語大詞典出版社。

梅祖麟(1983)敦煌變文裏的"㷿没"和"乿"(擧)字,《中國語文》1983(1):44—50。

曹廣順(1984)《〈祖堂集〉助詞研究》,中國社會科學院碩士學位論文。

柳田聖山(1984)《純禪の時代:祖堂集ものがたり》,京都:禪文化研究所。

柳田聖山(1985)《續·純禪の時代:祖堂集ものがたり》,京都:禪文化研究所。

蔣紹愚(1985)《祖堂集》詞語試釋,《中國語文》1985(2):142—147;(2000)《漢語詞彙語法史論文集》38—50,北京:商務印書館。

宋寅聖(1985)《〈祖堂集〉虛詞研究》,中國文化大學碩士學位論文。

曹廣順(1986)《祖堂集》中語氣助詞"呢"相關的幾個助詞,《語文研究》1986(2):115—122。

曹廣順(1986)《祖堂集》中與語氣助詞"呢"有關的幾個助詞,《語言研究》1986(2):115—122。

曹廣順(1986)《祖堂集》中的"底(地)""却(了)""著",《中國語文》1986(3):192—202;(1999)《近代漢語研究》2:15—34,北京:商務印書館。

伍華(1987)論《祖堂集》中以"不、否、無、摩"收尾的問句,《中山大學學報(社會科學版)》1987(4):80—89。

太田辰夫(1988)《祖堂集》語法概說,《中國語史通考》144—220,東京:白帝社;江藍生、白維國譯(1991)《漢語史通考》106—151,重慶:重慶出版社。

闞緒良(1988)《祖堂集》中疑問副詞"還"、"可",第三屆近代漢語研討會論文(深圳)。

袁賓(1989)《祖堂集》被字句研究——兼論南北朝到宋元之間被字句的歷史發展和地域差異,《中國語文》1989(1):53—63;(1999)《近代漢語研究》2:195—213,北京:商務印書館。

常青(1989)《祖堂集》副詞"也""亦"的共用現象,《天津師範大學學報(社會科學版)》1989(1):79—80。

顧久(1990)"承"的"聞"義產生時代,《貴州師範大學學報(社會科學版)》1990(4):27—28。

李崇興(1990)《祖堂集》中的助詞"去",《中國語文》1990(1):71—74。

李思明(1990)《祖堂集》《五燈會元》中的指示代詞"與麼"與"恁麼",《安徽電大學報》1990。

李思明(1991)《祖堂集》中"得"字考察,《古漢語研究》1991(3):88—91。

呂幼夫(1991)《祖堂集》中的動補結構,《遵義師專學報》1991(2)。

劉忠信(1992)《祖堂集》中的隱名代詞,《鎮江師專學報(社會科學版)》1992(2):48—50。

劉利(1992)《祖堂集》動詞補語管窺,《徐州師範學院學報》1992(3):61—65。

呂幼夫(1992)《祖堂集》詞語選釋,《遼寧大學學報(哲學社會科學版)》1992(2):46—48。

曹小雲(1993)《祖堂集》被字句研究商補,《中國語文》1993(5):389—390;(2005)《漢語研究論集》551—553,合肥:安徽大學出版社。

刁晏斌(1994)《祖堂集》正反問句探析,《俗語言研究》創刊號:29—33。

許山秀樹(1994)口語系資料における"V 殺"の諸相——《遊仙窟》、《敦煌變文集》、《祖堂集》、《朱子語類》の用例から,《中國詩文論叢》13:91—103。

馮淑儀(1994)《敦煌變文集》和《祖堂集》的形容詞、副詞詞尾,《語文研究》1994(1):17—26。

梅祖麟(1994)唐代、宋代共同語的語法和現代方言的語法,《中國境內語言暨語言學》2:61—98;(2000)《梅祖麟語言學論文集》247—285,北京:商務印書館。

馮春田(1995)試說《祖堂集》《景德傳燈錄》"作麼(生)"與"怎麼(生)"之類詞語,《俗語言研究》2:23—28。

劉勳寧(1995)《祖堂集》反復問句的一項考察,《中國文化:研究と教育:漢文學會會報》53:32—40。

梅祖麟(1995)幾個閩語語法成分的時間層次,《"中央研究院"歷史語言研究所集刊》66(1);(2000)《梅祖麟語言學論文集》286—305,北京:商務印書館。

張雙慶(1996)《祖堂集》所見泉州方言詞彙,詹伯慧等編《第四屆國際閩方言研討會論文集》162—168,汕頭:汕頭大學出版社。

李思明(1996)《祖堂集》中能可助動詞"得""可""能""解"的異同,溫端政、沈慧雲主編《語文新論:〈語文研究〉十五周年紀念文集》196,太原:山西教育出版社。

朴英綠(1996)《〈祖堂集〉意味虛化動詞研究》,成均館大學校博士學位論文。

宋寅聖(1996)《〈祖堂集〉虛詞研究》,中國文化大學博士學位論文。

宋寅聖(1996)《祖堂集》所見唐五代口語助詞研究,《華岡研究學報》1:1—30。

北畠利信(1997)《祖堂集》連詞鳥瞰,《阪南論集》32:59—71。

梅祖麟(1997)《祖堂集》的方言基礎和它的形成過程,《中國語言學報》,Studies on the History of Chinese Syntax, monograph series number 10:48—63.

王錦慧(1997)敦煌變文與《祖堂集》"甚"、"甚(什)摩"用法之比較,《中國學術年刊》18:448—469。

王錦慧(1997)《敦煌變文與〈祖堂集〉疑問句比較研究》,臺灣師範大學博士學位論文。

宋寅聖(1997)《祖堂集》所見唐五代口語助詞探究,《訓詁論叢》2:399—424。

段觀宋(1998)"越杖"試釋,《古漢語研究》1998(4):91。

衣川賢次(1998)《祖堂集》劄記,《禪文化研究所紀要》24：113—128。

劉勳寧(1998)《祖堂集》反復問句的一項考察,《現代漢語研究》150—162,北京：北京語言文化大學出版社。

劉勳寧(1998)《祖堂集》"去"和"去也"方言證,《古漢語語法論文集》674—683,北京：語文出版社。

王錦慧(1998)《祖堂集》係詞"是"用法探究,《中國學術年刊》19：637—658,694。

宋寅聖(1998)《祖堂集》所見唐五代新興處所方向介詞探究,《中語中文學》22：77—88。

林永澤(1998)《〈祖堂集〉中的語素"得"及帶"得"的述補結構》,北京大學碩士學位論文。

李崇興(1999)《祖堂集》中的助詞"去",《近代漢語研究》2：214—221,北京：商務印書館。

王紹新(1999)《祖堂集》中的動量詞,《古典文獻與文化論叢》2：107—121,杭州：杭州大學出版社。

張皓得(1999)《〈祖堂集〉否定詞之邏輯與語義研究》,政治大學博士學位論文。

張皓得(1999)《祖堂集》否定詞 패러다임【Paradigm/A Paradigm of Negatives in Zutangji(祖堂集)】,《中國語文學》33(1)：151—184。

張美蘭(1999)《祖堂集》俗字研究,首屆國際漢字研討會論文。

袁津琥(1999)《祖堂集》中的俗語言,《綿陽師範高等專科學校學報》1996(1)：45—48,53。

袁津琥(1999)《祖堂集》中的俗語言(續),《綿陽師範高等專科學校學報》1996(6)：40—42。

任炳權(1999)《祖堂集》接尾辭"子"의 造語法研究【A Study on the Suffix "zi" in《Zutangji》】,《人文科學論文集》28：91—114。

王錦慧(2000)《祖堂集》"得"字句用法探究：兼論"得"字句的演變,《中國學術年刊》21：491—527,553—554。

王紹新(2000)《祖堂集》中的動量詞,《課餘叢稿》140—152,北京：北京語言文化大學出版社。

周碧香(2000)《〈祖堂集〉句法研究——以六項句式爲主》,中正大學博士學位論文。

張美蘭(2000)《祖堂集》選擇問句研究,《中文學刊》2000(2)：139—154。

張美蘭(2000)《祖堂集》俗字校録勘誤,趙麗明、黃國營編《漢字的應用與傳播——'99漢字應用與傳播國際學術研討會論文集》341—347,北京:華語教學出版社。

尹鍾極(2000)《〈祖堂集〉"把"字句分析》,高麗大學校碩士學位論文。

張美蘭(2001)高麗海印寺海東新開印版《祖堂集》校讀劄記,《古漢語研究》2001(3):79—84。

周碧香(2001)《〈祖堂集〉句法研究——以六項句式爲主》,臺北:佛光書局。

王景丹(2001)《祖堂集》中"將"字句研究,《殷都學刊》2001(4):86—88。

袁津琥(2001)《祖堂集》釋詞,《古漢語研究》2001(4):65。

송인성(2001)《祖堂集》우리말 飜譯 중 낱말 關聯 몇 가지 誤謬,《中國語文學》38:131—187。

임병권(2001)《祖堂集》代詞"他"의 同格構造研究【A Study on the Appositive Pronoun "Ta" in Zutangji】,《中國文學研究》23:437—458。

崔宰榮(2001)唐宋時期新興被動句,《中國言語研究》13:201—233。

張皓得(2001)《祖堂集》을 通해 본 中國語被動文의 變遷機制【A Changing Mechanism of Chinese Passives in Zutangji】,《東洋學》31:1—29。

馮淑儀(2002)《敦煌變文集》和《祖堂集》的詞綴研究,宋紹年等編《漢語史論文集》165—192,武漢:武漢出版社。

梅祖麟(2002)幾個閩語虛詞在文獻上和方言中出現的年代,何大安主編《南北是非:漢語方言的差異與變化》1—21,臺北:"中央研究院"歷史語言研究所。

桑寶靖、孫昌武(2002)《祖堂集》卷二《惠能和尚章》校訂,《曹溪南華禪寺建寺一千五百周年禪學研討會論文集》163,韶關:廣東韶關南華禪寺曹溪佛學院。

譚偉(2002)《祖堂集》語詞考釋,《中國俗文化研究國際學術研討會論文集》。

鞠彩萍、王莉娟(2002)試析《祖堂集》中的"了"字句,《貴陽金筑大學學報》2002(4):74—76。

張美蘭(2002)《祖堂集》語言研究概述,《中國禪學》2002(1):332—342。

林永澤(2002)《〈祖堂集〉述補結構研究》,北京大學博士學位論文。

林永澤(2002)《祖堂集》中表示動作完成的幾種格式,《漢語史論文集》389—413,武漢:武漢出版社。

林永澤(2002)《祖堂集》中的組合式述補結構,《中國學論叢》13:139—153。

魏培泉(2002)《祖堂集》中的助詞"也"——兼論現代漢語助詞"了"的來源,《含章光化——戴璉璋先生七十哲誕論文集》491—543,臺北:里仁書局。

鄭星任(2002)《祖堂集》내 意味場"穿戴"에 關한 小考【《祖堂集》中的

語義場"穿戴"小考】,《中國研究》30:145—155。

張美蘭(2003)《〈祖堂集〉語法研究》,北京:商務印書館。

張美蘭(2003)從《祖堂集》問句的用法特點看中古語法對其影響,《語言科學》2003(3):80—91。

張美蘭(2003)《祖堂集》祈使句及其施爲動詞的語力級差,《清華大學學報(哲學社會科學版)》2003(2):88—95。

張美蘭(2003)《祖堂集》文獻與點校,吴言生主編《中國禪學》(第二卷)1,北京:中華書局。

譚偉(2003)《祖堂集》字詞考釋,《南京師範大學文學院學報》2003(1):148—151。

譚偉(2003)《祖堂集》俗別字考論,《漢語史研究集刊》6:339—353。

衣川賢次(2003)《祖堂集》の校理,《東洋文化》83:127—151;(2007)關於祖堂集的校理,孫昌武、衣川賢次、西口芳男《祖堂集》全2册(中國佛教典籍選刊)933—954,北京:中華書局。

王景丹(2003)《祖堂集》的"何"及其語體色彩,《古漢語研究》2003(1):48—52。

任炳權(2003)《祖堂集》等에 보이는 "較"의 劣等比較句文研究,《中國文學研究》27:383—399。

鄭星任(2003)晚唐·五代意味場"穿戴"에 關한 小考,《中國人文科學》26:73—86。

洪貞仁(2003)《〈祖堂集〉의 "得"用例分析》,高麗大學校碩士學位論文。

Miller, T. (2003) A southern Min word in the Tsu t'ang chi, *Sino platonic papers* 126:1-14.

Anderl, C. (2004) *Studies in the language of Zu-tang ji*【《祖堂集》語言研究】, Oslo: Unipub.

蔡榮婷(2004)《〈祖堂集〉禪宗詩偈研究》,臺北:文津出版社。

周碧香(2004)《〈祖堂集〉句法研究——以六項句式爲主》,高雄:佛光山文教基金會。

韓維善(2004)《祖堂集》詩韻考,《甘肅高師學報》2004(3):27—29。

韓維善(2004)《祖堂集》詩韻止、蟹二攝考,《甘肅廣播電視大學學報》2004(2):9—11。

陳寶勤(2004)《祖堂集》總括副詞研究,《學術研究》2004(2):135—138。

林新年(2004)從《祖堂集》、《景德傳燈録》和《五燈會元》看"却"的語法性質,

《中國語文研究》17：52—62。

林新年(2004)《祖堂集》"著"的語法化等級研究,《福建師範大學學報(哲學社會科學版)》2004(3)133—139。

林新年(2004)談《祖堂集》"動1+了+動2"格式中"了"的性質,《古漢語研究》2004(1)：48—53。

林新年(2004)《〈祖堂集〉動態助詞研究》,廈門大學博士學位論文。

譚偉(2004)《祖堂集》校記,《中國俗文化研究》2：107—115。

정성임(2004)《祖堂集》說話動作/말하는 動作의 反意關係考察【A Study of antonimous relationship about motion in speaking on the Zutangji】,《中國研究》33：197—215。

鄭星任(2004)《祖堂集》[口部動作/입動作]의 同意關係考察,《中國人文科學》28：77—89。

鄭星任(2004)《〈祖堂集〉얼굴 部位動作語彙意味體系研究：同意·反意關係를 中心으로》,韓國外國語大學校碩士學位論文。

譚偉(2005)《〈祖堂集〉文獻語言研究》,成都：巴蜀書社。

譚偉(2005)《祖堂集》校點問題,《西昌學院學報(人文社會科學版)》2005(1)：10—14。

向德珍(2005)《〈祖堂集〉判斷句研究》,上海師範大學博士學位論文。

向德珍(2005)《祖堂集》與唐五代前佛典特式判斷句比較研究,《海南大學學報(人文社會科學版)》2005(1)：99—103,108。

于濤(2005)《〈祖堂集〉祈使句研究》,上海師範大學博士學位論文。

于濤(2005)《祖堂集》中的祈使語氣詞及其語法化,《雲南師範大學學報(對外漢語教學與研究版)》2005(4)：45—48。

方海燕(2005)《祖堂集》的量詞劄記,《中國語文通訊》76：42—45。

林永澤(2005)唐五代禪宗語錄을 通해 본 "殺","死"와 述補構造：祖堂集을 中心으로,《中國學研究》33：191—209。

張秀清(2005)《〈祖堂集〉副詞研究》,上海師範大學博士學位論文。

李福唐(2005)《〈祖堂集〉介詞研究》,上海師範大學碩士學位論文。

梅軼潔(2005)《〈祖堂集〉數詞的語法研究》,上海師範大學碩士學位論文。

章正忠(2005)《〈祖堂集〉詞彙研究》,臺灣師範大學碩士學位論文。

汪允(2005)《〈祖堂集〉與〈景德傳燈錄〉詞尾研究》,陝西師範大學碩士學位論文。

林新年(2006)《〈祖堂集〉的動態助詞研究》,上海：上海三聯書店。

林新年(2006)《祖堂集》"還(有)…也無"與閩南方言"有無"疑問句式,《福建師範大學學報(哲學社會科學版)》2006(2):119—124。

溫振興(2006)《〈祖堂集〉助詞研究》,上海師範大學博士學位論文。

溫振興(2006)《祖堂集》中的助詞"許"及其相關結構,《湛江師範學院學報》2006(2):107—110。

梁銀峰(2006)《祖堂集》中多功能副詞"却"的綜合研究,商務印書館編輯部編《21世紀的中國語言學》209—230,北京:商務印書館。

張美蘭(2006)《祖堂集》校錄勘誤補,徐時儀、陳五雲、梁曉虹編《佛經音義研究:首屆佛經音義研究國際學術研討會論文集》279—289,上海:上海古籍出版社。

向德珍(2006)《泉州千佛新著諸祖師頌》與《祖堂集》"净修禪師贊"校錄,鄭培凱主編《九州學林》10:160—189,上海:復旦大學出版社。

詹緒左、何繼軍、葉建軍(2006)《祖堂集》校讀筆剳,《安慶師範學院學報(社會科學版)》2006(2):105—108。

詹緒左、何繼軍(2006)《祖堂集》俗字校錄匡誤,向光忠主編《文字學論叢》3:250,北京:中國戲劇出版社。

詹緒左、何繼軍(2006)《祖堂集》校讀散記,吴言生主編《中國禪學》第4卷:187,北京:中華書局。

詹緒左、俞曉紅(2006)《祖堂集》校讀剳記,中國文字學會、河北大學漢字研究中心編《漢字研究》1:264,北京:學苑出版社。

詹緒左(2006)《祖堂集》校讀記,《安徽師範大學學報(人文社會科學版)》2006(1):87—91,98。

詹緒左(2006)《〈祖堂集〉詞語研究》,上海師範大學博士學位論文。

李福唐(2006)《祖堂集》中所見晚唐五代複音介詞,《滁州學院學報》2006(6):12—14。

劉青(2006)《祖堂集》中"個"的詞性及用法,《内蒙古電大學刊》2006(3):49—50。

畢慧玉(2006)論"許多"的成詞過程及時代——兼論《祖堂集》在其中的作用,《黑龍江教育學院學報》2006(1):73—74。

鞠彩萍(2006)《〈祖堂集〉謂語動詞研究》,上海師範大學博士學位論文。

齊焕美(2006)《〈祖堂集〉詞綴研究》,上海師範大學碩士學位論文。

葉松華(2006)《〈祖堂集〉量詞研究》,上海師範大學碩士學位論文。

葉千綺(2006)《〈祖堂集〉助動詞研究》,中正大學碩士學位論文。

郭傑(2007)略論近代漢語一組表早晨的時間詞——由《祖堂集》中的"侵早"

一詞談起,《語文學刊(基礎教育版)》2007(24):113—115。

田春來(2007)《〈祖堂集〉介詞研究》,上海師範大學博士學位論文。

田春來(2007)《祖堂集》句末的"次",《長江學術》2007(1):176—179。

徐立(2007)《祖堂集》校勘數則,《科教文匯(中旬刊)》2007(12):194。

葉建軍(2007)《祖堂集》中"是"字結構附加問,《古漢語研究》2007(2):69—72。

葉建軍(2007)《祖堂集》中的感歎句,《雲夢學刊》2007(5):139—141。

林新年(2007)《祖堂集》、《景德傳燈錄》、《五燈會元》中"動+却+(賓)"格式中"却"的語法性質,《福建師範大學文學院百年學術大系(下)》,福州:海峽文藝出版社。

詹緒左、何繼軍(2007)《祖堂集》的詞彙學價值,《勵耘學刊》5:137—163。

鞠彩萍(2007)《祖堂集》詞語訓釋,陶新民主編《古籍研究》51:189,合肥:安徽大學出版社。

鞠彩萍(2007)《祖堂集》詞語訓釋,《常州工學院學報(社科版)》2007(1):77—79。

齊煥美、裴蓓(2007)《祖堂集》附加式構詞考察,《石河子大學學報(哲學社會科學版)》2007(3):88—90。

陳前瑞、張華(2007)從句尾"了"到詞尾"了"——《祖堂集》《三朝北盟會編》中"了"用法的發展,《語言教學與研究》2007(3):63—71。

박영록、임병권、신규탁(2007)《祖堂集》既存點校 및 翻譯에 關한 考察【A Study on Preexistence Translation in Addition to Revision and Footnotes to《zuTangJi》】,《中國言語研究》24:293—341。

余溢文(2007)《〈祖堂集〉代詞研究》,上海師範大學碩士學位論文。

梁銀峰(2008)《〈祖堂集〉助動詞研究》,上海:上海人民出版社。

于濤(2008)《〈祖堂集〉祈使句研究》,北京:中國國際文化出版社。

衣川賢次(2008)祖堂集烏窠章音韻考證,《白居易研究年報》9:168—176。

孫昌武(2008)關於《祖堂集》點校,《書品》2008(3):31—36。

詹緒左(2008)《祖堂集》詞語劄記,《安徽師範大學學報(人文社會科學版)》2008(1):65—70。

向德珍(2008)《祖堂集》疑問判斷句研究,《青海社會科學》2008(2):74—78。

何繼軍(2008)《祖堂集》中"那"的隱指用法,《修辭學習》2008(6):61—65。

葉建軍(2008)《〈祖堂集〉疑問句研究》,上海師範大學博士學位論文。

葉建軍(2008)《祖堂集》中四種糅合句式,《語言研究》2008(1):94—99。

葉建軍(2008)《祖堂集》中疑問代詞"什摩"的反詰用法,《安慶師範學院學報(社會科學版)》2008(5): 112—114。

梁嘤之(2008)《祖堂集》校讀劄記一則——"王莽則位"辨,《宗教學研究》2008(1): 176—177。

楊秀明(2008)從《祖堂集》看唐末閩南方言"仔"綴語詞的發展,《韶關學院學報》2008(11): 96—99。

龍國富(2008)試論《祖堂集》前兩卷與後十八卷語言的時代差異,中國人民大學文學院《語言論集》編輯部編《語言論集》5: 174—192,北京: 中國社會科學出版社。

구희경(2008)唐宋代禪宗語錄中助詞"却"的分析——以《祖堂集》、《景德傳燈錄》、《五燈會元》爲例,《中國言語研究》27: 31—44。

宋殿偉(2008)《〈祖堂集〉方位詞研究》,上海師範大學碩士學位論文。

周玉妤(2008)《〈祖堂集〉方位詞研究》,貴州大學碩士學位論文。

王海霞(2008)《〈祖堂集〉語氣詞研究》,吉林大學碩士學位論文。

郭傑(2008)《〈祖堂集〉時間詞語研究》,上海師範大學碩士學位論文。

金銀數(2008)《〈祖堂集〉研究》,東國大學校碩士學位論文。

周瑶(2009)孫昌武等點校《祖堂集》續貂,《宗教學研究》2009(3): 193—196。

衣川賢次(2009)《祖堂集》異文校證,《禪學研究》87: 1—15。

衣川賢次(2009)柳田先生の《祖堂集》研究,《禪文化研究所紀要》30: 25—69。

梁銀峰(2009)《祖堂集》介詞研究,《語言研究集刊》5: 196—216,346。

詹緒左、何繼軍(2009)《祖堂集》標點錯誤舉隅,《勵耘學刊(語言卷)》9: 52—70。

何繼軍(2009)《祖堂集》疑問代詞"什摩"作定語的語義功能探析,《寧夏大學學報(人文社會科學版)》2009(6): 23—27。

何繼軍(2009)《祖堂集》"這(者)+連帶成分"之考察,《合肥師範學院學報》2009(5): 28—31,59。

謝蓓(2009)《祖堂集》形容詞同義連用現象考察,《科技資訊》2009(29): 225,227。

徐琳、魏豔伶、袁莉容(2010)《〈祖堂集〉稱謂詞語研究》,成都: 四川大學出版社。

葉建軍(2010)《〈祖堂集〉疑問句研究》,北京: 中華書局。

葉建軍(2010)《祖堂集》疑問句句末語氣詞,《聊城大學學報(社會科學版)》

2010(3):123—126。

葉建軍(2010)《祖堂集》中複句式疑問句,《北方論叢》2010(3):56—59。

葉建軍(2010)《祖堂集》中糅合式疑問句,《安慶師範學院學報(社會科學版)》2010(8):111—114。

葉建軍(2010)《祖堂集》詢問句的語用功能,《長春大學學報》2010(9):38—41。

葉建軍(2010)《祖堂集》中的是非反詰問句,《寧夏大學學報(人文社會科學版)》2010(1):32—36。

曹廣順、梁銀峰、龍國富(2010)《〈祖堂集〉語法研究》,開封:河南大學出版社。

徐琳、魏豔伶、袁莉容(2010)《〈祖堂集〉佛教稱謂詞語研究》,成都:四川大學出版社。

周碧香(2010)《祖堂集》聯綿詞探析,《普門學報》59:33—56。

梁銀峰(2010)《祖堂集》的語氣副詞系統,《寧夏大學學報(人文社會科學版)》2010(1):37—41。

梁銀峰(2010)《祖堂集》的時間副詞系統,《長江學術》2010(1):78—87。

何繼軍(2010)《祖堂集》"底"字關係從句初探,《寧夏大學學報(人文社會科學版)》2010(3):33—38。

何繼軍(2010)《祖堂集》"有"起首的"有 NP+VP"句研究,《安徽大學學報(哲學社會科學版)》2010(2):91—96。

張文(2010)《祖堂集》有定無定表達手段考察,《北京廣播電視大學學報》2010(1):48—52。

鞠彩萍(2010)《祖堂集》虛詞"因"的特殊用法,《語文研究》2010(3):53—56。

鞠彩萍、朱文夫(2010)試析《祖堂集》中用於主謂之間的"而",《天中學刊》2010(3):99—102。

衣川賢次(2010)《祖堂集》異文別字校證—《祖堂集》中の音韻資料—,《東洋文化研究所紀要》157:1—126。

張相平(2010)《祖堂集》校補劄記,《中國訓詁學研究會 2010 年學術年會論文摘要集》。

林玲(2010)《祖堂集》新詞研究與辭書編纂(一)——《漢語大詞典》未收及商榷之新詞義項,《成都大學學報(社會科學版)》2010(1):95—99。

林玲(2010)《祖堂集》新詞研究與辭書編纂(二)——《漢語大詞典》未收之新詞,《成都大學學報(社會科學版)》2010(4):104—108。

杜軼(2010)試論《祖堂集》中"V 得 VP"結構的句法性質,《漢語史學報》10:207—217。

張鑫鵬、康健(2010)《祖堂集》"索"義集釋,《安康學院學報》2010(6):39—40、47。

康健(2010)《祖堂集》中的"豈不是",《西南民族大學學報(人文社科版)》2010(11):222—225。

都興宙(2010)《祖堂集》校點補正,《寧波大學學報(人文科學版)》2010(2):46—50。

王閏吉(2010)《〈祖堂集〉語言問題研究》,上海師範大學博士學位論文。

劉孟洋(2010)《〈祖堂集〉動結式述補結構研究》,遼寧師範大學碩士學位論文。

鞠彩萍(2011)《〈祖堂集〉動詞研究》,北京:中國社會科學出版社。

何繼軍(2011)《祖堂集》"其+N/NP"格式中"其"的功能及流變,《古漢語研究》2011(2):69—76,96。

何繼軍(2011)《祖堂集》"這(者)""那"的指示功能及其虛化軌迹,《語文研究》2011(2):55—60。

詹緒左、何繼軍(2011)《祖堂集》校釋失誤舉隅,《中國禪學》5:10—27。

嚴寶剛(2011)從《祖堂集》看唐五代時期的名詞化標記"底",《西南農業大學學報(社會科學版)》2011(8):163—165。

張鑫鵬(2011)《祖堂集》成語探析,《長春工程學院學報(社會科學版)》2011(1):99—101。

王閏吉、張繼娥(2011)《祖堂集》人名的簡稱,《麗水學院學報》2011(6):78—81。

康健(2011)中華本《祖堂集》校注正誤,《宗教學研究》2011(2):86—92。

馬希(2011)《〈祖堂集〉比較句研究》,黑龍江大學碩士學位論文。

李得成(2011)《〈祖堂集〉副詞系統研究》,西北師範大學碩士學位論文。

祁從舵(2011)《祖堂集》中"有+人名+VP"構式的功能特徵與歷史演變,《語文研究》2011(3):43—46。

祁從舵(2011)《祖堂集》中"且置"式問句的歷史形成及其動因,《深圳大學學報(人文社會科學版)》2011(3):108—111。

李豔琴(2011)從《祖堂集》看"叉手"一詞的確義及其他,《寧夏大學學報(人文社會科學版)》2011(5):7—11。

李豔琴(2011)中華本《祖堂集》點校辨正,《暨南學報(哲學社會科學版)》

2011(1):113—117。

具熙卿(2011)唐宋代禪宗語錄中助詞"却"的分析——以《祖堂集》、《景德傳燈錄》、《五燈會元》爲例,法鼓佛教學院主編《漢文佛典語言學:第三届漢文佛典語言學國際研討會論文集》231—252,臺北:法鼓文化事業股份有限公司。

黃新强(2011)《〈祖堂集〉與〈景德傳燈錄〉連詞比較研究》,溫州大學碩士學位論文。

黃新强(2011)《祖堂集》與《景德傳燈錄》選擇連詞比較,《阜陽師範學院學報(社會科學版)》2011(1):47—49。

張慶冰(2011)《〈祖堂集〉完成體動詞辨析》,山東大學博士學位論文。

張穎(2011)《〈世說新語〉與〈祖堂集〉中讓步連詞的比較研究》,湖北大學碩士學位論文。

田春來(2012)《〈祖堂集〉介詞研究》,北京:中華書局。

王閏吉(2012)《〈祖堂集〉語言問題研究》,北京:中國社會科學出版社。

王閏吉(2012)《祖堂集》語法問題考辨數則,《語言科學》2012(4):432—435。

祁從舵(2012)《〈祖堂集〉框架句研究》,上海師範大學博士學位論文。

衣川賢次(2012)祖堂集語法研究瑣談,《花園大學文學部研究紀要》44:31—58;張黎譯(2017)祖堂集語法研究瑣談,《漢語佛學評論》5:297—318。

張相平(2012)《祖堂集》校補剳記,《廣東石油化工學院學報》2012(2):50—52。

張秀清(2012)《祖堂集》校記,《樂山師範學院學報》2012(6):45—47。

李豔琴(2012)中華本《祖堂集》再續貂——兼與周瑶先生商榷,《宗教學研究》2012(1):158—159。

鞠彩萍(2012)試述禪宗史書《祖堂集》複音詞對大型語文辭書的補充,《法音》2012(3):29—37。

馬丹丹(2012)《祖堂集》類化俗字之探析,《赤峰學院學報(漢文哲學社會科學版)》2012(6):119—121。

康健(2012)《祖堂集》副詞用法及特點探析,《西華師範大學學報(哲學社會科學版)》2012(5):98—104。

康健(2012)《祖堂集》中的"VP一切了"及其歷時演變,《西南交通大學學報(社會科學版)》2012(4):8—14。

임영택(2012)"着(著)"文法化에 關한 研究——《世說新語》、《祖堂集》을 中心으로—【Research on the Grammaticalization of the 'Zhuo' in Early Modern Chinese】,《韓中言語文化研究》30:3—36。

周北南(2013)《祖堂集》方位詞"前"的語法特徵,《漢語史研究集刊》16:237—248。

衣川賢次(2013)《祖堂集》の基礎方言,《東洋文化研究所紀要》164:139—204;(2014)《祖堂集》的基礎方言,《新國學》10:1—56。

詹緒左(2013)商務本《祖堂集校注》商補,《漢語史研究集刊》16:99—148。

張秀清(2013)《祖堂集》校讀,《現代語文(學術綜合版)》2013(10):12—13。

胡蝶、康健(2013)《祖堂集》中的比較句及其特點,《寧夏社會科學》2013(1):123—127。

柴淼(2013)對《祖堂集》中心理動詞特點的分析,《理論界》2013(4):162—164。

温静(2013)《祖堂集》的"阿"、"子"、"生"詞綴在閩語中的保留,《銅仁學院學報》2013(6):72—75。

梁濱(2013)《〈祖堂集〉連動結構研究》,浙江師範大學碩士學位論文。

柴淼(2013)《〈祖堂集〉動詞研究》,黑龍江大學碩士學位論文。

苗瑋(2013)《〈祖堂集〉與〈五代史平話〉詞綴比較研究》,浙江財經學院碩士學位論文。

尹淳一(2014)《〈祖堂集〉情態動詞及其語法化研究》,復旦大學博士學位論文。

王華(2014)《祖堂集》疑問句句末語氣詞考察——兼談"不"、"否"、"無"等詞的界定,《學術交流》2014(12):163—167。

李蓓蓓、都興宙(2014)《祖堂集》中的"即"和"則",《現代語文(語言研究版)》2014(10):40—42。

張霁(2014)從《祖堂集》動詞作定語結構特點談標記"之"的隱現條件,《黔南民族師範學院學報》2014(4):30—33。

古賀英彦(2014)幻の祖堂集索引(特集 禪文化研究所創立50周年),《禪文化》233:97—102。

竹田治美(2014)《祖堂集》における程度副詞について,《奈良學園大學紀要》1:57—63。

박선경(2014)《〈祖堂集〉疑問詞研究:特指疑問文과 飜譯文을 中心으로》【《〈祖堂集〉疑問詞研究:以特指疑問句和其翻譯文爲主》】,釜山大學校碩士學位論文。

邱震强(2015)《祖堂集》校議,《古籍整理研究學刊》2015(1):47—50。

王華(2015)《祖堂集》的語氣詞系統,《哈爾濱師範大學社會科學學報》2015

（3）：82—86。

竹田治美(2015)《祖堂集》における接尾辭に關する一考察,《奈良學園大學紀要》3：83—88。

윤순일(2015)《祖堂集》能力類樣相動詞의 意味에 對한 硏究【《祖堂集》能力類情態動詞的語義研究】,《열린精神人文學研究》16(1)：237—261。

황선주(2015)直指의 白話【Colloquial Chinese of Jikji】,《湖西文化論叢》24：23—43。

莫璧嘉(2015)《〈祖堂集〉形容詞的結構、功能與演變研究》,廣西大學碩士學位論文。

王閏吉、朱慶華(2016)《祖堂集》疑難語詞考校商補,《漢語史學報》16：278—287。

詹緒左(2016)中華本《祖堂集》校點商補,《佛教文化研究》4：371—388,392,399。

張秀清(2016)《祖堂集》"巡之於"釋,《澳門文獻信息學刊》17：85—87。

胡斌彬(2016)《祖堂集》時間構式"VP(之)次"及其興衰——基於"VP(之)次"與"VP(之)時"的比較,《西華大學學報(哲學社會科學版)》2016(2)：32—37,66。

高婉瑜(2017)論《祖堂集》的勘驗詞,《東亞文獻研究》19：103—118。

高婉瑜(2017)論《祖堂集》的相應詞,《語言研究集刊》19：363—378,389。

張慶冰(2017)《祖堂集》"V+却"情狀類型研究,《語言研究》2017(4)：97—99。

金克中(2018)《祖堂集》釋詞三則,《語言研究》2018(2)：90—93。

詹緒左(2018)《禪籍詞語研究：以〈祖堂集〉爲主要考察對象》,北京：科學出版社。

李俊立(2018)《祖堂集》俗諺選釋,《青年文學家》2018(30)：76—77。

陶羅琪(2018)《祖堂集》詈語語義類別及其語用價值,《宿州學院學報》2018(7)：58—61。

5. 景德傳燈錄
◎原始資料
·現存文本

俄國 Saint Petersburg Oldenburg 文庫藏古版傳燈錄。

《傳燈玉英集》【金刻大藏經本】。

福州東禪寺本【高野山勸學院、上醍醐寺、東寺藏】。

福州開元寺本。

上海涵芬樓景印常熟瞿氏鐵琴銅劍樓藏本【《四部叢刊》三編子部所收】。

金刻大藏經本。

磧砂版大藏經本。

湖州道場禪幽庵刻本【元延祐三年(1316)本,日本五山版、《大正新修大藏經》卷五一所收】。

普寧寺版大藏經本。

大德寺宗峰妙超筆寫本。

高麗本。

 明萬曆版【駒澤大學藏,中文出版社版所收】。

 清康熙版【駒澤大學藏】。

大明三藏聖教南藏本。

大明三藏聖教北藏本。

嘉興大藏經本。

清龍藏本。

常州天寧寺刻本【真善美社本】。

・影印本

(1966)《景德傳燈錄》(《四部叢刊續編》三編子部),臺北:臺灣商務印書館。

(1968)《景德傳燈錄》(《中華大藏經》1—9),臺北:修訂中華大藏經會【磧砂藏本】。

(1976)《景德傳燈錄》(禪學叢書之六),京都:中文出版社【四部叢刊本、高麗本】。

(1981)《景德傳燈錄》(《四部叢刊廣編》32),臺北:臺灣商務印書館。

(1990)《景德傳燈錄:福州東禪寺版》,京都:禪文化研究所【東禪寺藏本】。

(1990)《景德傳燈錄》全10冊,揚州:江蘇廣陵古籍刻印社【延祐本】。

(1993)《景德傳燈錄》(《中國燈錄全書》),北京:中國藏學出版社。

(1993)《景德傳燈錄》(《佛藏輯要》22),成都:巴蜀書社。

(1994)《景德傳燈錄》(《中華大藏經》74),北京:中華書局【金藏本】。

(2002)《景德傳燈錄》(《續修四庫全書》),上海:上海古籍出版社【四部叢刊本】。

(2010)《景德傳燈錄》(菩提叢書110),臺北:菩提印經會。

域外漢籍珍本文庫編纂出版委員會編(2012)《日本五山版漢籍善本集刊》卷

7,重慶: 西南師範大學出版社。

椎名宏雄編(2012)《燈史 1》(五山版中國禪籍叢刊卷 1),京都: 臨川書店。

· 校訂本

(1885)《景德傳燈錄》(《大日本校訂大藏經(縮刷藏經)》340—341),東京: 弘教書院。

(1905)《景德傳燈錄》(《大日本校訂大藏經(卍字藏經)》289—290),京都: 圖書出版。

(1932)《景德傳燈錄》(《大正新修大藏經》卷 51),東京: 大正新修大藏經刊行會。

(1967)《景德傳燈錄》,臺北: 真善美社。

(1988)《景德傳燈錄》,臺北: 新文豐出版公司。

(1990)《景德傳燈錄》(《禪宗全書》2),臺北: 文殊文化有限公司。

景德傳燈錄研究會編(1993,1997,2013)《景德傳燈錄三—五》,京都: 禪文化研究所。

佛光大藏經編修委員會(1994)《佛光大藏經禪藏》1—4,高雄: 佛光出版社。

傳世藏書工作委員会編(1996)《景德傳燈錄》(《傳世藏書 子庫 佛典》26),海口: 海南國際新聞出版中心。

(1999)《景德傳燈錄》,臺北: 佛陀教育基金會。

朱俊紅點校(2011)《景德傳燈錄》全 2 册,海口: 海南出版社。

景德傳燈錄研究會(2019)《景德傳燈錄》卷一七雲居道膺章·曹山本寂章訓注,《禪文化研究所紀要》34: 181—334。

· 日譯本

佐橋法龍(1970)《景德傳燈錄上》,東京: 春秋社。

荒木龍太郎(1990,1992,1997)和譯《景德傳燈錄》一—三,《活水日文》21: 22—62;25: 51—76;34: 14—41。

鈴木哲雄(1997,1998)《景德傳燈錄》譯文(一二),《禪研究所紀要》25: 239—251;26: 135—150。

ルッジェリアンナ(Ruggeri Anna)、平木康平(2000—2002)日英伊對譯《景德傳燈錄》Ⅶ-1—3,《人文學論集》18: 35—54;19: 25—43;20: 44—33。

佐野公治(2008)《禪の祖師の傳記:〈景德傳燈錄〉選譯》,名古屋: 崑崙書房。

佐野公治(2009)《景德傳燈錄》を讀む,《中國古典研究》52: 40—61。

佐野公治(2009)《景德傳燈錄》を讀む(續)嵩嶽元珪禪師章に見る一説話,《名古屋大學中國哲學論集》8: 1—21。

佐野公治(2009)《景德傳燈錄》を讀む(その3)博陵王と法融禪師の問答、その口語譯,《愛知文教大學論叢》12：332—309。

佐野公治(2010)《景德傳燈錄》(卷五)譯注(その1)［含中國語文］,《愛知文教大學論叢》13：234—196。

佐野公治(2010)《景德傳燈錄》(卷四)譯注［含中國語文］,《名古屋大學中國哲學論集》9：96—130。

佐野公治(2011)《景德傳燈錄》(卷四)譯注(承前)［含中國語文］,《名古屋大學中國哲學論集》10：95—155。

・中譯本

闞正宗(1992)《景德傳燈錄》(《佛學系列叢書》1),臺北：菩提長青出版社。

張華釋譯(1997)《景德傳燈錄》(《佛光經典叢書》1127、《中國佛教經典寶藏精選白話版》27),高雄：佛光出版社。

顧宏義注譯(2005)《新譯景德傳燈錄》全3冊(《古籍今注新譯叢書》),臺北：三民書店。

顧宏義注(2010)《景德傳燈錄譯注》全5冊,上海：上海書店出版社。

張華釋譯(2017)《景德傳燈錄》,北京：東方出版社。

・英譯本

Lu K'uan Yu (Charles Luk). (1961) *Ch'an and Zen Teaching (second series)*, London：Rider & Company.

Chang Chung-yüan. (1969) *Original Teachings of Ch'an Buddhism: selected from the transmission of the lamp*, New York：Pantheon Books.

Shohaku Ogata, trans, P. F. Scmitt, ed. (1990) *The Transmission of the Lamp: Early Masters*, Wolfeboro, New Hampshire.

・文本研究

陳垣(1955)《中國佛教史籍概論》,北京：科學出版社。

篠原壽雄(1961)傳燈玉英集について,《印度學佛教學研究》9(2)：212—215。

篠原壽雄(1961)王隨の玉英集刪定について,《駒澤大學佛教學部研究紀要》19：94—111。

石井修道(1970,1971)《景德傳燈錄》の歷史的性格(上下),《駒澤大學大學院佛教學研究會年報》4：12—30；5：14—36；(1987)《景德傳燈錄》の歷史的性格,《宋代禪宗史の研究》,東京：大東出版社。

鈴木哲雄(1971)景德傳燈錄の割注について,《宗學研究》13：77—82。

鈴木哲雄(1971)景德傳燈錄の諸本について,《宗教研究》44(3)：146—148。

椎名宏雄(1973)《景德傳燈錄抄注》について,《印度學佛教學研究》21(2)：806—811。

柳田聖山(1973)宋版禪籍調查報告,《禪文化研究所紀要》5：169—178。

鈴木哲雄、椎名宏雄(1975)宋・元版《景德傳燈錄》の書誌的考察,《禪研究所紀要》4,5：261—280。

椎名宏雄(1976)朝鮮版《景德傳燈錄》について,《駒澤大學佛教學部論集》7：175—189。

椎名宏雄(1977)《傳燈玉英集》の基礎的研究,《曹洞宗研究員研究生研究紀要》9：42—55。

大華(1979)景德傳燈錄的編者問題,《海潮音》60(11)：15—16。

增永靈鳳(1981)景德傳燈錄之研究,《佛光學報》6：187—195。

椎名宏雄(1983)宋金元版禪籍所在目錄初稿,《駒澤大學佛教學研究》32(2)：191—218。

石井修道(1984)景德傳燈錄序をめぐる諸問題,《佛教學》17：27—52。

西口芳男(1984)高麗本《景德傳燈錄》について,《印度學佛教學研究》32(2)：944—949。

椎名宏雄(1986)宋元版禪籍研究(8)景德傳燈錄・萬僧問答景德傳燈全錄,《印度學佛教學研究》35(1)：122—125。

石井修道(1987)《佛祖同參集》と《景德傳燈錄》,《宋代禪宗史の研究》,東京：大東出版社。

陳士強(1988)《景德傳燈錄》概說,《法音》1988(6)：28—30。

西口芳男(1988)福州東禪寺版《景德傳燈錄》について—東寺藏・上醍醐寺藏の調查報告を兼ねて—,《禪文化研究所紀要》15：413—447。

西口芳男(1990)東禪寺版《景德傳燈錄》解題,禪文化研究所編《景德傳燈錄：福州東禪寺版》3—13,京都：禪文化研究所。

유주성(1993)《景德傳燈錄의 成立史 研究》,東國大學校碩士學位論文。

榮新江撰,衣川賢次譯(1996)ロシア所藏の景德傳燈錄,《禪文化》161：131—146。

椎名宏雄(1998)金藏本《景德傳燈錄》の性格,《宗學研究》40：249—254。

楊曾文(2001)道原及其《景德傳燈錄》,《南京大學學報(哲學・人文科學・社會科學版)》2001(3)：52—63。

王振國(2002)略析《宋高僧傳》、《景德傳燈錄》關於部分禪宗人物傳記之誤失——兼論高僧法如在禪史上的地位,《敦煌學輯刊》2002(1):98—105。

馮國棟(2004)《〈景德傳燈錄〉研究》,復旦大學博士學位論文。

馬格俠(2005)俄藏黑城出土寫本《景德傳燈錄》年代考,《敦煌學輯刊》2005(2):249—252。

黃繹勳(2005)《傳燈玉英集》卷十四補闕和研究——宋士大夫王隨刪節《景德傳燈錄》之探討,《中華佛學學報》18:105—137。

馮國棟(2006)《景德傳燈錄》宋元刊本敘錄,《文獻》2006(1):113—122。

張勝珍(2010)《景德傳燈錄》南唐部分糾謬及考辨,《新亞論叢》11:112—118。

馮國棟(2014)《〈景德傳燈錄〉研究》,北京:中華書局。

李長遠(2014)《宋高僧傳》與《景德傳燈錄》撰述立場的幾點觀察,《成大宗教與文化學報》21:153—168。

·索引

松田文雄(1957)《景德傳燈錄禪僧名索引》,東京:駒澤大學圖書館謄寫印刷部。

鈴木哲雄(1971—1972)《景德傳燈錄》固有名詞索引1—2,《禪研究所紀要》1:106—82;2:197—108。

鈴木哲雄(1975)《中國禪宗人名索引—附·景德傳燈錄人名索引》,東京:其弘堂書店【書評:石井修道(1976)鈴木哲雄編《中國禪宗人名索引》—附·景德傳燈錄人名索引—,《駒澤大學佛教學部論集》7:199—202】。

莊司格一(1983)景德傳燈錄僧名索引,《山形大學紀要 人文科學》10(2):115—160。

莊司格一(1988)《景德傳燈錄固有名詞索引》,京都:中文出版社。

禪文化研究所(1993)《景德傳燈錄索引》(《基本典籍叢刊》)全2冊,京都:禪文化研究所。

鈴木哲雄(1994)《祖堂集》對照《景德傳燈錄》,《禪研究所紀要》22:249—500。

◎研究

呂叔湘(1940)釋《景德傳燈錄》中"在""著"二助詞,《華西協合大學中國文化研究所集刊》1;(1990)《呂叔湘文集》2:58—72,北京:商務印書館【入矢義高(1953)句終詞〈在〉について—呂叔湘氏の論考への批判—,《中國語學研究會會報》14:1—6】。

早川通介(1968)禪宗語錄にあらわれた重複形式(碧巖集・景德傳燈錄を資料として),《愛知學院大學論叢 一般教育研究》16(4):769—809。

石井修道(1971)景德傳燈錄の問と答(一):如何はについて,《駒澤大學佛教學部論集》1:104—127。

石井修道(1971)景德傳燈錄の問と答(二):如何の問内容,《駒澤大學佛教學部論集》2:104—122。

潘維桂、楊天戈(1980)《敦煌變文》和《景德傳燈錄》中"了"的用法,《語言論集》1:22—28,北京:中國人民大學出版社。

張靖龍(1987)《景德傳燈錄》中的唐五代佚詩考,《溫州師範學院學報(社會科學版)》1987(1):50—56,49。

章備福(1993)《景德傳燈錄》成語劄記,《徐州師範學院學報》1993(2):104—105。

馮春田(1995)試說《祖堂集》《景德傳燈錄》"作麼(生)"與"怎麼(生)"之類詞語,《俗語言研究》2:23—28。

祖生利(1996)《景德傳燈錄》的三種複音詞研究,《古漢語研究》1996(4):61—65。

刁晏斌(1997)《景德傳燈錄》中的選擇問句,《俗語言研究》4:25—28。

祖生利(2001)《景德傳燈錄》中的支配式和主謂式複音詞淺析,《西藏民族學院學報(哲學社會科學版)》2001(1):76—78。

祖生利(2001)《景德傳燈錄》中的補充式複音詞,《渭南師範學院學報》2001(3):16—19。

祖生利(2001)《景德傳燈錄》中的偏正式複音詞,《古漢語研究》2001(4):78—82。

李斐雯(2001)《〈景德傳燈錄〉疑問句研究》,成功大學碩士學位論文。

祖生利(2002)《景德傳燈錄》中的聯合式複音詞,《古漢語研究》2002(3):58—63。

祖生利(2002)《景德傳燈錄》中的附加式複音詞,《開篇》21:85—94。

杜曉莉(2003)《〈景德傳燈錄〉同義名詞研究》,四川大學碩士學位論文。

김애라(2003)《〈景德傳燈錄〉被動文研究》,濟州大學校碩士學位論文。

林新年(2004)從《祖堂集》、《景德傳燈錄》和《五燈會元》看"却"的語法性質,《中國語文研究》17:52—62。

馮國棟(2005)從《景德傳燈錄》看禪宗語言的文學性,《中國俗文化研究》3:125—131。

汪允(2005)《〈祖堂集〉與〈景德傳燈錄〉詞尾研究》,陝西師範大學碩士學位論文。

任珊(2006)禪語問答的認知語言學觀照——以《景德傳燈錄》爲中心,《重慶社會科學》2006(2):62—68。

구희경(2006)宋代禪宗語錄被字句分析:以《五燈會元》、《碧巖集》、《景德傳燈錄》爲例,《中國言語研究》22:51—71。

胡静書(2006)《〈景德傳燈錄〉介詞研究》,安徽師範大學碩士學位論文。

林新年(2007)《祖堂集》、《景德傳燈錄》、《五燈會元》中"動+却+(賓)"格式中"却"的語法性質,《福建師範大學文學院百年學術大系(下)》,福州:海峽文藝出版社。

구희경(2008)唐宋代禪宗語錄中助詞"却"的分析——以《祖堂集》、《景德傳燈錄》、《五燈會元》爲例,《中國言語研究》27:31—44。

金和英(2008)《景德傳燈錄》否定副詞研究,《人間 과 文化研究》14:101—118。

張泰(2009)《景德傳燈錄》成語研究,《西南農業大學學報(社會科學版)》2009(2):112—116。

김애라(2010)《景德傳燈錄》에 나타난 "將"字用法研究【Study on the usage of "jiang" in JingDeChuanDengLu】,《佛教學研究》25:7—48。

具熙卿(2011)唐宋代禪宗語錄中助詞"却"的分析——以《祖堂集》、《景德傳燈錄》、《五燈會元》爲例,法鼓佛教學院主編《漢文佛典語言學:第三届漢文佛典語言學國際研討會論文集》231—252,臺北:法鼓文化事業股份有限公司。

黄新强(2011)《〈祖堂集〉與〈景德傳燈錄〉連詞比較研究》,温州大學碩士學位論文。

黄新强(2011)《祖堂集》與《景德傳燈錄》選擇連詞比較,《阜陽師範學院學報(社會科學版)》2011(1):47—49。

李麗婷(2012)《〈景德傳燈錄〉疑問句研究》,四川師範大學碩士學位論文。

符篠筠(2012)《〈景德傳燈錄〉中"來"、"去"二詞研究》,雲南大學碩士學位論文。

陳保忠(2013)《〈景德傳燈錄〉代詞研究》,西南大學碩士學位論文。

傅鴻洲(2013)淺析《景德傳燈錄》中的"着"字,《現代交際》2013(11):48—49,47。

陳家春(2013)《景德傳燈錄》點校獻疑,《暨南學報(哲學社會科學版)》2013(12):99—104,158—159。

高婉瑜(2014)《〈景德傳燈錄〉語言探索》,臺北:學生書局。

聶娟娟(2014)《景德傳燈錄》相對疑問詞考察,《美與時代(下)》2014(1):113—115。

聶娟娟(2014)《景德傳燈錄》中問人的疑問代詞研究,《藝術科技》2014(1):177,150。

김화영(2014)《〈景德傳燈錄〉時間副詞研究》【A study on time adverbs of JingDeChuanDengLu】,釜山大學校博士學位論文。

張雙(2014)《禪宗會話中隱喻現象的語用學研究——以〈景德傳燈錄〉爲例》,廣東外語外貿大學碩士學位論文。

陳家春(2015)《〈景德傳燈錄〉文獻語言研究》,四川大學博士學位論文。

陳家春(2015)《景德傳燈錄》標點獻疑,《渭南師範學院學報》2015(1):68—71,76。

朱婧怡(2015)《〈景德傳燈錄〉副詞研究》,東北師範大學碩士學位論文。

丁玲(2015)《遮詮與禪宗機緣性會話中否定現象的語用學研究——以〈景德傳燈錄〉爲例》,廣東外語外貿大學碩士學位論文。

李彬(2016)上海書店本《景德傳燈錄譯注》語詞訓詁釋商兌,《南京師範大學文學院學報》2016(3):173—177。

朱婷婷(2016)《〈景德傳燈錄〉助動詞研究》,廣西大學碩士學位論文。

陳家春(2016)《景德傳燈錄》異文辨正,《合肥師範學院學報》2016(1):32—36。

陳家春(2017)《〈景德傳燈錄〉文獻語言研究》,北京:光明日報出版社。

李婷(2017)《禪宗機緣性會話中隱喻現象的語用學研究——以〈景德傳燈錄〉爲例》,廣東外語外貿大學碩士學位論文。

6. 五燈會元
◎原始資料
· 現存文本

宋寶祐元年【1253】序刊本。

貞治七年【1368】和刻本。

元至正刻本殘本【北京大學圖書館藏】。

明嘉靖辛酉刻本。

　　重刻本【首都師範大學、南京圖書館藏】。

明萬曆嘉興藏本。

明崇禎七年【1634】曹學佺刻本。

清龍藏本。

長沙刻經處刻本。

・影印本

（1902）《五燈會元》陶子麟影刻本。

（1930）《五燈會元》縮印本。

王雲五（1966）《五燈會元》全 10 冊（《四庫全書珍本》7），臺北：臺灣商務印書館。

（1971）《五燈會元》全 2 冊，臺北：廣文書局。

（1983）《景印文淵閣四庫全書》1053，臺北：臺灣商務印書館。

（1987）《五燈會元》（《嘉興大藏經》24），臺北：新文豐出版公司。

任繼愈主編（1992）《中國佛教叢書・禪宗編》，南京：江蘇古籍出版社【明萬曆嘉興藏本】。

域外漢籍珍本文庫編纂出版委員會編（2012）《日本五山版漢籍善本集刊》卷 10—11，重慶：西南師範大學出版社。

椎名宏雄編（2014）《燈史 2 下》（《五山版中國禪籍叢刊》2），京都：臨川書店。

・校訂本

前田慧雲編（1911）《五燈會元》（《大日本續藏經：靖國紀念》第 1 輯第 2 編乙第 11 套第 1—4 冊），京都：藏經書院。

今枝愛真監修（1971）《五燈會元》，東京：琳琅閣書店。

蘇淵雷點校（1984）《五燈會元》（《中國佛教典籍選刊》）全 3 冊，北京：中華書局。

（1990）《五燈會元》（《禪宗全書》7—8），臺北：文殊文化有限公司。

能仁晃道（2006）《訓讀五燈會元》全 3 冊，京都：禪文化研究所。

朱俊紅點校（2011）《五燈會元》，海口：海南出版社。

李豔琴、郭淑偉、嚴紅彥（2011）《祖堂集五燈會元校讀》，成都：巴蜀書社。

・日譯本

石野幹昌（2005）《五燈會元》譯注（1，2），《名古屋大學人文科學研究》34：13—28；《名古屋大學中國哲學論集》4：86—132。

本多道隆（2009，2010，2011，2013）《五燈會元》〈釋迦牟尼佛章〉を讀む（1）—（4），《花園大學國際禪學研究所論叢》4：155—193；5：151—188；6：117—154；8：139—175。

· 中譯本

蔣宗福、李海霞(1997)《五燈會元白話全譯》,重慶:西南師範大學出版社。

錢發平、吳德新編譯(2008)《五燈會元》(《佛家禪宗經典》),重慶:重慶出版社。

· 英譯本

Lu K'uan Yu (Charles Luk). (1961) *Ch'an and Zen Teaching* (second series), London: Rider & Company.

· 文本研究

陳垣(1955)《中國佛教史籍概論》,北京:科學出版社。

椎名宏雄(1976)宋元版禪籍研究(一)五燈會元,《印度學佛教學研究》25(1):262—265。

佐藤秀孝(1981)《五燈會元》編集の一疑點,《印度學佛教學研究》29(2):596—597。

馮國棟(2004)《五燈會元》版本與流傳,《宗教學研究》2004(4):89—91。

黃俊詮(2007)《禪宗典籍〈五燈會元〉研究》,復旦大學博士學位論文。

紀贇、黃俊銓(2011)《五燈會元》之版本與校勘之諸問題研究,《中國禪學》5:28—48。

邱震强(2014)《五燈會元》編書發起人沈净明並非"里正",《華夏文化》2014(4):33—34。

李旭(2015)"五燈"系列禪籍禪師收錄異文類型,《東華理工大學學報(社會科學版)》2015(2):132—134。

◎ 研究

佐藤喜代治(1974)《五燈會元》の語彙の考察——わが國近代の漢語との關連において,《國語學研究》13:1—13。

袁賓(1986)《五燈會元》詞語釋義,《中國語文》1986(5):377—380。

項楚(1987)《五燈會元》點校獻疑三百例,《古籍整理出版情況簡報》172:13—55;(2003)《柱馬屋存稿》287—334,北京:商務印書館。

張錫德(1987)《五燈會元》詞語拾零,《溫州師範學院學報(社會科學版)》1987(4):43—49。

袁賓(1987)《五燈會元》詞語續釋,《語言研究》1987(2):125—134。

袁賓(1987)《五燈會元》口語詞探義,《天津師大學報》1987(5):77—81。

周啓付(1988)《五燈會元》中的諺語,《讀書》1988(3):146—147。

袁賓(1990)《五燈會元》口語詞選釋,《漢語論叢》173—186,上海：華東師範大學出版社。

董志翹(1990)《五燈會元》語詞考釋,《中國語文》1990(1)：64—67。

李思明(1990)《祖堂集》《五燈會元》中的指示代詞"與麼"與"恁麼",《安徽電大學報》1990。

項楚(1991)《五燈會元》點校獻疑續補一百例,李錚、蔣忠新主編《季羨林教授八十華誕紀念論文集》全2冊：175—188,南昌：江西人民出版社;(2003)《柱馬屋存稿》335—359,北京：商務印書館。

劉凱鳴(1992)《五燈會元》補校,《文獻》1992(1)：170—174。

長尾光之、李開(1992)《五灯會元》詞語考釋,《福島大學教育學部論集 人文科學部門》52：87—95。

黃靈庚(1992)語詞輯釋：《五燈會元》語詞補釋(八則),《古漢語研究》1992(1)：64—65。

張美蘭(1992)《五燈會元》詞語校釋兩則,《近代漢語研究》1：170—172,北京：商務印書館。

段觀宋(1994)《五燈會元》俗語言詞選釋,《俗語言研究》創刊號：34—37。

劉凱鳴(1994)《五燈會元》詞語補釋,《俗語言研究》創刊號：38—40。

闞緒良(1994)《五燈會元》裏的"是"字選擇句,《中國語研究》36：46—52。

騰志賢(1995)《五燈會元》詞語考釋,《俗語言研究》2：36—37。

騰志賢(1995)《五燈會元》詞語考釋,《古漢語研究》1995(4)：90—91。

闞緒良(1995)《五燈會元》裏的"是"字選擇問句,《語言研究》1995(2)：167—169。

徐健(1995)《五燈會元》語詞釋義,《俗語言研究》2：29—35。

張美蘭(1996)《五燈會元》中同形動量詞,《南京師範大學學報(社會科學版)》1996(1)：109—113。

張美蘭(1997)《五燈會元》詞語二則,《古漢語研究》1997(4)：30;(2001)《近代漢語語言研究》,天津：天津教育出版社。

黃靈庚(1998)《五燈會元》標點正誤二則,《古漢語研究》1998(1)：13。

武振玉(1998)試析《五燈會元》中的是非問句與選擇問句,《長春大學學報》1998(2)：22—25。

黃靈庚(1999)《五燈會元》詞語劄記,《浙江師大學報(社會科學版)》1999(3)：22—26。

沈丹蕾(2001)《五燈會元》的句尾語氣詞"也",《安徽師範大學學報(人文社會科學版)》2001(4): 595—599。

武振玉(2001)《五燈會元》中的是非問句與選擇問句初探,《陕西師範大學繼續教育學報》2001(1): 56—58。

闞緒良(2003)《五燈會元虛詞研究》,浙江大學博士學位論文。

林新年(2004)從《祖堂集》、《景德傳燈錄》和《五燈會元》看"却"的語法性質,《中國語文研究》17: 52—62。

邱震强(2004)《五燈會元》"把"字研究,《中國語文研究》18: 32—43。

孟豔紅(2004)《〈五燈會元〉程度副詞研究》,武漢大學碩士學位論文。

구희경(2006)宋代禪宗語錄被字句分析:以《五燈會元》、《碧巖集》、《景德傳燈錄》爲例,《中國言語研究》22: 51—71。

殷偉(2006)《〈五燈會元〉反復問句及選擇問句研究》,南京師範大學碩士學位論文。

王遠明(2006)《〈五燈會元〉量詞研究》,貴州大學碩士學位論文。

黄俊銓(2007)《禪宗典籍〈五燈會元〉研究》,復旦大學博士學位論文。

邱震强(2007)《五燈會元》釋詞二則,《中國語文》2007(1): 68—71。

林新年(2007)《祖堂集》、《景德傳燈錄》、《五燈會元》中"動+却+(賓)"格式中"却"的語法性質,《福建師範大學文學院百年學術大系(下)》,福州:海峽文藝出版社。

周清豔(2008)《五燈會元》中副詞"都"的用法,《周口師範學院學報》2008(4): 40—43。

鄒仁(2008)《〈五燈會元〉動態助詞研究》,福建師範大學碩士學位論文。

구희경(2008)唐宋代禪宗語錄中助詞"却"的分析——以《祖堂集》、《景德傳燈錄》、《五燈會元》爲例,《中國言語研究》27: 31—44。

惠紅軍(2009)《五燈會元》中的處置式,《貴州民族學院學報(哲學社會科學版)》2009(4): 93—95。

殷偉(2009)《五燈會元》中"T,是否?"句式研究,《常州工學院學報(社科版)》2009(3): 67—70。

龔峰(2010)《〈五燈會元〉祈使句研究》,蘇州大學碩士學位論文。

具熙卿(2011)唐宋代禪宗語錄中助詞"却"的分析——以《祖堂集》、《景德傳燈錄》、《五燈會元》爲例,法鼓佛教學院主編《漢文佛典語言學:第三届漢文佛典語言學國際研討會論文集》231—252,臺北:法鼓文化事業股份有限公司。

袁衛華(2012)《五燈會元》中帶語氣副詞的測度問句,《合肥師範學院學報》2012(2): 18—22。

黃冬麗(2012)《五燈會元》中的歇後語,《天水師範學院學報》2012(3):105—108。

袁衛華(2012)《〈五燈會元〉疑問句研究》,武漢大學博士學位論文。

方吉萍(2012)《五燈會元》中"相似"比擬句式,《齊齊哈爾大學學報(哲學社會科學版)》2012(2):128—131。

方吉萍(2012)《〈五燈會元〉比擬句式研究》,溫州大學碩士學位論文。

楊潔(2012)《〈五燈會元〉祈使句研究》,河南師範大學碩士學位論文。

喬立智(2012)《五燈會元》點校疑誤舉例,《宗教學研究》2012(1):139—142。

任連明(2013)中華本《五燈會元》校讀劄記,《暨南學報(哲學社會科學版)》2013(8):131—135。

任連明(2013)中華本《五燈會元》點校拾遺,《漢語史學報》13:354—356。

黃冬麗(2013)《五燈會元》俗諺例釋,《天水師範學院學報》2013(1):119—124。

常海星(2013)《五燈會元》"因"字研究,《現代語文(語言研究版)》2013(6):59—60。

許潔(2013)《〈五燈會元〉時間詞語研究》,安徽大學碩士學位論文。

周金萍(2013)《〈五燈會元〉並列式複音詞研究》,南京師範大學碩士學位論文。

任連明(2014)《〈五燈會元〉文獻語言研究》,四川大學博士學位論文。

聶娟娟(2014)《五燈會元》"作麼"類疑問代詞研究,《藝術科技》2014(1):178—180。

楊雅娟、高霞、張麗波(2014)從《五燈會元》到《醒世姻緣傳》:把字句的歷史演變,《長江大學學報(社科版)》2014(5):66—68。

李旭(2014)《五燈會元》詞語劄記,《寧夏大學學報(人文社會科學版)》2014(1):29—31,86。

胡娟娟(2014)《〈五燈會元〉時間副詞研究》,揚州大學碩士學位論文。

李旭、黃城烟、王飛明(2015)《〈建中靖國續燈錄〉與〈五燈會元〉語言文獻比較研究》,成都:四川大學出版社。

儲泰松、詹緒左(2015)《五燈會元》"車"字考,《漢語史研究集刊》20:286—304。

邱震強(2015)《五燈會元》前5卷句子訓詁,《湘南學院學報》2015(1):36—41。

邱震強(2015)從"校勘四法"角度看《五燈會元》的校對疑誤,《古籍研究》

2015(1)：116—123。

邱震强(2015)佛學視角下的《五燈會元》詞語訓詁舉隅,《重慶郵電大學學報(社會科學版)》2015(5)：140—144。

구희경(2015)宋代《五燈會元》試圖意味助詞"看"分析【A Research on the Attempt Mood "Kan" in WuDengHuiYuan of Song daynasty】,《人文社會科學研究》16(1)：137—157。

任連明、孫祥愉(2016)中華本《五燈會元》句讀疑誤類舉,《廣西科技師範學院學報》2016(1)：48—50。

韓煦(2016)《〈五燈會元〉比較句研究》,華中科技大學碩士學位論文。

邱震强(2017)《五燈會元》中的"出隊"並非"出隊列",《華夏文化》2017(2)：35—36。

李旭(2018)《"五燈"系列禪籍文獻語言研究》,成都：四川大學出版社。

魏啓峰(2019)《五燈會元》中的"者"字,《天水師範學院學報》2019(1)：35—37。

7．碧巖錄
◎原始資料
・現存文本

張煒刊本

唐本

駒澤大學藏明版。

明嘉興藏續藏本【《明版嘉興大藏經》第22冊所收】。

駒澤大學藏光緒二年刊本。

朝鮮版

大東急記念文庫藏本。

五山版

宮內廳書陵部藏玉峰刊本。

駒澤大學藏無刊記本。

大阪府立圖書館藏應永八年版本。

東京大學、大東急記念文庫藏能登總持寺版本。

宮內廳書陵部、大東急記念文庫藏美濃瑞龍寺版本。

大東急記念文庫藏越後本源寺版本。

大東急記念文庫藏妙心寺版本。

加賀大乘寺藏一夜本【抄本,全 2 卷】。

·影印本

（1987）《佛果圜悟禪師碧巖錄》（《嘉興大藏經》22），臺北：新文豐出版公司。

域外漢籍珍本文庫編纂出版委員會編（2012）《日本五山版漢籍善本集刊》卷 7，重慶：西南師範大學出版社。

·校訂本

（1932）《佛果圜悟禪師碧巖錄》（《大正新修大藏經》卷 48），東京：大正新修大藏經刊行會。

鈴木大拙（1942）《佛果碧巖破關擊節》全 2 册，東京：岩波書店。

伊藤猷典（1963）《碧巖集定本》，東京：理想社。

白維國（1992）碧巖錄，劉堅、蔣紹愚《近代漢語語法資料彙編　宋代卷》48—77，北京：商務印書館。

（1994）《碧巖錄》（《佛光大藏經》禪藏·雜集部），高雄：佛光出版社。

尚之煜校注（2011）《碧巖錄》（《中國禪宗典籍叢刊》），鄭州：中州古籍出版社。

劉德軍點校（2017）《碧巖錄》，北京：民主與建設出版社。

·日譯本

國譯禪宗叢書刊行會編（1919）《國譯禪宗叢書》7，東京：國譯禪宗叢書刊行會。

朝比奈宗源（1937）《碧巖錄》全 3 册（舊岩波文庫），東京：岩波書店。

（1936）《國譯一切經》和漢撰述部 51，東京：大東出版社。

芋坂光龍、大森曹玄、梶谷宗忍、勝平宗徹、平田精耕（1972）碧巖錄，西谷啓治、柳田聖山編《禪家語錄Ⅱ》（世界古典文學全集）167—356，東京：筑摩書房。

入矢義高、梶谷宗忍、柳田聖山（1981）《雪竇頌古》（禪の語錄 15），東京：筑摩書房。

平田高士（1982）《碧巖錄》（《佛典講座》29），東京：大藏出版。

田上太秀（1983）碧巖錄（抄譯），塚本善隆編《中國佛教集》423—452，町田：玉川大學出版部。

佐藤法龍（1984）《全譯碧巖錄》（1，2），東京：三一書房。

平田精耕（1987）《現代語譯碧巖集》，東京：大藏出版。

禪語錄研究會（1987）《碧巖錄》第 1 則譯注，《禪文化研究所紀要》14：165—200。

禪語錄研究會（1991）《碧巖錄》第 2 則譯注，《禪文化研究所紀要》17：

229—250。

入矢義高、溝口雄三、末木文美士、伊藤文生譯注(1992,1994,1996)《碧巖錄》全3冊(岩波文庫),東京:岩波書店【書評:芳澤勝弘(1998)岩波文庫版《碧巖錄》劄記,《禪學研究》76:108—127】。

末木文美士編,碧巖錄研究會譯(2001—2003)《現代語譯 碧巖錄》全3冊,東京:岩波書店【書評:小川隆(2002)禪の語錄を譯すということ——末木文美士編、《碧巖錄》研究會譯《現代語譯 碧巖錄》上(Book Review),《東方》252:22—25;末木文美士(2002)禪の語錄を譯すということ—小川隆氏の書評に答える,《東方》254:8—11;小川隆(2002)禪の語錄を譯すということ(3)——末木先生の反論に應えて,《東方》256:6—10;末木文美士(2002)禪の語錄を解釋するということ——小川隆氏の再反論に答えて,《東方》258:6—10】。

土屋太祐(2015)《一夜碧巖》第一則譯注,《東洋文化研究所紀要》167:105—163。

土屋太祐(2016)《一夜碧巖》第二則譯注,《東洋文化研究所紀要》169:23—66。

土屋太祐(2017)《一夜碧巖》第三則譯注,《東洋文化研究所紀要》171:27—56。

・中譯本

許文恭(1991)《白話碧巖錄》,臺北:圓明出版社;(1996)北京:作家出版社。

任澤鋒釋譯(1998)《碧巖錄》,高雄:佛光文化事業有限公司;(2018)北京:東方出版社。

吳平(2005)《新譯〈碧巖錄〉》,臺北:三民書局。

許文恭譯述(2009)《碧巖錄》,北京:華夏出版社。

王誠、陳樹譯(2013)《碧巖錄》,北京:東方出版社。

子愚居士譯(2014)《碧巖錄解析》,北京:宗教文化出版社。

・韓譯本

白蓮禪書刊行會(1993)《碧巖錄》全3冊(《禪林古鏡叢書》35—37),高雄:藏經閣圖書出版社。

・英譯本

R. D. M. Shaw. (1961) *The blue Cliff Records*, London:Michael Joseph.

T. & J. C. Cleary. (1992) *The Blue Cliff Record*, Boston & London:Shambhala.

D. Suzuki. (2012) 碧巖錄,《財團法人松ヶ岡文庫研究年報》26:卷頭5—28,

1—183【末木文美士(2013)鈴木大拙英譯《碧巖錄》をめぐって(鈴木大拙英譯《碧巖錄》關係資料),《財團法人松ケ岡文庫研究年報》27:100—105】。

・德譯本

  W. Gundert. (1960-1973) *Bi-yän-lu*(3 vols), München: Carl Hanser Verlag.

  A. Seidl. (1988) *Das Weisheitbuch des Zen*, München: Carl Hanser Verlag.

・法譯本

  M. Beloni. (1985) Trois cas de PI YEN LOU, *Tch'an Zen-racines et floraison*, Hermès Nouvelle série 4: 271-293, Paris: Les Deux Oceans.

・文本研究

  鈴木大拙(1936)加賀大乘寺所藏《六祖壇經》と《一夜碧巖》につきて,《支那佛教史學》1(3): 23。

  田島柏堂(1957)日向長善寺版の《碧巖集》について,《印度學佛教學研究》5(1): 265—269。

  田島柏堂(1959)能登總持寺版《碧巖集》の研究,《愛知學院大學論叢禪學研究》1: 1—22。

  伊藤猷典(1959)碧巖集本文の批評,《愛知學院大學論叢禪學研究》1: 23—122。

  伊藤猷典(1960)碧巖集本文批評——一夜碧巖の長所,《宗學研究》2: 80—88。

  伊藤猷典(1960)碧巖集四本の校合,《印度學佛教學研究》8(1): 19—25。

  伊藤猷典(1961)碧巖集定本撰定私案,《印度學佛教學研究》9(1): 253—256。

  伊藤猷典(1962)碧巖集一夜本が張本の底本並に福本よりも後に出來た事を證據だてるもの,《印度學佛教學研究》10(1): 176—178。

  伊藤猷典(1962)碧巖集一夜本の長所—その3—,《宗學研究》4: 28—30。

  王進瑞(1970)《碧巖錄》解題,《獅子吼》9(10): 9—13;(2009)《普門學報》50: 203—217。

  末木文美士(1992)《碧巖錄》の諸本について,《禪文化研究所紀要》18: 51—81。

  末木文美士(1993)《碧巖錄》の注釋書について,《財團法人松ヶ岡文庫研究年報》7: 23—54。

  石井修道(1997)《宗門統要集》と《碧巖錄》,《印度學佛教學研究》46(1): 215—221。

末木文美士(2003)《碧巖録》における頌と評唱(特集　中國の禪)——(中國禪宗史の諸相),《東洋文化》83:187—209。

安藤嘉則(2003)《碧巖録抄》の諸寫本について,《駒澤女子短期大學研究紀要》36:1—9。

李豐園(2004)《〈碧巖録〉研究》,上海師範大學碩士學位論文。

鈴木省訓、安藤嘉則(2009)松ヶ岡文庫所藏の禪籍について(1)碧巖録抄を中心に,《財團法人松ヶ岡文庫研究年報》23:45—57。

徐時儀(2013)新發現的古興藏木刻本《碧巖録》考,《禪文化研究所紀要》32:61—78。

徐時儀(2016)古興藏木刻本《碧巖録》考,《文獻》2016(4):45—53。

崔紅芬(2019)黑水城出土《佛果圓悟禪師碧巖録》考,《西夏研究》2019(1):41—46。

· 辭典、索引

禪文化研究所(1991)《碧巖録索引·附種電鈔》(《基本典籍叢刊》),京都:禪文化研究所。

禪文化研究所(1993)《碧巖録不二鈔》(《禪語辭書類聚》3),京都:禪文化研究所。

◎研究

早川通介(1968)禪宗語録にあらわれた重複形式(碧巖集·景德傳燈録を資料として),《愛知學院大學論叢　一般教育研究》16(4):769—809。

佐藤鍊太郎(1990)《碧巖録》への文獻學的アプローチ,《印度哲學佛教學》5:244—268。

歐陽宜璋(1993)《〈碧巖集〉的語言風格研究——以構詞法爲中心》,政治大學碩士學位論文。

歐陽宜璋(1993)《〈碧巖集〉點校》,政治大學碩士學位論文。

歐陽宜璋(1994)《〈碧巖集〉的語言風格研究——以構詞法爲中心》,臺北:圓明出版社。

蘇俊波(2004)《〈碧巖録〉趨向詞"來"、"去"研究》,華中師範大學碩士學位論文。

구희경(2006)宋代禪宗語録被字句分析:以《五燈會元》、《碧巖集》、《景德傳燈録》爲例,《中國言語研究》22:51—71。

王丙山(2006)《〈碧巖録〉介詞研究》,山東師範大學碩士學位論文。

小川隆(2010)《續・語録のことば——〈碧巖録〉と宋代の禪》,京都:禪文化研究所。

張彩虹、康健(2011)《碧巖錄》中"看"字淺議,《語文知識》2011(4):109—110。

李强(2011)《〈碧巖錄〉中的"得"字研究》,湖北大學碩士學位論文。

李燕燕(2011)《〈碧巖錄〉助詞研究》,溫州大學碩士學位論文。

蔡娟(2013)宋代白話文獻における動補構造の"將":《碧巖錄》《朱子語類》を中心に,《中國言語文化學研究》2:148—156。

張鵬麗(2013)《碧巖錄》偏正式複音詞研究,《殷都學刊》2013(4):88—96。

張鵬麗(2014)《碧巖錄》宋代複音虛詞考釋,《南京理工大學學報(社會科學版)》2014(4):76—82。

張鵬麗(2014)《碧巖錄》聯合式複音詞研究,《賀州學院學報》2014(4):33—40。

蔡娟(2014)《碧巖錄》における可能補語,《中國言語文化學研究》3:138—148。

張鵬麗(2015)《碧巖錄》五類結構複音詞研究,《漢字文化》2015(2):29—35。

張鵬麗(2015)《碧巖錄》宋代多音節複音詞例釋,《現代語文(語言研究版)》2015(9):49—52。

엄미경(명준)(2015)《〈碧巖錄〉翻譯을 通한 禪宗言語"是甚麼"에 對한 研究【A Study of Zen Buddhist Words "是甚麼(Sisimma in Korean)" through Translation of《碧巖錄 Pi Yen Lu》】,東國大學校碩士學位論文。

趙曉冬(2015)《〈佛果圜悟禪師碧巖錄〉校勘研究》,西南科技大學碩士學位論文。

張鵬麗(2016)《〈碧巖錄〉複音詞研究》,廣州:世界圖書出版廣東有限公司。

章詩苑(2017)《宋代〈碧巖錄〉詞彙研究——以複合詞爲主》,新竹清華大學碩士學位論文。

田春來(2017)《碧巖錄》助動詞研究,《浙江師範大學學報(社會科學版)》2017(3):17—23。

8. 其他
◎原始資料
・校訂本

蕭萐父、吕有祥點校(1994)《古尊宿語録》(《中國佛教典籍選刊》)全2册,北京：中華書局。

楊曾文編校(2001)《臨濟錄》(《中國禪宗典籍叢刊》),鄭州：中州古籍出版社。

劉德軍點校(2017)《古尊宿語錄》,北京：民主與建設出版社。

王閏吉(2017)《〈葛藤語箋〉校釋》,北京：中國社會科學出版社【陳繆(2019)《〈葛藤語箋〉校釋》簡評與補釋,《台州學院學報》2019(1)：68—73】。

· 日譯本

朝比奈宗源譯注(1926)《臨濟錄》(《岩波文庫》),東京：岩波書店。

秋月龍珉(1972)《臨濟錄》(《禪の語錄》10),東京：筑摩書房。

柳田聖山(1972)《臨濟錄》(《佛典講座》),東京：大藏出版。

入矢義高(1973)《龐居士語錄》(《禪の語錄》7),東京：筑摩書房。

柳田聖山(1974)《禪語錄》(《世界の名著》續3),東京：中央公論社;(1978)《禪語錄》(《世界の名著》18),東京：中央公論社。

道林信郎(1983)鎮州臨濟慧照禪師語錄,塚本善隆編《中國佛教集》,町田：玉川大學出版部。

平田精耕(1984)《提唱臨濟錄》(上下),東京：柏樹社。

山田無文(1984)《臨濟錄》(上下),京都：禪文化研究所。

入矢義高譯注(1989)《臨濟錄》(《岩波文庫》),東京：岩波書店;(1991)《臨濟錄》(《ワイド版岩波文庫》),東京：岩波書店。

柳田聖山譯(2004)《臨濟錄》(《中公クラシックス》),東京：中央公論新社。

· 中譯本

張伯偉釋譯(2013)《臨濟錄》(《中國佛教經典寶藏精選白話版佛光經典叢書》),高雄：佛光文化事業有限公司;(2018)北京：東方出版社。

· 英譯本

R. F. Sasaki, Yoshitaka Iriya, D. R. Fraser. (1971) *The recorded sayings of Layman P'ang: a ninth-century Zen classic*, New York; Tokyo: Weatherhill.

R. F. Sasaki. (1975) *The recorded sayings of Ch'an Master Lin-chi Hui-chao of Chen Prefecture: compiled by his humble heir Hui-jan of San-sheng*, Kyoto: Institute for Zen Studies.

· 文本研究

宇井伯壽(1940)古尊宿語錄について,《大正大學學報》30/31：36—52。

篠原壽雄(1960)無著道忠の學問について——葛藤語箋の解題を主として,《宗學研究》2。

柳田聖山(1966)無著道忠の學問,《禪學研究》55：14—55。

柳田聖山(1971)古尊宿語錄考,《花園大學研究紀要》2：1—48。

柳田聖山(1972)宋版古尊宿語錄調查報告,《禪文化研究所紀要》4：187—208。

永井政之(1973)祖庭事苑の基礎的研究,《駒澤大學佛教學部論集》4：76。

ドミエヴィル(P. Demiêville.),林信明譯(1977)臨濟錄叙說—中國的人間中心主義を目ざして—,禪文化研究所編《禪學論考：山田無文老師喜壽記念》297—326,京都：思文閣出版;(1988)《ポール・ドミエヴィル禪學論集》(《國際禪學研究所研究報告》1),京都：花園大學國際禪學研究所。

ドミエヴィル(P. Demiêville.),林信明編譯(1988)佛譯臨濟錄序文,《ポール・ドミエヴィル禪學論集》(《國際禪學研究所研究報告》1),京都：花園大學國際禪學研究所。

譚偉(2002)《龐居士研究》,成都：四川民族出版社。

譚偉(2002)《龐居士語錄》的抄本與明刻本,《文獻》2002(4)：139—146

衣川賢次(2012)臨濟錄テクストの系譜,《東洋文化研究所紀要》162：31—60。

衣川賢次(2013)臨濟錄的形成,《佛學研究》2013：69—79。

秦越(2016)《古尊宿語錄》版本及流傳,《學術界》2016(1)：219—228。

邢東風(2017)日本傳本《臨濟錄》の史料的價值,《〈臨濟錄〉研究の現在——臨濟禪師1150年遠諱記念國際學會論文集》127—160,京都：禪文化研究所。

衣川賢次(2017)臨濟錄の形成(改稿),《〈臨濟錄〉研究の現在——臨濟禪師1150年遠諱記念國際學會論文集》229—272,京都：禪文化研究所。

柳田聖山(2017)《臨濟錄の研究》(柳田聖山集4),京都：法藏館。

邢東風(2018)元刊本《臨濟錄》について,《東アジア佛教學術論集》6：107—170。

邢東風(2018)元刊本《臨濟錄》的價值,《中國佛學》2018(2)：1—17;(2019)元刊本《臨濟錄》の構成と價值,《禪文化研究所紀要》34：150—180。

衣川賢次(2019)臨濟義玄禪師の禪思想,《禪文化研究所紀要》34：99—132。

賈晉華(2019)臨濟義玄平生事迹考辨,《禪文化研究所紀要》34：133—149。

·辭典、索引

ウルス・アップ編(1993)《臨濟錄一字索引》,京都：花園大學國際禪學研究所。

ウルス・アップ編(1997)《龐居士語錄一字索引》,京都：花園大學國際禪學研究所。

◎研究

　　長田夏樹(1964)羅末麗初における中國語學史資料としての海東禪師塔碑銘について,《神戶外大論叢》15(3):47—66;(2000)《長田夏樹論述集(上)》470—496,京都:ナカニシヤ出版【書評:竹越孝(2011)第19章羅末麗初における中國語學史資料としての海東禪師塔碑銘について,長田夏樹先生追悼集刊行會編《長田夏樹先生追悼集》150,東京:好文出版】。

　　中村信幸(1978)《臨濟錄》《祖堂集》中にみえる"在"の用法について,《論集》7:131—144。

　　入矢義高(1981)臨濟錄雜感,《禪文化》100;(1983)《求道と悅樂——中國の禪と詩》,東京:岩波書店;(2012)《增補　求道と悅樂——中國の禪と詩》(《岩波現代文庫》)107—122,東京:岩波書店。

　　柳田聖山撰,董志翹譯(1994)無著道忠的學術貢獻,《俗語言研究》創刊號:79—100。

　　高松政雄(1994)《祖庭事苑》の音注に就いて,《日本文藝研究》46(1):47—64。

　　王锳(1995)讀《葛藤語箋》隨札,《俗語言研究》2:1—6;(2004)《近代漢語詞彙語法散論》194—202,北京:商務印書館。

　　唐代語錄研究班撰,蔡毅譯(1997)北京圖書館藏新1254・1255號《殘禪宗文獻》三種補校,《俗語言研究》4:8—17。

　　盧烈紅(1998)《〈古尊宿語要〉代詞助詞研究》,武漢:武漢大學出版社【書評:孫玉文(1999)《〈古尊宿語要〉代詞助詞研究》讀後,《武漢大學學報(哲學社會科學版)》1999(5):141—142】。

　　盧烈紅(1998)《古尊宿語要》的近指代詞,《武漢大學學報(哲學社會科學版)》1998(5):97—103

　　盧烈紅(1999)《古尊宿語要》的旁指代詞,《古漢語研究》1999(3):12—14。

　　盧烈紅(1999)《古尊宿語要》的三身代詞,《人文論叢》1999(1):232—249。

　　梁曉虹(1999)試論無著道忠對近代漢語虛詞研究的貢獻,《愛知縣立大學外國語學部紀要言語・文學編》31:263—276。

　　梁曉虹(2000)從《葛藤語箋》試論無著道忠對近代漢語研究的貢獻,名古屋外國語大學中國語教育法研究會編《中國語・中國語教育法の研究》265—280,日進:名古屋外國語大學。

譚偉(2001)《龐居士語錄》校讀劄記,《古漢語研究》2001(2):86—88。

歐陽宜璋(2002)《趙州公案語言的模稜性研究》,政治大學博士學位論文。

歐陽宜璋(2002)趙州公案語言的主位推移與問答結構分析,《圓光佛學學報》2002(7):213—245。

歐陽宜璋(2005)《禪問答中的模稜——趙州公案的語篇分析》,臺北:書林出版有限公司。

劉海平(2005)《古尊宿語要》選擇問研究,《成都理工大學學報(哲社版)》2005(3):14—18,53。

劉海平(2005)《〈古尊宿語錄〉疑問句研究》,湖南師範大學碩士學位論文。

劉勇(2005)《古尊宿語錄疑問句研究》,山東大學碩士學位論文。

田照軍、肖嵐(2007)《古尊宿語錄》詞語劄記,《中國語研究》49:62—66。

廖顯榮(2009)《古尊宿語要》中介詞"以"淺探,《語文知識》2009(2):85—86。

邱震強、王利娟、熊慧、劉裕紅(2010)《龐居士語錄》校讀劄記,《長沙理工大學學報(社會科學版)》2010(2):102—105。

趙鋜豔(2010)《〈古尊宿語錄〉校勘與疑難詞語考釋》,廈門大學碩士學位論文。

曲春曉(2011)《〈臨濟錄〉疑問句研究》,曲阜師範大學碩士學位論文。

任鵬波(2012)《〈古尊宿語錄〉副詞研究》,湖南師範大學碩士學位論文。

任鵬波(2012)《古尊宿語錄》點校獻疑,《重慶科技學院學報(社會科學版)》2012(13):87—88,95。

惠紅軍(2012)《古尊宿語錄》量詞句法功能的語法等級,《貴州民族學院學報(哲學社會科學版)》2012(1):104—110。

阮玉協(NGUYEN NGOC HIEP)(2013)《越南陳朝禪宗三書研究》,浙江大學博士學位論文。

雷漢卿(2013)日本無著道忠禪學研究著作整理與研究芻議,《漢語史研究集刊》16:82—91。

姚奇(2013)漢語"將"字句的語法化研究——以《古尊宿語錄》中的"將"字句爲例,《青春歲月》2013(12):86—87,85。

邱馨儀(2013)《大慧宗杲禪法之語言觀研究》,東海大學碩士學位論文。

王籽鸝(2014)《古尊宿語錄》複合方位詞研究,《赤子(中旬)》2014(1):212,214。

王籽鸝(2014)《古尊宿語錄》中方位詞"前、後"的語義認知分析,《四川文理學院學報》2014(3):104—107。

王籽酈(2014)《古尊宿語録》中方位詞"上"的用法研究,《大衆文藝》2014(5):207—208。

秦越(2015)禪籍《古尊宿語録》校勘示例,《黔南民族師範學院學報》2015(6):24—26,38。

任鵬波(2015)《古尊宿語録》點校獻疑(四),《文教資料》2015(25):10—11,20。

汪維輝(2016)有關《臨濟録》語言的幾個問題,《漢語史研究集刊》21:225—256;鈴木史己譯(2017)《臨濟録》の言語に關する諸問題,《〈臨濟録〉研究の現在——臨濟禪師1150年遠諱記念國際學會論文集》161—205,京都:禪文化研究所。

雷漢卿(2016)《臨濟録疏瀹》獻疑,《漢語史研究集刊》21:257—272;洪濤譯(2017)《臨濟録疏瀹》獻疑,《〈臨濟録〉研究の現在——臨濟禪師1150年遠諱記念國際學會論文集》207—227,京都:禪文化研究所。

雷漢卿(2016)《葛藤語箋》商兑,朱慶之、汪維輝、董志翹、何毓玲編《漢語歷史語言學的傳承與發展——張永言先生從教六十五周年紀念文集》563—585,上海:復旦大學出版社。

秦越(2016)《〈古尊宿語録〉詞彙研究》,四川大學博士學位論文。

鄭莉娟(2016)《祖庭事苑》詞語考辨四則,《漢語史研究集刊》21:289—297。

李彬(2016)《葛藤語箋》詞典學價值管窺——以《禪宗大詞典》爲參照對象,《宜賓學院學報》2016(2):112—117。

李彬(2016)《葛藤語箋》校注瑣議,《紅河學院學報》2016(4):66—68。

任鵬波(2016)《古尊宿語録》點校獻疑(三),《文教資料》2016(3):20—21,27。

衣川賢次(2017)"喝"のフィロロジー(上中下),《禪文化》244:91—99;245:57—65;246:81—90。

周碧香(2017)《〈雲門廣録〉詞彙探析》,臺北:五南圖書出版股份有限公司。

秦越(2018)《古尊宿語録》假借字舉隅,《短篇小説(原創版)》2018(14):85—86。

秦越(2018)《古尊宿語録》異形詞考辨,《中華辭賦》2018(4):146。

衣川賢次(2019)龐居士曰く、好雪!片片別處に落ちず,《禪文化》252:86—94。

周夢(2019)《祖庭事苑》疑難注釋考辨,《皖西學院學報》2019(1):101—104。

陳繆(2019)《〈葛藤語箋〉校釋》簡評與補釋,《台州學院學報》2019(1):68—73。

編 後 記

《俗語言研究》停刊 22 年後,在雷漢卿教授和衣川賢次教授合力推動下,終於呈現在大家面前。籌備期間,我們向學界友人約稿 15 篇,經過學術委員會匿名評審,最終刊發 10 篇,中日雙方各佔 5 篇。中方稿件的日文旨要由日方審稿的學術委員負責翻譯,費心盡力。

中方稿件集中探討了禪宗文獻詞彙研究的相關問題。雷漢卿、李家傲《禪宗文獻詞語訓釋相關問題再論》針對國內禪籍詞語考釋論著中存在的疏誤,總結出誤識訛俗字、不熟悉宗門行業語、文獻例證不足、訓詁方法運用不當、刻意求新而曲解詞義 5 個方面原因,對今後相關研究具有借鑒意義。王勇《禪籍詞語"趁口""逞口"及其同義詞語的意義和理據》對禪籍"趁口"和"逞口"兩個讀音相近、意義相關但理據不同的詞語進行梳理考辨。李家傲《禪籍"及""去及"考正》、王長林《"勤巴子"考》和張子開《"五洩"考》對禪籍三則(組)詞語的錯誤解釋予以商榷,從中可以看出,索解禪籍詞語的確切含義,需要發掘多重文獻學和語言學證據。

日方稿件內容相對豐富。衣川賢次《〈趙州錄〉注釋(一)》對《趙州錄》前 5 則進行詳盡注釋,包括詞語解釋、文獻對勘、禪宗史梳理等多個方面,有助於我們真正讀懂《趙州錄》。邢東風《石屋清珙的生平及相關人物》對元僧清珙的生平經歷與相關人物事件進行考察,從中可以窺探元代山居僧侶生活的側面。三浦國雄撰、廖明飛譯《日本漢學的"讀原典"傳統(一)、(二)》回憶、介紹作者 60 年求學、治學經歷,下篇提出"漢學是世界學"命題,並介紹了京都大學人文科學研究所、吉川幸次郎、本田濟、島田虔次和入矢義高等團隊和學者的治學領域與方法,藉此可以管窺日本漢學研究之一斑。鈴木史己《唐宋禪宗語錄研究論文目錄稿》詳盡匯集了 2019 年 5 月之前的有關唐宋禪宗語錄研究的兩千餘種成果,足以為相關研究提供文獻檢索之便,實可視為唐宋禪宗語言研究的目錄工具書。

上世紀 90 年代初,日本禪文化研究所成立"禪籍俗語言研究會",國內十餘位學者入會,創辦《俗語言研究》,分享研究資料,交流治學方法,促使國內掀起禪籍俗語言研究的熱潮。歷經近 30 年發展，在復刊的當下，國内外禪籍俗語言研究的理論、材料與方法已經發生巨大變化，希望學界同仁不吝賜稿，共築交流平台，推動禪籍俗語言研究邁向新台階。

王長林　執筆
2020 年 10 月 10 日

圖書在版編目(CIP)數據

俗語言研究.第六號(復刊第一號)/雷漢卿,(日)衣川賢次主編. —上海:復旦大學出版社,
2020.10
ISBN 978-7-309-15120-6

Ⅰ.①俗… Ⅱ.①雷… ②衣… Ⅲ.①漢語-語言學-文集 Ⅳ.①H1-53

中國版本圖書館 CIP 數據核字(2020)第 110576 號

俗語言研究.第六號(復刊第一號)
雷漢卿　(日)衣川賢次　主編
責任編輯/王汝娟

復旦大學出版社有限公司出版發行
上海市國權路 579 號　郵編:200433
網址:fupnet@fudanpress.com　http://www.fudanpress.com
門市零售:86-21-65102580　團體訂購:86-21-65104505
外埠郵購:86-21-65642846　出版部電話:86-21-65642845
江蘇鳳凰數碼印務有限公司

開本 787×1092　1/16　印張 13.5　字數 249 千
2020 年 10 月第 1 版第 1 次印刷

ISBN 978-7-309-15120-6/H·3011
定價:88.00 元

如有印裝質量問題,請向復旦大學出版社有限公司出版部調換。
版權所有　侵權必究